# 개벽의 사상사

# 개벽의 사상사

최제우에서 김수영까지, 문명전환기의 한국사상

초판 1쇄 발행 / 2022년 5월 20일

지은이 / 강경석 김선희 박소정 백영서 이정배 장진영 정혜정 조성환 허남진 허수 황정아
엮은이 / 백영서
펴낸이 / 강일우
책임편집 / 박주용
조판 / 황숙화
펴낸곳 / (주)창비
등록 / 1986년 8월 5일 제85호
주소 / 10881 경기도 파주시 회동길 184
전화 / 031-955-3333
팩스 / 영업 031-955-3399 편집 031-955-3400
홈페이지 / www.changbi.com
전자우편 / human@changbi.com

ⓒ 강경석 김선희 박소정 백영서 이정배 장진영 정혜정 조성환 허남진 허수 황정아 2022
ISBN 978-89-364-7910-7 93160

# 개벽의 사상사

최제우에서
김수영까지,
문명전환기의
한국사상

강경석 김선희 박소정 백영서 이정배 장진영
정혜정 조성환 허남진 허수 황정아 지음

창비

## 책을 펴내며

이 책은 한국근현대사상사의 큰 줄기를 공동연구진이 분과횡단적 협업을 통해 새롭게 파악한 결실이다. 사상사이다 보니 주요 사상가들의 사상체계를 규명하는 일과 더불어, 아니 그 이상으로 그것이 처한 역사적 맥락을 탐구하고 또 오늘 우리의 삶에 어떠한 의미를 갖는지 규명하는 일을 더 중시하였다. 그래서 종교와 철학에 그치지 않고 정치와 문학으로 관심 영역을 넓혀, '백년의 변혁'[1]기에 부닥친 문제를 해결하는 과정에서 자아, 사회·국가 및 우주로 넓혀 비교적 체계적 사유를 한 (작고한) 사상가들을 골라 탐구했다.

사실 한국근현대사상사를 개관한 통사는 그리 많지 않은 형편이다. 그럴 수밖에 없는 어려움을 3년간의 공동작업 과정에서 절감했기에 우리도 개설서라기보다 '쟁점 한국근현대사상사'를 염두에 두고 작업을 수행했

---

[1] 이 발상은 백영서 엮음 『백년의 변혁: 3·1에서 촛불까지』, 창비 2019.

4

다. 그러나 공유하는 문제의식을 바탕으로 서술의 줄거리를 확보하려는 노력은 계속하였다. 사실 '커다란 이야기'를 거부하는 풍조가 주류가 되다시피 한 오늘의 지적 풍토에서 그에 대항하여 사상사의 흐름을 잡으려고 애쓴 까닭은 근대에 대한 발본적 사유가 필요한 시점이라고 판단했기 때문이다. 서구중심주의와 근대지상주의 같은 근대적 사유를 넘어서거나 민족적 경계의 안팎을 성찰하는 소리는 최근 제법 높아졌지만, '한국적 근대'를 정립하려는 문제의식에 머물고 있지 싶다. 이러한 다원적 근대성 논의로는 역사적 근대인 자본주의시대가 우리 삶에 발휘한 압도적인 규정력을 제대로 인식하고 극복하기 힘들다.

우리는 선행 연구성과를 독해하면서, 구미와 다른 근대성을 구상하는 일은 구미중심주의를 극복하는 과정에서 찾게 되는 쉬운 해결책이라는 우려에서 '근대적응과 근대극복의 이중과제'론에 관심을 모았다. '이중과제'는 두 과제의 절충이나 선후 단계로 오해되기 쉽다. 그런데 이는 두 가지 과제의 병행이 아니라 이중적인 단일 기획을 의미한다. 자본주의 근대에 적응하면서도 그것을 극복해가야 하는 우리 시대의 과제를 제대로 수행하기 위한 담론이다. 근대적응을 제대로 하기 위해서도 근대극복을 겸하지 않을 수 없고, 근대극복 또한 근대적응을 겸해야 온전히 수행할 수 있다. (체계적 이론이라기보다) 사유의 방법이나 분석의 틀이라 할 이 담론은 우리가 일상생활에서 상식적으로 경험하는 것이려니와 역사적 경험에 비춰보면 쉽게 알아차릴 수 있다. 공동연구진으로 참여해 처음 이 담론을 접한 한 필자가 "통시적이고 실천적인 근대극복의 전망을 진지전 형태로 파지하려는 것"이라고 술회한 것은 그 예증이 될 것이다.

그럼에도 이중과제론의 추상 수준이 높아 제대로 이해되지 않을 수 있어 우리는 사상사에의 접근을 도울 매개고리를 활용했다. 요근래 우리 논단에서 관심이 점차 높아지고 있는 개벽은 우리가 중시한 핵심 주제이다. 이 두 주제를 마주세움으로써 이중과제론은 개벽을 통해 사상사의 현장에 다가가기 위한 분석력을 키울 수 있고, 개벽은 이중과제론을 통해 그 보편성을 높일 수 있으리라 기대한다.

아래에서 이 책에 참여한 필자들의 사유의 길을 잘 보여주는 열쇠말을 중심으로 소개해보겠다. 이중과제론과 개벽을 바탕에 두면서, 또다른 매개고리로 종교와 정치의 결합, 변혁적 중도주의를 부각한 사례도 있다.

이 책은 20세기 이래 '백년의 변혁'을 주 대상으로 한다. 3·1운동으로 시동이 걸린──좀더 거슬러올라가면 동학농민운동에서 발원한──'점증적·누적적 성취'의 역사는 일직선적이 아닌 굴곡을 보이면서 오늘에 이르고 있다.

첫머리에 19세기의 사회적 변화와 도덕적 혼란에 대응해 이미 내부에서 변혁의 역량을 축적하고 변화를 꾀했다는 사실을 보여주는 창을 하나 마련했다. 중인 출신 무인 관료인 최성환(崔瑆煥)이 참여한 도교 계열의 권선서 출간의 유행은 당시 유학의 실질적인 영향력이 모종의 임계점에 도달하고 있다는 증거이다. 이는 근본적 전환이라는 의미에서 개벽의 조짐을 뜻한다고 김선희는 읽는다. 권선서는 도교로 출발해 동학 등 민족종교로 스며들었다는 사실도 이 책의 기획과 관련해 기억해둘 만하다.

그런데 내부에서의 변혁 역량의 축적이라면 무엇보다 동학을 정면으로 다루지 않을 수 없다. 조선 왕조의 누적된 병폐의 개혁이 아니라 개벽을 향한 사상적·실천적 돌파를 이룬 까닭이다. 이미 익숙한 개화와 척사의 이분법을 넘어서는 개벽의 사상적·실천적 흐름은 이중과제론적 문제의식이 한반도라는 장소의 기운으로 생성된 것이라 하겠다. 단순한 왕조

교체나 제도적 변혁을 지향한 혁명이라기보다 자기 수양을 바탕으로 사회변혁을 추구한 문명전환운동이었다고 할 수 있다. 그만큼 중요하기에 이 책 전체를 관통하는 개념인 개벽에 대한 심층 이해를 돕는 글 두 편이 실려 있다.

박소정은 동학과 (그로부터 개편된) 천도교를 하나로 묶어 '동학공동체'라 호명하면서, 그 공동체 내부에서 개벽 개념을 재해석한 과정을 보여준다. 수운(水雲)에 의해 탈바꿈된 '다시개벽'은 중국에서 유래한 전통적 의미의 개벽처럼 '천지개벽'을 기다리는 시기가 아니라, 성장하는 우주이며 '지금 여기'에서 우리의 노력으로 일어나는 개벽이란 의미를 갖게 된다. 해월(海月)은 개벽의 의미를 후천개벽과 인심개벽에 방점을 둠으로써 한층 명확한 실천의 방향을 수립할 수 있었다. 의암(義菴)은 '개벽'이 천도교라는 울타리를 떠나 전국적으로 확산된 '우리가 바뀌어야' 하고 '세상을 바꾸어야' 한다는 문화운동으로 성장할 수 있게 이끌었고, 종교적 각성과 사회적 실천으로서의 '개벽'이라는 양축의 팽팽한 긴장을 지탱해나갔다. 이 점에 착목한 박소정은 사회적 변혁과 종교적 영성이 불가분의 관계로 얽혀 있는 것이 한반도의 독자적 근대를 추구한 동학적 사유의 특징임을 부각한다.

한편, 허수는 개념의 언어적 연결망을 분석하여, 수운의 '다시개벽'이 가진 불온성이 1910년대 들어와 사회진화론의 점진적 발전론의 의해 개념화되면서 순치되는 경향을 띠게 되었다고 주장한다. 이는 '개념화' 과정에서 갖게 된 점진성과 '불온성'에 내재되어온 임박성·즉각성 간의 긴장관계가 작동했음을 의미한다. 불온성을 내재한 '후천개벽'은 근대적 대중매체나 근대적 지식의 장(場)에서는 혁명에 의해 대체되었다. 그러나 원불교와 증산교를 비롯한 민족종교에서는 '후천개벽'이 널리 지속적으로 확산되었고, 해방 후 20세기 후반까지도 이어졌다. 이같은 '개벽'의 하향적 확산과 복류가 한국인의 근대 경험이 가진 특이성이라고 한다.

개벽이란 개념 자체에 천착한 두 편의 글과 결을 달리해, 천도교가 주도한 신문화운동 2세대 김형준(金亨俊)에 초점을 맞춰 그의 '동학사회주의'를 분석한 글도 있다. 동학사회주의의 핵심인 변증법적 주객통일의 인간주체론은 점차 신인간주의로 정립되었고, 해방 후 (신남철에 의해) '혁명적 휴머니즘'으로 발전했다. 그의 인간 본위의 휴머니즘은 역사변혁의 주체로서, 그리고 자본주의적 개인주의를 넘어서는 역사·사회적 개성으로서 인간 이해를 제시한다. 또한 '각 개인을 관통하는 한울님으로 돌아가 한몸이 되는(同歸一體) 개벽적 힘'에 의한 현실 극복을 촉구했다는 점에서 현재성이 있다고 정혜정은 역설한다.

개벽 인식이 확산해간 양상은 한용운(韓龍雲)에게서도 확인할 수 있다. 만해가 '개벽'이라는 용어를 사용하지는 않았다. 그러나 그가 노래한 '님'은 생명의 님으로서 모든 님들의 님이자 그것들을 님이게 하는 '메타적인 님'이고, 사상적으로는 척사파나 개화파보다는 '개벽파'에 친화적이라고 조성환은 해석한다. 한국 근대의 저변에 흐르고 있는 사상자원에 '생명'이 있음을 간파한 그는, 훨씬 뒤 김지하가 동학과 불교라는 경계를 넘어서 그 저변의 '생명'이라는 공통분모를 포착해내 생명사상을 세우려 한 사실도 일깨워준다.

근대의 이중과제의 또 하나의 매개고리는 정치와 종교의 결합이다. 서구에서 종교국가와 세속사회의 분리가 '근대'를 규정짓는 요소였던 것과는 다른 경향이다. 정교의 분리(또는 세속주의, secularism)에 대한 새로운 해석이 필요하다고 본다. 통상적인 의미의 세속주의를 넘어 종교와 정치의 새로운(혹은 올바른) 결합의 중요성을 환기하고 싶다. 이는 교정쌍

전(敎政雙全), 성신쌍전(性身雙全) 등의 개념으로 우리 사상사에서 맥맥이 이어온 것이기도 하다.

토착적 신학자로 평가되는 최병헌(崔炳憲)은 정치를 백성의 교화로 이해하는 유교의 정치사상과 수양론을 (감리교 장시자인) 웨슬리(John Wesley)의 신학적 특징인 점진적 성화(聖化)와 접목하여 개인 수양과 사회적 변혁을 결합하고자 했다. 비록 정교분리를 극복하려는 그의 지향이 종교의 사회적 역할에 대한 논의로 확장되지는 못했지만, 정교결합이라는 흐름은 개벽으로 간주할 근거가 되고, 정산 송규(鼎山 宋奎)의 사상으로도 이어진다고 허남진은 주장한다.

원불교 창시자인 소태산(少太山)의 '일원(一圓)개벽'과 이를 계승 발전시킨 정산의 '삼동(三同)개벽'으로 이어지는 정신개벽의 방향은 도학과 과학이 병진된 대안적 문명세계의 비전을 보여준다. 특히 해방 직후 곧바로 제출된 정산의 『건국론』에서는 정교동심(政敎同心)론을 주창하면서 마음의 혁명을 통해 궁극적인 새로운 국가의 건설이 가능하다고 보는 관점이 이채롭다. 자유와 평등에 입각한 '중도정책'들도 값진 자원이다. 이러한 개벽사상은 근대적응과 근대극복이라는 이중과제를 충실히 해결해가는 과정이었다고 장진영은 해석한다.

위의 흐름과 달리, 정치와 종교의 관계에 대해 국가주의를 비판하는 '탈(脫)민족적 민족이해'와 탈기독교적 기독교(씨ᄋᆞᆯ 종교)를 주창한 함석헌(咸錫憲)의 '씨ᄋᆞᆯ' 사상도 소중한 자원이다. '씨ᄋᆞᆯ' 사상을 통해 민주주의 지평을 확대한 그는 원효와 지눌, 퇴계나 율곡과 견줄 수 있는 한국적인 기독교 사상가로 국내외에서 알려져 있다. 그런데 고난의 '뜻'을 깨친 씨ᄋᆞᆯ 민중의 인격성으로 세계성을 담보할 수 있다고 강조한 적 있는 이정배는 이번에 자신의 이전 논지를 뒤집으면서 개벽의 시각에 입각해

'씨올' 사상의 한계를 지적한다. 동학 사상과 흡사함에도 상호관계성을 언급 못한 것은 시대적 한계 이전에 함석헌의 편중된 기독교적 시각 탓이라고 비판하는, 자못 논쟁적인 글이다.

이중과제의 또다른 매개고리는 변혁적 중도주의이다. 이는 이중과제론을 실천노선으로 변환하는 전략에 해당한다. 식민지체제에 대해 개량 아닌 변혁(곧 독립), 또는 분단체제의 변혁을 지향하되 양극단을 배제한 '정도의 중간 길'을 추구한 여러 세력의 연합이 주체로 생성되는 것을 일컫는다. 위에서 소개한 소태산과 정산도 이에 속할 것이고 그밖에 발굴을 기다리는 다른 자원도 적지 않을 터이나, 여기서는 두 사상가에 집중한다.

강경석은 안창호(安昌浩)를 자기 시대의 변화하는 역사와 현실, 유동하는 정세 가운데 치열하게 사유하고 실천하며 '변혁적 중도'의 길을 일관되게 걸었던 점진혁명론자로 해석한다. 도산에게 당대의 변혁 과제가 민족해방과 독립국가 건설이었음은 두말할 나위 없거니와 그 실현을 위해 택한 '중도'란 당연히 민족역량의 최대결집을 가능하게 하는 기반이다. 도산이 1927년을 전후해 제기한 대공주의(大公主義)의 핵심이 그 사상적 근거였기에 변혁적 중도주의는 그 깊이를 더한다.

조소앙(趙素昂, 본명 鏞殷)도 변혁적 중도주의에 속한다. 그의 독창적 사유체계는 근대 한국의 민족종교(특히 대종교) 교리에 바탕을 두면서도 동서 사상조류를 넘나드는 특성에서 양성되었다. 그의 융합적 사고는 경계를 횡단한 그의 이채로운 행적의 소산인 동시에 한국 사상사를 관통하는 유불선 융합의 사유구조를 내면화한 결과라고 볼 수 있다. 이러한 사유방식에 기반한 '삼균주의'는 단순히 좌우합작의 이념이라기보다 근대의 이중과제의 동시수행이 한국에서 구현된 양태로서의 의미를 갖는다고 백영서는 해석한다.

끝으로 근대의 이중과제의 시각에서 문학비평으로서의 사상탐구의 범례를 보여준 글을 한편 거두었다.(신동엽에 관한 글도 기획했으나, 필자 사정으로 최종 편집단계에서 빠져 매우 아쉽다.)

김수영(金洙暎)의 시를 둘러싼 해석에 비평적으로 개입하면서, 사상의 핵심에 다가간 황정아는 김수영이 근대적응으로의 일방적 몰입에 저항한 데서 더 나아가 이 땅에 '거대한 뿌리'를 박는 방식을 통해 근대의 극복을 도모했기에 '이중과제' 수행의 적절한 사례가 아닐 수 없다고 평가한다. 다양하게 변주되는 김수영의 '사랑'은 그 지향이 그만큼 치열하고 엄밀했음을 '실증'해주는데, '사랑'의 변주가 자아내는 낯설고도 강렬한 '장'이야말로 어떤 '개벽'의 차원을 생생히 환기해준다는 것이다. 그렇게 열린 '새로운 세계'가 모더니즘적 새로움의 미학에 그치지 않고 근대극복의 차원임을 설득력있게 보여준다.

우리 집필진이 한국근현대사상사를 새로운 시각에서 서술하기로 뜻을 모으고 공동연구를 한 지 3년이 지났다. 처음부터 세교연구소와 원광대 동북아시아인문사회연구소의 협업으로 추진했다. 철학·종교·역사·문학 등 여러 분과학문을 횡단하는 실질적 융합작업을 수행하기 위해 거의 매달 한차례씩 대면 또는 비대면 모임을 갖고 공부하면서 서술의 방향을 잡고 각자의 서술 몫을 조정했다. 중간에 참여자가 일부 바뀌기도 했지만, '백년의 변혁' 시기 한국사상사 정리작업에 정성을 기울여주신 필자 한분 한분에게 감사드린다. 특히 뒤늦게 요청했는데도 흔쾌히 기고를 허락해주신 이정배 교수님께 이 자리를 빌어 고마움을 전한다.

'개혁파의 미완의 꿈'을 구현하고자 애쓰시는 원광대 박맹수 총장님의 지원, 원광인문학의 수행을 위해 고군분투하시는 동북아연구소 김정현

소장과 (전 소장인) 염승준 교수의 노력도 기억해야 할 것이다.

3년간 귀찮은 연락 등 공부모임의 실무를 챙겨준 이정숙 교수, 매번 모임에 참석해 책의 기획과 편집에 큰 도움을 준 창비 강영규 전문위원의 도움은 각별한 것이다.

구미 지식인이 한국(을 포함한 동아시아)에 철학이 과연 있는가라는 식으로 오리엔탈리즘적 편견에서 문제제기를 하는 것은 접어두더라도, 그간 이웃나라 지식인들로부터 간혹 20세기 한국의 사상가라 할 만한 인물이 있는지 혹은 사상사라는 것이 있는지 질문 받고 당혹한 적이 있다. 아마 국내에도 그런 물음에 비슷한 반응을 보이는 분이 있을지도 모른다. 이 책에 우리 근현대의 사상 자원이 망라된 것은 아니며 여러 미흡한 점이 있겠지만, 이번 출간이 그런 궁금증에 다소나마 답이 된다면 더없는 보람이겠다.

2022년 5월
엮은이 백영서

| 차례 |

1부

근대전환기
새 세상을 꿈꾸다

# 1장

# 최성환의 무상단의 권선서 출판과 통속 윤리의 제안

김선희

## 1. 19세기 조선을 읽기 위한 준비

'조선'이라는 이름과 그 내부의 긴 시간들은 연구자들뿐 아니라 우리 사회 전체에 다양한 긴장과 과제로 다가온다. 독립적인 학술장에서 독자적인 연구를 축적할 수 있게 된 20세기 이후의 시선에서 과거로서의 조선은 일면 무겁고 복잡한 과제이지만 동시에 현재와 미래의 한국사회를 설명할 자원이었다. 우리는 이미 조선의 변화와 모종의 가능성을 탐색하는 다양한 시선과 관점들을 알고 있다. 그런데 여기서 흥미로운 점은 '조선'에 대한 우리의 인상에서 현재와 가장 가까운 19세기의 면모가

---

\* 이 글은 필자의 선행 연구 「통속 윤리의 시대, 유교 사회의 분화: 최성환의 권선서(勸善書) 출판을 중심으로」(『동양철학연구』 105집, 2021)와 「분화의 시대, 경계의 지식인: 어시재 최성환의 지적 교유와 19세기 중인들의 지적 네트워크」(권오영 외 『어시재 최성환 연구』, 학자원 2017)의 연구 결과를 『개벽의 사상사』의 취지에 따라 수정 보완한 것이다.

그다지 선명하게 다가오지 않는다는 점이다. 어쩌면 19세기는 우리에게 너무 멀리 떨어져 있는지도 모른다. 성호 이익(星湖 李瀷, 1681~1763)에서 다산 정약용(茶山 丁若鏞, 1762~1836)으로 이어지는 남인(南人)들의 학술적 약진, 담헌 홍대용(湛軒 洪大容, 1731~83)이나 연암 박지원(燕巖 朴趾源, 1737~1805) 등 북학론자가 보여주는 세계관의 변화 등 18세기 조선의 지적 풍토와 사회 변화는 그 이미지가 분명하지만 이에 비해 19세기 조선의 이미지는 희미하고 어둡다.

실제로 19세기 조선은 위태로웠다. 세도정치에 따른 국정의 전횡과 수취제도의 근간인 삼정(전정·군정·환곡)의 문란은 민중의 삶을 피폐하게 만들었다. 민란이 이어졌고 외부로부터의 변화가 사회적 긴장과 갈등을 야기하기도 했다. 1801년 신유교난(辛酉敎難)을 필두로 천주교에 대한 박해가 공식화되었고, 비슷한 시기 해안에는 조선을 정탐하려는 서양 배들이 나타나 백성을 불안에 빠뜨렸다. 안팎의 혼란을 수습하고 안정시키려는 다양한 시도들이 있었지만 결과적으로 '조선'이라는 국가는 그 균열과 변화를 수렴할 중심을 세우지 못한 채 다음 세기, 역사책의 한 페이지로 사라졌다.

문제는 19세기 조선의 정치적 무력과 사회적 혼돈이 다음 세기에 나타난 제국주의 일본의 침략과 그에 따른 서구적 근대화를 당연한 결과로 받아들이게 하는 착시효과를 낸다는 것이다. 사실 19세기 조선에 대한 부정적 인상은 당대의 정치적 혼란 자체가 아니라, '근대'가 하나의 이념으로 작동할 때 발생하는 일종의 헤게모니 작용에서 비롯된 것일 수도 있다. 서구를 모델로 하는 근대성을 보편으로 인정하는 순간, 이와 다른 축으로 돌던 세계는 그 자체로 무력하고 무능하다고 평가되기 쉽기 때문이다.

따라서 19세기 조선이 어떠했는지 성급하게 결론을 내리기 전에 우리는 먼저 사회적 변화와 도덕적 혼란 앞에서 누가 어떻게 내부의 역량을 축적하고 변화를 도모했는지 다각적으로 검토해야 할 것이다. 19세기 조선을 보는 하나의 창으로써, 이 글은 최성환(崔瑆煥, 1813~1891)이라는 낯선 인물의 활동과 지적 교류를 중요한 참조섬으로 삼고자 한다. 중인(中人) 출신 무관(武官)으로서 왕에게 제도적 개혁을 제안하는 한편 다양한 출판 활동을 주도했던 독특한 인물, 최성환의 삶과 활동은 19세기 조선의 윤리적, 문화적, 종교적 변화의 단면을 볼 수 있는 하나의 창이 될 수 있을 것이다.

## 2. 최성환의 생애와 활동

최성환은 헌종 대부터 고종 때까지, 즉 19세기 중후반에 활동했던 인물이다. 최성환은 1813년 중인 집안에서 태어났다. 조부 때부터 주로 무관직을 맡았던 가풍으로, 그 역시 1838년에 무과에 급제한 뒤 수문장(守門將) 등 다양한 무관직을 거쳤다. 그러나 그의 활동은 무관직에 한정되지 않는다. 최성환은 매우 다양한 분야에 족적을 남겼는데 그가 관여한 서적들을 통해 그의 활동범위를 알 수 있다. 그의 유일한 저서인 『고문비략(顧問備略)』은 국왕에게 헌정하는 경세서고 『여도비지(輿圖備志)』는 김정호와 협업한 지리서이며, 『성령집(性靈集)』은 중국과 조선의 역대 시를 모은 시선집이다. 또한 그는 『태상감응편(太上感應篇)』 『공과격(功過格)』 등 다양한 도교 계열 권선서(勸善書)를 출판하기도 한다. 최성환은 이처럼 다양한 분야에서 활동했지만 서지학이나 국문학 분야를 제외하면 대중적으로는 물론 학계에도 낯선 인물이다.

최성환에 대한 학계와 대중의 무관심은 19세기 조선에 대한 우리의 인식과 맞물려 있다고 볼 수 있다. 19세기는 '조선의 르네상스'로 불리는 18세기와, 타율적인 근대화의 길로 접어들며 전통적 세계관과 폭력적으로 결별해야 했던 20세기 사이에 놓인, 혼란스럽고 무력한 시대로 비치기 십상이다. 그러나 이 시기에도 수많은 지식인들이 사회적 불안과 변화를 감당하기 위해 역량을 축적하며 시대적 변혁을 모색하고 있었다. 이 과제를 자임한 19세기 인물 중 한 사람이 이 글에서 주목하는 최성환이다.

최성환은 보통의 무관들과 달랐다. 그가 섬겼던 왕 헌종(憲宗, 1827~1849)과의 일화가 그 점을 잘 보여준다. 어느 날 헌종은 최성환을 불러 긴 시간 독대한 뒤 그에게 국가적으로 시급히 행해야 할 정책과 경세제민에 관한 제안을 듣고자 한다. 왕이 하급 무관에게 국가정책을 자문한다는 것은 흔한 일이 아니다. 이 일화는 신분이 낮은 무관이었음에도 최성환이 어떤 식견과 능력을 가진 인물이었는지 알려준다. 그러나 헌종이 얼마 뒤에 사망함으로써 최성환은 자신의 제도개혁안을 펼칠 기회를 얻지 못했다. 결국 그는 헌종 사망 후 책의 집필을 중단하고 낙향했다가 철종 대에 이르러 『고문비략』이라는 경세서를 완성한다.

또한 그는 시를 아끼던 문인이기도 했다. 그는 시를 매개로 당대의 뛰어난 중인 문인이나 고위관료들과 활발히 교류했다. 시에 대한 그의 열정과 노력은 인간의 진실한 감정의 표출을 주제로 한 시선집 『성령집』에 담겨 있다. 평민들의 시가 포함되어 있는 『성령집』의 구성과 출판은 당시 중인과 서인(庶人)이 사대부가 독점하던 시 창작에 참여함으로써 자신을 표출하고 개성을 드러내고자 했음을 보여준다. 신분질서를 넘어서는 극단적 변화가 나타났던 것은 아니지만 적어도 19세기 조선에서 자신의 목소리를 내며 중심으로 부상해나가는 최성환 같은 중인이 존재했다는 점

**20**

은 분명하다. 이들의 자각과 실천을 보여주는 중요한 분야가 또 있다. 그것은 도교 계열의 민중계몽서, 즉 권선서의 간행이다.

## 3. 권선서의 유행, 연속과 불연속

유교국가 조선에서 도교는 언제나 이단이었다. 따라서 '조선'과 '도교'의 조합은 낯설다. '권선서'는 어떠한가? 권선서란 주로 선을 권면하고 악을 피하게 하려는 계몽적 성격의 글을 말한다. 일반적으로 권선징악을 통한 민중의 계몽은 유(儒)·불(佛)·도(道)가 상호참조하면서 발전해왔다는 점에서 선서(善書)는 삼교(三敎) 융합적 성격을 띠는 경우가 많다. 특히 중국에서 대중적으로 인기를 끌었던 것은 도교 계열 선서였다. 도교 계열 선서는 사회기강이 흔들리고 민중에게 고통이 집중되던 변화의 시대에 유행했기 때문에 그 유행은 일종의 세기말적 현상으로 평가된다.

중국의 경우 11세기 중반에 처음 등장한 이후 명말부터 청 대에 이르기까지 도교적 선서가 크게 유행했다. 특히 명대에는 삼교 통합적 분위기 속에서 상업적 발전과 인쇄기술의 발달 등 다양한 요인에 힘입어 『음즐문(陰騭文)』이나 『태상감응편』 『공과격』 같은 권선서가 출판되고 유통되었다.

그러나 조선의 경우 중국과 사정이 달랐다. 권선서는 종교적 신앙의 표현이라기보다는 도덕적 혼란을 극복하기 위한 계몽적 성격의 교화수단이었는데 주지하듯 조선에서 교화의 주체는 철저히 유교 지식을 습득한 사대부였다. 이러한 맥락에서 19세기 도교적 선서의 간행과 유통은 유학−성리학에 토대를 둔 사대부 중심의 윤리적 체제에 일정한 변화가 발생하고 있음을 보여준다. 도교적 전통에 토대를 둔 권선서의 등장, 무엇보다 사대부가 아닌 중인 중심의 출판과정은 성리학에 기반한 윤리체계가 당시의 사회 변화에 따른 백성들의 의식 변화를 충분히 수용하거나 통제할 수 없었다는 증거일 수도 있다.

또한 권선서는 서민들을 윤리적으로 계도하기 위한 상층부의 교화책이라는 성격 외에 동시에 대중의 독서욕구를 충족하기 위한 '독서문화'의 일환이기도 했다. 중국의 경우 명청 대 통속소설의 유행에서 볼 수 있듯, 상업적 발달과 더불어 서민들의 독서욕구가 확대되었다. 여기에 여러 자선단체와 인쇄기관, 서점도 선서의 유행에 중요한 역할을 했다. 중국에서 권선서를 간행한 이들은 지역사회에서 존경을 받았기 때문에 무명의 선비부터 명문가의 고위 관료에 이르기까지 다양한 지식인이 권선서 간행에 참여했을 뿐 아니라 심지어 황실에서도 민중교화를 위해 적극적으로 권선서를 보급하기도 했다.

이에 비해 유학-성리학이 체제 교학으로 작동했던 조선에서는 중국과 달리 19세기 중반까지 도교적 권선서가 민간에서 간행되거나 유통되지 않았다. 민중의 교화는 국가적 사업의 일환이었기 때문에 조선 왕실은 건국 초기부터 효와 충 등 유교적 이념을 담은 수신서(修身書)를 적극적으로 간행하고 배포했다. 『소학(小學)』『주자가례(朱子家禮)』『삼강행실도(三綱行實圖)』 등이 왕실과 사대부가 배포하고 활용했던 대표적인 수신서다. 전통적인 유교적 덕목을 담고 있는 수신서는 조선을 일상적 생활영역에서부터 유학-성리학의 이념과 실천이 작동하는 사회로 만드는 데 일정한 기여를 했다. 이 가운데 주로 『소학』이나 『주자가례』가 사대부를 위한 윤리서였다면 한글 해설을 붙이고 삽화를 곁들인 『삼강행실도』 등은 서민층을 겨냥한 계몽의 도구였다. 특히 『삼강행실도』는 15세기 중반인

세종 때 간행되기 시작해서 19세기 중반 철종 대까지 여러차례 재간행될 정도로 중요한 문헌이었다. 이 책들은 독자가 누군지에 관계없이 모두 유교적 가치를 담고 있는 계몽서라는 점에서 권력과 자본, 기술과 지식을 독점하고 있던 상층부가 일방적으로 주도하는 하향식 계도 수단이었다.

이 강고한 틀과 체제에 균열이 발생하기 시작한 것은 19세기였다. 19세기 중후반에 매우 다양한 종류의 도교 계열의 권선서가 출간되었기 때문이다. 책의 선정과 출간을 주도한 것은 중인 출신 관료가 포함된 도교 결사, '무상단(無相壇)'이다. 이 시기 조선에서 도교 계열 권선서가 유행했다는 사실도 낯설지만 도교 결사 무상단은 더욱 낯설게 느껴진다. 중인 중심 도교 결사와 권선서 출간이라는 낯선 조합은 19세기 조선에 관한 우리의 일반적 인식을 바꿔줄 중요한 창이다.

조선이 유교국가였다 해서 도교 자체가 존재하지 않았던 것은 아니다. 도교가 전래된 삼국시대 이후 조선에서도 도교가 자생적으로 발전하고 있었다. 그러나 조선에서 도교 신앙이 확산된 것은 16세기 말에 일어난 임진왜란과 정유재란 이후다. 선조(宣祖, 1552~1608) 때 조선에 파병된 명나라 군대는 남산 기슭에 관우묘(關羽廟), 즉 촉한(蜀漢)의 장수로 이후 중국에서 신적인 숭배를 받게 된 관우를 숭배하는 도교 사원[1]을 건립함으로써 유교사회 조선에 낯선 도교 신앙을 들여온다.

이후 한양은 물론 명군이 주둔했던 안동과 부산 지역의 동래 등지에 관우묘가 건립되었다. 결과적으로 관우 신앙, 즉 관제 신앙은 전쟁이 끝난 후 고통받던 백성들 사이에 급속히 퍼져나갔다. 이뿐 아니라 청이 중원의 주인이 되자 대명의리(大明義理)라는 명분으로 왕권의 정통성을 확보하

---

1 관우를 모신 묘당은 관우에 대한 시호가 왕(王)이나 제(帝)로 격상됨에 따라 관왕묘(關王廟) 또는 관제묘(關帝廟)로도 불리게 된다.

고자 했던 왕실에서도 충과 효의 상징이던 관우묘에 직접 행차하여 예제를 올리는 등 도교 신앙을 통치에 활용했다. 심지어 고종(高宗, 1852~1919)은 도교 권선서의 간행을 후원하기까지 한다.

이런 맥락에서 19세기 중반 조선에서 도교적 선서의 간행과 출판은 특기할 만한 사건이다. 조선에서 도교는 이단이었기 때문에 왕실에서 도교적 권선서를 주도적으로 간행한다는 것은 쉽게 허용될 수 있는 일이 아니었다. 유교국가로서의 정체성은 왕실뿐 아니라 신료들에게도 바꿀 수 없는 이념이었기 때문에 만약 권선서를 간행하고자 했다 해도 다양한 반대에 부딪혔을 것이다. 중인이 주도하는 출판사업 역시 기존의 통념과 어긋난다. 조선에서 책의 간행은 단순히 기술과 자본이 갖추어져 있다고 해서 가능한 일이 아니었다. 당연히 19세기 중반 이전에 중인이 주도한 출판의 사례를 찾기 어렵다.

## 4. 무상단의 권선서 간행

조선에서 유통된 대표적인 선서는 『태상감응편』으로, 현재 확인 가능한 가장 이른 판본은 1796년 경기도의 한 불교 사찰에서 판각한 것이다. 가장 널리 유통된 것으로 보이는 권선서는 최성환이 1852년에 펴낸 『태상감응편도설언해(太上感應篇圖說諺解)』로, 만주어로 된 원본을 한글로 번역하고 삽화를 덧붙여 편집한 것이다.

주지하듯 19세기 조선은 대내외적인 불안 요인을 안고 있음에도 대도시를 중심으로 상업이 활성화하고 청나라에서 새로운 문물이 수용되는 등 변화의 조건들이 축적되고 있었다. 이 변화에 일종의 도덕적 지체현상이 발생하는 것은 자연스러운 현상일 것이다. 이러한 상황에서 유학자들은 새로운 수신서를 저술함으로써 당시의 도덕적 퇴락을 경계하고 이를 극복하고자 노력했다.[2]

그러나 한문으로 저술되었다는 섬에서 이러한 윤리서들의 내중적 영향력은 제한적일 수밖에 없었다. 이에 비해 도교 계열 선서들은 상당한 인기를 끌었고 대중적으로 많이 유통되었다. 한글로 번역되어 있을 뿐 아니라 삽화가 많이 포함되어 있었기 때문이다. 서민들은 선서를 통해 삶의 지침을 확인하기도 했지만 독서 욕구를 해소하기도 했다. 여기서 중요한 것은 권선서 간행의 주체다. 권선서를 간행하고 이를 무상으로 배포함으로써 선서의 유행을 주도한 것은 최성환과 같은 중인들이기 때문이다. 주지하듯 조선 사회에서 중인은 양반과 평민의 교차점에 형성된 계층이다. 특히 조선 후기의 중인은 아래로부터 신분이 상승한 계층이라기보다는 양반에서 신분이 하락한 경우가 많았다. 양반의 수가 늘어나면서 일종의 도태가 일어났고, 직무를 세습하는 중간계층이 생겼기 때문이다. 이들은 문화적 교양을 습득했지만 이를 활용할 마땅한 사회적 장을 얻지 못했기에 시사(詩社)나 종교적 결사를 통해 신분상의 한계와 울분을 풀어내고자 했다. 최성환은 이 두가지 활동에 모두 관여한 인물이었다.

『조선도교사』를 저술한 이능화에 따르면 19세기 후반 서울의 일부 인사들이 중국의 불교 결사였던 백련사(白蓮社)를 모방해 '묘련사(妙蓮社)'라는 염불 단체를 만들어 산사에 모여 염불에 정진했는데 이에 관음이 감동하여 묘응(妙應)이 나타났다고 한다. 이들은 1872년부터 1875년까지

---

**2** 예를 들어 19세기 유학자 중 한 사람인 심대윤은 『복리전서(福利全書)』 등을 저술해 유교적 가치를 바탕으로 복선화음(福善禍淫)의 논리에 바탕을 둔 현실적 윤리를 재구성하고자 시도했다.

일곱곳에서 모두 열한차례 설법한 것을 적어서『제중감로(濟衆甘露)』[3]라는 책을 만들어 유포했다.[4] 한편 이들은 묘련사 결사를 토대로 한 사회적 활동을 마무리짓고 1877년부터는 무상단이라는 이름의 도교 결사[5]로 정체성을 전환한다.

무상단은 좌반과 우반으로 구성되어 있는데 좌우반의 영수였던 묘허자 최황(妙虛子 崔晃) 즉 최성환과 청허자 정학구(清虛子 丁鶴九) 외에 청녕자 서정(清寧子 徐珽), 성허자 장욱(惺虛子 張旭), 청련자 유운(清蓮子 劉雲), 월허자 유성흠(月虛子 劉晠欽), 현허자 이창(玄虛子 李昶), 청하자 이숙(清霞子 李璹) 등이 참여한 것으로 알려져 있다.[6] 이들은 당시 조선에 전파되지 않았던 관성제군(關聖帝君), 문창제군(文昌帝君), 부우제군(孚佑帝君) 등 삼성(三聖) 신앙을 본격적으로 전파하기 시작했고[7] 그에 따라 다양한 도교 관련 서적들을 출판한다. 이들은 관성제군에 관한『과화존신(過化存神)』, 문창제군에 관한『남궁계적(南宮桂籍)』, 부우제군에 관한『심학정전(心學正傳)』등 삼성 신앙과 선을 권면하는 권선서를 간행하여 보급하는데 주력했다.

연구에 따르면 무상단 구성원들에 의해 간행된 권선서는 41종에 이르

---

**3** 이 책의 본래 제목은『관세음보살묘응시현제중감로(觀世音菩薩妙應示現濟衆甘露)』이다.

**4** 이능화『조선도교사』, 이종은 옮김, 보성문화사 2000, 303면.

**5** 기록에 따르면 무상단은 정축년 즉 1877년 가을에 설립되었고 이듬해 봄까지 활동을 이어나갔다. 이후 무상단은 1878년 새롭게 재건되었다가 고종 20년인 1883년에 다시 중건되기도 한다. 김윤수「고종시대의 난단도교」,『동양철학』30집, 2008, 75면.

**6** 같은 논문 68면.

**7** 선행연구는 무상단이 활동하기 전 조선에 관제신앙은 존재했지만 문창제군이나 부우제군을 포함한 삼성 신앙은 무상단에 의해 처음으로 도입된 것이라고 주장한다. 김윤수, 같은 논문 62면.

며[8] 1876년 이후 무상단과 관련된 권선서만 34종에 달한다.[9] 최성환은 무상단 활동 이전부터 다양한 권선서 간행에 참여했다. 그는 헌종 14년, 1848년에 『태상감응편』을, 철종 3년인 1852년에는 『태상감응편도설』을 간행했으며 1856년에는 『각세신편팔감상목(覺世新編八鑑常目)』을 간행한다. 이들은 모두 중국에서 유행하던 대표적인 권선서들로 최성환은 이를 정문(正文) 그대로 간행하거나 언해하는 방식으로 변경한다. 최성환이 1853년에 간행한 『관성제군전서(關聖帝君全書)』 역시 관성제군과 관련된 경문 등으로 이루어진 권선서이다.[10] 또한 그는 무상단이 설립되기 전인 1876년에도 정극경, 서정 등과 함께 『관성제군성적도지전집(關聖帝君聖蹟圖誌全集)』 『관성제군성적도지속집(關聖帝君聖蹟圖誌續集)』 『해동성적지(海東聖蹟誌)』를 간행한다.

최성환은 1848년 즉 36세 이전부터 권선서를 읽으며 이를 간행할 방법을 찾고 있었고 마침 연경에서 누군가 『태상감응편』 정문을 가지고 들어와 이를 간행했다고 밝힌다. 그는 이를 다시 중간하지만 1852년에 간행한 것은 『태상감응편』 정문이 아니라 『태상감응편도설』을 언해한 새로운 서적이다. 최성환은 이 책을 1880년에 고종의 어명으로 다시 간행한다. 또한 최성환은 1877년부터 1878년까지 무상단 활동 과정에서 그리고 이후 『삼성보전(三聖寶典)』 『문창제군몽수비장경(文昌帝君夢授秘藏經)』과 『연경편(演經篇)』 『삼성훈경(三聖訓經)』 『문창제군성세경(文昌帝君惺世經)』 등의 간행에 참여하여 서문 혹은 발문을 쓴다.

---

**8** 박소연 「9세기 후반 서울지역 신앙 결사의 활동과 특징: 불교·도교 결사를 중심으로」, 동국대 석사논문, 2016, 53~57면.

**9** 박소연, 같은 논문 59면.

**10** 이 책은 1772년에 중국에서 간행된 『관성제군전서』를 바탕으로 다른 글들을 붙여 새롭게 편집한 책이다. 박지숙, 앞의 논문, 98면.

질문은 이 지점에서 다시 시작된다. 왜 불교에 기반을 둔 종교 결사가 짧은 시기 안에 도교 결사로 정체성을 변경하는가? 더욱 흥미로운 것은 무상단이 출간한 권선서에는 남병철, 박규수, 이건창 등 당대에 명망있던 상층 양반들도 서문을 쓰는 등 다양한 방식으로 참여한다는 점이다. 도교를 이단시하던 유학자들이 왜 도교 권선서 간행에 조력하는가? 이 질문에 답을 찾는 과정은 아마도 가려져 있던 19세 조선의 어떤 조각을 찾는 길일지도 모른다.

## 5. 관왕묘와 고종

답의 조각을 찾는 하나의 경로는 무상단 핵심 인물들의 신분과 직분을 살펴보는 것이다. 무상단 도사들 가운데 핵심 인물들은 당시 서울에 건립되어 있던 관왕묘(關王廟), 즉 관우묘를 관리하던 도관(道官)들이었다. 예를 들어 유운(劉雲, 1821~1884) 또는 유성종(劉聖鍾)은 불교 거사였던 월창거사 김대현(月窓居士 金大鉉, ?~1870)의 제자였으며[11] 이후 그는 스승과 결별한 뒤 묘련사 결사 및 무상단 결사에 참여하고 동관왕묘를 관리하던 도관으로 활동했다.[12] 또다른 무상단의 핵심 인물 서정(徐珽) 역시 남묘의 주제관이었던 도사였으며[13] 묘련사 결사에 참여한 정극경(丁克慶) 역시 관왕묘의 주제관이었고 이경익(李璟益)이라는 인물은 남관왕묘(南關

---

11 서수정 「19세기 佛書刊行과 劉聖鍾의 『德新堂書目』 연구」, 동국대 박사논문, 2016, 101~65면 참조.
12 김윤수, 앞의 논문 75면. 박소연, 앞의 논문 27면.
13 김윤수, 앞의 논문 62면.

王廟)의 주제관이었다.[14]

관왕묘란 어떤 곳인가? 우선 조선에서 관왕묘의 위상과 의미를 살펴볼 필요가 있다. 조선에 세워진 최초의 관왕묘는 1598년(선조 31)에 명의 장수 진인(陳寅)에 의해 숭례문 밖에 세워진 남관왕묘였다. 명은 관우에게 명나라 군사를 돕는 신령한 힘이 있다고 믿었기 때문에 파병지 조선에 관왕묘를 세우고자 하였다. 진인은 부상을 입고 한양에서 치료를 받던 중 자신이 거처하던 숭례문 산기슭의 낡은 집을 묘당으로 만들고 소상(塑像)을 봉안했다.

조선의 입장에서 무관이었던 관우는 유학-성리학적 질서 바깥의 존재였기 때문에 당연히 국가적 행사에 편입되어 있지 않았다. 따라서 당시 조정에는 관왕묘를 참배하는 의절(儀節)에 대해 참고할 만한 전범이 존재하지 않았다. 그러나 명의 압력에 의해 결국 선조는 남관왕묘에 친림하여 사배례(四拜禮)를 올려야 했다. 일국의 국왕으로서 타국의 일개 장군에게 배례를 올린 셈이다.

이후 명군은 남관왕묘에 이어 동관왕묘의 건립을 종용했다. 동관왕묘의 건립은 1599년(선조 32)부터 1602년(선조 35)까지 약 3년 이상 소요되었다. 남관왕묘에 비해 역사(役事)의 규모도 컸지만 신하들이 명의 일방적인 요구로 관우의 사당을 짓는 일을 굴종으로 받아들여 반발했기 때문이다. 결과적으로 관왕묘는 중국 사신들이 관례처럼 방문하는 곳이 되었고 백성들 사이에서는 영험한 곳으로 자리잡아갔다. 그러나 낯선 소상이 가득한 관왕묘는 유교 세계의 이질적 공간일뿐더러 전쟁의 피해를 소환하는 부정적 기억의 공간으로 인식되었다.

---

**14** 박소연, 앞의 논문 15면.

한편 유학자들은 연행(燕行)의 기록을 통해 관왕묘를 간접적으로 경험하기도 했다. 연행에 참여한 조선인에게 다양한 북경의 문물은 새롭고 기이했지만 특히 관왕묘는 대부분의 사행(使行)에서 빠지지 않는 중요한 장소였다.[15] 조선에서 관왕묘의 위상이 바뀐 것은 숙종 대였다. 숙종은 자진해 관왕묘에 친림한 최초의 조선 국왕이다. 숙종이 관왕묘에 직접 행차한 것은 재위 17년 되던 해인 1691년의 일이었다. 이때 숙종은 정릉(貞陵)에 전알(展謁)하고 돌아오는 길에 처음으로 동관왕묘에 들른다. 숙종의 동관왕묘 친행은 청의 압력이나 외교적 절차와 관계없이 조선 국왕의 자발적 의사에 따른 첫 행차였다. 신하들은 참고할 예제가 없다는 점을 들어 숙종의 친림을 반대했지만 숙종은 뜻을 굽히지 않았다. 숙종이 관왕묘에 어떤 의미를 부여하고자 했는지 다음의 비망기가 잘 보여준다.

임금이 비망기(備忘記)를 내리기를, "아! 무안왕(武安王, 관우)의 충의(忠義)는 참으로 천고(千古)에 드문 것이다. 이제 들러 유상(遺像)을 보니 먼 세상 건너 서로 감응하는 뜻이 있었고 또한 무사(武士)를 격려하기 위한 것이니, 본디 한때의 유관(游觀)을 즐기려는 뜻이 아니었다. 아아, 너희 장사(將士)들은 모름지기 이 뜻을 체인하여 충의를 더욱 면려(勉勵)함으로써 왕실을 지키라. 이것이 바라는 것이다."[16]

숙종은 관왕묘 행차를 통해 무사들의 충의와 왕실에 대한 보위를 환기

---

**15** 대부분의 연행록에는 관왕묘에 들른 기록이 보인다. 예를 들어 1832년 순조 32년에 동지사 겸 사은사 사행에 서장관으로 동행한 김경선(金景善, 1832~1833)은 사관에서 수십 보 되지 않는 곳에 관제묘가 있어 정사, 부사와 함께 가보았다고 기록한다. 『燕轅直指』 권1 「出疆錄」 「柵門關廟記」.

**16** 『숙종실록』 23권, 숙종 17년 2월 27일.

하고자 했다. 결과적으로 숙종은 관왕묘를 명에 대해 재조지은(再造之恩)의 은혜를 환기하는 대명의리의 공간이자 그 자체 무(武)와 충렬(忠烈)을 환기하는 장소로 활용한다.[17]

숙종에 이어 영조와 정조 역시 여러차례 관왕묘에 직접 행차해서 제사를 지낸다. 조선 국왕의 관왕묘 친림 횟수의 변화는 관왕묘가 어떤 정치적 문맥에 개입하게 되었는지 보여준다. 조선에서 관왕묘는 숙종-영조-정조 대를 거치면서 점차 대명의리의 공간에서 그 자체로 독립적인 충절과 의열의 상징으로 격상되어갔다. 고종 대에도 여전히 관왕묘는 명과의 관계를 증명하는 대명의리의 공간이자 이를 공식화하는 국가 제사의 공간이었지만 고종은 이에 한 층위를 덧댄다. 북관왕묘에 세운 북묘비(北廟碑)에 남긴 문장이 이를 보여준다.

임오년 여름에 병변이 일어나 역도가 대궐을 범하여 재앙의 기미가 예측할 수 없었는데 곧 그들이 해산되어 차례차례 사로잡아 법에 붙였다. 그후 3년째인 갑신년, 갑신 겨울에 역란이 일어나 나는 전궁의 상하와 함께 관왕의 사당으로 피신하였는데 그 당시 적의 세력이 커서 놀라운 일이 순간에 일어날 상황이므로 황급하여 어찌할 바를 몰랐다. 이윽고 흉도는 잡히고 적병은 도망쳐 피신했던 행차가 무사히 돌아오고 종사가 편안해졌다. 전후에 걸쳐 변고가 생겨 위급할 때 보이지 않게 작용하여 위태로움을 바꾸어 편안하게 하였으니 이는 누구의 힘이겠는가.[18]

---

**17** 숙종의 관왕묘 친림과 그 의미에 관해서는 다음을 참조. 졸저『숙종 시대 문명의 도전과 지식의 전환』, 한국학중앙연구원출판부 2022. 77~88면.

**18** 번역은 국립문화재연구원 문화유산연구지식포털의 한국금석문 데이터베이스 중 '북묘비' 항목(https://portal.nrich.go.kr/kor/ksmUsrList.do?menuIdx=584)을 따른다.

고종에게 관왕묘는 명을 떠올리는 의리의 공간이 아니라 위태로운 왕실을 지킬 신령한 힘의 공간이었다. 이런 호명은 충의로 포괄할 수 없는 유교적 이념의 경계선까지 나아간 듯 보인다. 고종은 이로부터 한층 더 나아간다. 고종이 다양한 도교 권선서 간행에 관여하기 때문이다. 여러 권선서에 '주상전하께 높은 훌륭한 공덕을 다했음을 삼가 고합니다'(上言伏以峻德偉功已盡)라는 고종에게 올린 축하 전문이 남아 있다는 점이 이를 보여준다.[19] 또한 고종은 1880년에 여러 군관과 선정관청의 관리에게 『경신록』과 『태상감응편』『과화존신』 등을 하사하기도 한다.[20]

고종이 무상단 도사들의 도교 권선서 간행에 개입한 것은 관왕묘의 의미와 역할을 강화하고자 했던 고종의 의도와 연관되어 있을 것이다. 실제로 관왕묘 제사를 주관한 제관은 종2품 무관을 비롯해 11명이었는데[21] 이 점에서 무관이 도관의 역할도 했음을 알 수 있다. 권선서의 간행 역시 이들이 중심이 된 것은 자연스러운 결과일 것이다. 고종은 무(武)와 충의 (忠義)라는 이념을 내세우며 왕실의 보위를 책임지는 무관에게 관왕묘의 제사를 맡김과 동시에 그들의 권선서 출판을 지원함으로써 왕실과 민중을 연결할 매개점을 만들고자 했던 것으로 보인다.

물론 관왕묘를 중심으로 한 고종의 정치적 판단과 실천이 유교 세계의 테두리를 넘어서는 일이었는지 단정하기는 어렵다. 권선서 간행의 주체들, 권선서가 배포된 범위가 여전히 한정되어 있기 때문이다. 도교 권선

---

**19** 서수정, 앞의 논문 131~32면.

**20** 이태희 「조선 후기 善書의 수용과 유행의 요인: 『增訂敬信錄』과 『경신록언셕』의 내용 분석을 중심으로」, 『국제어문』 69호, 2016, 105면.

**21** 심승구 「관왕묘 의례의 재현과 공연예술화 방안」, 『공연문화연구』 24호, 2011, 278~79면.

서들에 고종의 어명으로 간행되었다는 기록이 남아 있지만 고종이 어떤 방식으로 도움을 주었는지 관찬(官撰) 자료들에는 그 흔적이 분명히 나타나지 않는다는 점도 주목할 만한 일이다.

아무리 관왕묘가 이미 국가적으로 승인된 공간이라 할지라도, 나아가 서적 간행이라는 비교적 온건한 방식이었다 해도 예치를 이념으로 하는 유교국가의 국왕으로서 도교적 신앙행위에 연관된 활동을 국가적으로 공식화하기는 어려웠을 것이다. 고종은 관왕묘를 정치적 문맥에서 적극적으로 활용하며 이를 중심으로 중인 지식인들의 출판활동을 지원한 것으로 보이지만 후자의 실천은 어떤 면에서 국가의 대표자로서가 아니라 왕실의 대표자로서의 관심을 반영한 행위에 가까웠을 가능성도 있다. 그런 맥락에서 고종의 권선서 출판 지원은 일종의 경계 실험으로, 유교적 정통성의 한계에 근접한 행위라고 볼 수 있다.


## 6. 사대부와 권선서

더욱 흥미로운 것은 일부의 사대부들 역시 유교적 정통성과 권위의 한계점에 근접하는 선까지 나아간다는 것이다. 박지원의 손자이자 개화파로 잘 알려진 박규수(朴珪壽, 1807~1876), 한성부판윤을 지낸 관료 김창희(金昌熙, 1844~1890), 장신(將臣)이었던 신헌(申櫶, 1811~1884)의 아들 신정희(申正熙, 1833~1895), 홍문관직 등을 역임한 이건창(李建昌, 1852~1898), 대제학을 역임한 남병철(南秉哲, 1817~1863) 같은 이들이 무상단의 권선서 간행과 연결되어 있다. 이처럼 도교 권선서에 서문 혹은 발문을 쓰며 중인의 대중계몽 활동에 조력한 상층 사대부는 학파나 학맥으로 연결되진 않지만 중요한 공통점이 있다. 이들이 무관으로서 헌종과 독대할 만큼 신망을 받았으며 당시 여항의 뛰어난 문인들과 교류했던 최성환의 지적 네트워크에 겹친다는 것이다.

이들은 주로 서문이나 발문을 통해 권선서 간행에 조력한다. 이 교유의 중심은 아마도 최성환과 서정이었을 것이다. 최성환은 중인들의 시사(詩社)에 참여하거나 왕명에 따른 『대전회통(大典會通)』 간행 등 여러 경로로 남병철, 박규수, 이유원, 신정희의 부친 신헌 등과 교류하고 있었고, 무상단의 일원이었던 서정은 이건창과 동행한 연행 과정에서 실제 권선서들을 조선에 가지고 들어왔다.

최성환이 교유했던 신헌의 아들 신정희는 도교 서적 『계궁지(桂宮誌)』에 붙인 서문인 「계궁지서(桂宮誌序)」에서 '서정이 성인의 가르침을 독실히 믿고 선한 일을 널리 행하여(篤信聖誥, 廣行善事) 어두움과 밝음의 일에 통달한 사람이라고 할 만한데(可謂達於幽明之故者矣) 직접 청나라에 가서 문창제군과 부우제군의 성상을 구했을 뿐 아니라(始求二聖晬容于燕楂) 『관성제군성적도지』, 문창제군의 『계궁지』, 부우제군의 『중향집(衆香集)』 등을 구해와 간행했다(是皆徐君廣購中朝)'고 소개한다. 이 글에 따르면 서정은 유가적 덕에 합치하는 인물이며 그의 권선서 간행 활동 역시 유가적 가치에 해당한다.

당시 도교 권선서에 이름을 올린 사대부 가운데는 상층 관료로서 자신의 정체성을 드러내는 경우도 있다. 『관제성적도지전집(關帝聖蹟圖誌全集)』은 1876년에 박규수가 서문을 쓰고 김창희가 발문을 썼는데 각각 자신의 이름 앞에 '행판중추부사(行判中樞府事)'나 '규장각제학(奎章閣提學)', '성균관대사성(成均館大司成)' 등의 관직명을 병기한다. 이들 모두 규장각과 성균관을 통해 자신의 정체성을 내걸고 서문과 발문을 쓴 것이다. 이들이 도교 권선서에 이름을 올리고 관직명을 내세울 수 있었던 것은 관우가 상징하는 충의가 유교적 가치로도 충분히 수용 가능한 보편적 격률이었기 때문일 것이다. 특히 『남궁계적』의 경우 학문과 과거를 상징하는 문창제군과 관련된 권선서라는 점에서 사대부가 쉽게 수용할 수 있었을 것이다.

심지어 박규수는 '나는 약관의 시절부터 관성제후를 경모하여 띠풀로 길흉을 점치다가 꿈 속에서 만났는데 마치 정녕(丁寧)히 계고하고 지도해주는 것 같았다. 지금 여러 사람들이 (이 책을) 공간하여 간행하는 것이 감격스러워 이 책의 서문을 쓴다.'22며 관왕에 대한 그의 추존을 밝히기도 한다. 김창희 역시 박규수와 마찬가지로 '하늘이 백성을 냄에 임금을 만들어 그에게 정치를 맡겼고, 스승을 만들어 그에게 가르침을 맡겼으며, 성철(聖哲)에게 각각의 능력을 다하게 하였으나 그 교화하고 인도하는 직분은 하나'23라며 권선서를 정치적 교화의 도구로 인식한다.

강화 양명학파의 후예인 영재 이건창(寧齋 李建昌, 1852~98) 역시 함께 연행했던 서정이 간행한 도교 권선서 『남궁계적』에 서문을 써준다. 그는 고종 11년인 1874년 10월 서장관(書狀官) 자격으로 북경으로 떠나는데 그 서문에 북경에서 관제묘를 방문한 경험을 기록하고 있다. 그는 이웃 마을의 관묘 사람들이 보관하고 있던 『관성제군성적도지』 등 문창제군의 책을 간행하고자 해서 서문을 써달라는 부탁을 거절하기 어려웠다고 밝힌다. 그 자신이 북경에 갔을 때 관왕묘를 배알하고 제상을 구입해 돌

---

22 『關聖帝君聖蹟圖誌全集』, 「朴珪壽 序」. 珪壽爰自弱冠景慕關候, 莛茅之卜夢寐之遇, 若有誠告丁寧
　而指導之者. 今於諸人之共刊是編重, 有感焉, 爲作聖蹟圖誌之序. 丙子 暮春 大臣輔國 崇祿大夫 行
　判中樞府事原任 奎章閣 提學 朴珪壽 謹序

23 『關聖帝君聖蹟圖誌全集』, 「金昌熙 跋」. 嗚呼, 天生蒸民, 作之君以畀其政, 作之師以畀其敎, 聖哲
　受畀各盡, 其化導之職一也.

아온 경험이 있기 때문이다.[24]

이 맥락에서 흥미로운 것은 1874년 북경으로 출발할 때부터 1875년 4월 귀국할 때까지의 시를 모은 「북유시초(北遊詩草)」에 관왕묘나 권선서에 관련된 내용이 등장하지 않는다는 점이다. 이건창이 쓴 『남궁계적』의 서문 역시 그의 문집인 『명미당집(明美堂集)』에 포함되어 있지 않다. 이처럼 권선서에 서문을 써준 사대부의 서문이나 발문 대부분이 그들의 문집에서 빠져 있다.[25] 이들은 도교 권선서 출판에 협조했지만 이를 자신의 문집이나 시에 기록하지 않는다. 이 시기 조선에서 간행된 도교 권선서의 효용과 절충적 성격을 충분히 이해하고 동의하며 서문과 발문을 써주었음에도 불구하고 여전히 이들은 유학자로서의 정체성을 깨지 않는 선에서 도교식 권선서를 수용하고자 한 것으로 보인다. 그러나 실제로 간행된 권선서들은 유교적 윤리 강상(綱常)의 경계를 넘어서는 구조와 내용들로 이루어져 있다.


## 7. 통속적 규약윤리의 탄생

최성환이 편간한 권선서 가운데 가장 중요한 것이 『태상감응편』이다. 송(宋) 말에 나온 『태상감응편』은 최성환 이전에도 조선에서 간행된 기록

---

**24** 『남궁계적』 「이건창서(李建昌序)」. 近有里社數三人 鋟行關帝聖蹟圖誌 旣藏事矣 謀刊文帝之書...(建昌)嘗奉使中國, 祈謁帝廟, 奉帝像一幀而歸, 今又執筆序, 此盖以與事幸故不敢辭.
**25** 남병철이 최성환이 간행한 『도수부선생증손당관공과격』을 위해 써준 발문 「중간도수부증손공과격발(重刊陶水部增損功過格跋)」만이 그의 문집인 『규재유고(圭齋遺藁)』에 남아 있다. 이 책은 특별히 관료의 공과를 점수화하는 독특한 공과격으로, 관료의 자정을 계도할 수 있다는 점에서 유교적 색채가 강하다고 할 수 있다.

이 있지만[26] 본격적으로 유통된 것은 최성환의 간행 활동 이후였다. 최성환이 1852년에 중간(重刊)한 『태상감응편도설』은 1848년본과는 다른 책으로, 명대 허남증(許纜曾)이 간행한 『태상감응편도설』을 언해한 것이다.

이 책은 도교의 선악 업보를 실증하는 207명의 인물의 사례를 도설과 함께 제시하고 있는데 이러한 구성은 중국에서 간행된 다른 『태상감응편』의 주해서와 차별화된다. 먼저 이 책은 구성 자체가 유교적 윤리를 직접적으로 반영하고 있다. 일반적으로 『태상감응편』은 총론에 이어 선행의 항목과 보상, 악행의 항목과 보상이 나열되어 있지만 최성환의 『태상감응편』은 유학의 핵심 덕목인 인의예지신 등의 오상(五常)에 따라 5권으로 구성되어 있다.[27]

더욱 흥미로운 것은 효와 충을 비롯해 가정과 사회에서 요구되는 관계의 덕목들 외에 형관(刑官), 언관(言官) 등 관료와 사농공상 등 계층별로 필요한 덕목을 제시한다는 점이다. 또한 선악보상에 대한 구체적 실례들이 직군과 계층에 따라 세분화되어 제시되어 있는 것이다. 인(仁)에 해당하는 1권에서 지효(至孝), 불음(不淫), 호의(好義), 재상(宰相), 대장(大將)에 대한 38인의 일화를 통해 그 선악에 따른 응보를 다루는데 다른 권들도 이와 마찬가지로 일화를 통해 개별적인 위치와 행위에 따른 선악응보를 다루고 있다.

2권은 의(義)를 주제로 형관(刑官), 사관(史官), 언관(言官), 양민관(養民官)에게 적용되는 선악응보를, 예(禮)를 내세운 3권에서는 대감(大監), 이

---

**26** 권오영 외 『어시재 최성환 연구』, 사람의무늬 2017, 46~47면.

**27** 동일한 방식으로 구성된 책이 이미 조선에서 유통되었던 것으로 보이는데 『관제성적도지전집』이 그 예이다. 이 책은 청대 강희 연간에 활동했던 노준심(盧濬深) 또는 노심(盧湛)이 관우의 행적 등을 모아서 간행한 책인데 1876년 고종 13년에 무상단이 간행하면서 박규수가 서문을, 김창희가 발문을 붙인다.

서(吏書), 사인(士人), 농인(農人), 공인(工人), 상인(商人) 등 직군에 따른 행위의 선악응보를, 지(智)인 4권에서는 신도(臣道), 자도(子道), 부도(夫道), 형제(兄弟), 붕우(朋友) 등 관계에 따른 윤리적 응보를 설명하고 있으며 신(信)인 5권에서는 부인(婦人), 방생(放生), 융살(戎殺), 방술(方術)에 관한 선악응보를 설명하고 있다. 이러한 구성을 통해 최성환이 사회적 안정을 위해 개인이 각자의 직분에 충실할 수 있도록 개별적인 행위규약을 제안하려 했음을 알 수 있다.

나아가 최성환은 한층 구체적이고 현실적인 직무중심 규약윤리를 제안하기도 한다. 최성환이 간행한『도수부선생증손당관공과격』은 명 대 인물 원료범(袁了凡, 1533~1606), 즉 원황(袁黃)의『당관공과격(當官功過格)』을 토대로 도수부(陶水部)가 수정한 것을 바탕으로 편찬한 것이다. 이 책은 선과 악을 계산하는『태상감응편』의 원리를 지방관리들의 직무에 연결한 것인데 최성환은 이를 조선의 실정에 맞게 수정해서 간행한다. 그는 관료들의 도덕적 타락을 해결하기 위해 이 책을 편집한 것으로 보인다. 무관으로서 최성환이 유학자들의 궁극적 지향이던 '경세'에 대한 책무를 내려놓지 않았음을 알 수 있다. 최성환은 다른 공과격처럼 계산 가능한 규약윤리를 통한 합리적 자기관리를 제안하고자 했지만 특히 관료에게 이를 요구함으로써 국왕의 통치에 간접적인 보탬을 주고자 한다.

일반적으로『공과격』은『태상감응편』에서 제안하는 선행에 대한 보상과 악행에 대한 응징을 개인의 위치와 역할, 개별적 상황과 행위에 따라 공격(功格)과 과격(過格)의 규약으로 점수화한 것이다. 이는 개별적 행위에 따라 개별적인 점수를 부여하여 하루, 한달, 일년의 단위로 총점을 계산하게 함으로써 그해 개별 행위의 점수의 총괄에 따라 점차 선행으로 자신을 옮겨가게 하는 계도의 수단이다. 송 대에 간행된『태미선군공과격

(太微仙君功過格)』같은 초기 공과격이 교단 내의 도덕적 지침서[28]로 활용되었다는 점에서 종교적인 성격이 강했다면 명말 청초에 나온 새로운 유형의 공과격은 좀더 대중적이고 세속적인 성격을 띠게 된다.

공과격을 작성하는 사람은 매월 말에 계산하여 이전과 비교하고 연말에 다시 일년의 공과를 합산하여 이를 문창제군과 관성제군 앞에 고해야 한다.[29] 이 과정을 통해 사람들은 자신의 과(過)를 줄여나갈 수 있다. 개별적인 행위를 백과사전식으로 제시하고 있다는 점도 중요하지만 사실상 공과격에서 중요한 것은 개별 행위를 계산해서 최종적인 합으로 자신을 평가한다는 점이다. 공과격 사용자는 계산에 따라 자신의 행위를 평가하고 스스로를 규율해야 한다. 이런 방식에 자율성이나 주체성 같은 근대적 표지를 붙이는 것은 과할지라도 적어도 윤리적 계도의 방식이 합리적 계산과 자기교정이라는 점은 의미가 있을 것이다.

선을 권면한다는 점에서 권선서는 유가 수신서와 지향점이 같다. 그러나 양자는 선행을 해야 하는 이유와 목적에서 구별된다. 구체적이고 개별적 행위를 통해 선을 행해야 하는 것은 현실에서 자신이 복을 받거나 나아가 후손에게 복을 전승하기 위해서다. 이들은 추상적인 이념이나 도덕적 가치 자체가 아니라 자신의 현재와 미래의 복을 위해 선행을 통해 공을 쌓도록(積功) 권유받는다. 여기서 윤리적 실천은 현세와 후손의 이익과 행복을 위한 합리적 자기규율의 성격을 띤다. 선을 행하는 것 자체가 세속적이며 현실적인 목표를 위한 합리적 행위가 되는 것이다.

---

**28** 이 책은 '송나라 때의 도교 교파인 정명충효도(淨明忠孝道)가 사용한 일종의 도교적 도덕규범서 또는 지침서'였다. 윤찬원 「功過格의 道教 윤리관 연구」, 『도교문화연구』 34호, 2011, 363면.

**29** 『각세신편팔감상목』 「공과격범례(功過格凡例)」.

선을 행할지 악을 행할지 선택하는 것은 자신이며, 그에 대한 판정 역시 신이 아니라 이미 제시되어 있는 점수표에 따른다. 최종적으로 나에게 상벌을 내리는 것은 신이지만 현실적 판정 역시 객관적 점수에 따른 것으로 개인이 합리적으로 예측 가능하다. 따라서 선행은 도덕적 가치 자체를 목표로 하지 않으며 개인은 도덕적 행위를 통해 현세와 미래에서 합리적 보상을 기대할 수 있다. 유가적 이념을 신체에 각인하고 내면화하는 유가적 수신서와 달리, 도교 권선서는 개인의 행위를 가치나 이념이 아니라 개인의 삶과 행복에 연결한다는 점에서 현실적이고 세속적이며 또한 개인적인 성격을 띤다.

이러한 권선서의 규약들은 종교로서의 도교 신앙의 수행으로만 한정하기 어려울 것이다. 이들은 실제로 종교적 계율이라기보다는 세속적이고 기복적인 행위규약에 가깝다. 더욱 중요한 것은 이 도덕적 규약들이 궁극적으로 유교질서 안에서 살 수밖에 없는 민중을 계몽하기 위한 도구였다는 점이다. 이런 맥락에서 최성환의 선서들이 당시에 새로운 행위의 규약들, 특히 사회적 관계를 규율하는 새롭고 독자적인 규약들을 제안했다고 보기는 어렵다. 『태상감응편』에서 볼 수 있듯, 인의예지신이라는 전통적인 유교 도덕률은 선서 안에서도 여전히 작동한다. 그런 의미에서 도교적 선서들은 유가 윤리와 달랐기 때문이 아니라, 도리어 유사했기 때문에 조선에서 수용되고 활용되었다고 보는 편이 타당할 것이다. 대부분의 선서가 자신과 후손의 행복을 위한 선행을 강조할 뿐 아니라 전통적인 유교적 가치인 충과 효 역시 강조하고 있기 때문이다. 그렇다면 도교적 선서에서 변화된 것은 윤리의 내용이 아니라 윤리적 계도의 주체, 그리고 계도의 방식이라고 할 수 있다.

## 8. 나가며

19세기에 나타났던 다양한 권선서의 출판과 이를 주도했던 도교와 불교 등 종교결사의 유행은 조선의 지배담론이자 체제 교학이던 유학의 실질적인 사회적 영향력이 모종의 임계점에 도달해 있는 당대의 현실을 보여준다. 일상의 세속적인 이야기와 구체적인 사례로 이루어진 선악의 예시들 그리고 그 구체적인 응보, 최대의 보상으로서 제시되는 신선의 삶 등은 유교의 윤리적 교설이 백성들에게 삶의 지침이 되지 못했음을 간접적으로 드러낸다고 할 수 있을 것이다. 이 과정에서 도교 권선서가 대안으로 등장했을 가능성이 있다.

그러나 도교 세계에는 기복적인 신앙이나 귀신에 관한 이야기들처럼 유교 사회의 임계점을 넘어서는 영역이 존재한다. 영험한 힘을 가진 신적 존재가 있고 더 나아가 특정한 소명을 받은 인간에 의해 신적 존재의 힘과 권위가 인간세계에 구현될 수 있다는 관념은 수양을 통해 인격의 완성을 추구하는 유교적 성인의 관념으로는 온전히 수용하기 어렵다.

그럼에도 19세기 중반 조선에서 관제 신앙을 중심으로 도교를 통치에 이용하려는 왕실의 의도와 조선 백성을 계몽하려는 도교 권선서의 유교화가 상호 조우하는 점이 지대가 나타난다. 이 절충적 공간에서 바라본다면 19세기 중후반에 간행된 도교 권선서는 엄밀히 말해 유교사회 바깥으로 나아가는 것으로 보이지 않는다. 이러한 경향은 특히 최성환이 간행한 권선서와 상층 사대부가 서문 등으로 참여한 경우에서 확인 가능하다. 그럼에도 불구하고 중인이 중심을 이루는 도교 결사의 권선서 출판활동은 이 서적들의 주 독자층인 중인과 서인이 더이상 성리학적 이념을 묵수하는 타자가 아니라 그 자신이 계산의 주체가 되어 실질적이고 실용적인 새로운 규약윤리를 실천할 수 있음을 보여준다. 이 규약윤리는 계산 가능하며 보상이 현실적이라는 점에서 그 보상을 현세에 받고자 하는 세속주의가 당시 조선에서 확산되고 있었음을 확인할 수 있다. 나아가 권선서에 연결된 여러 계층은 19세기 후반 생활세계의 미시성 안에서 자기규율에 성공한 합리적 개인이 성장할 수 있음을 보여주는 하나의 근거라고 볼 수 있을 것이다.

이런 맥락에서 19세기 조선의 권선서들은 당시 조선 사회에서 추상적인 도덕적 질서 대신 현실적인 윤리적 실천의 기제가 나타나고 있음을, 무엇보다 이 윤리적 기제의 제안과 운용의 주체가 유일한 정전으로서의 성리학을 장악하고 있는 상층 양반이 아닐 수 있음을 보여준다. 성리학이 보편적 이념을 바탕으로 사회구성원에게 이념적으로 유일한 '하나의 도덕'을 제안했다면 최성환이 간행한 권선서들은 일상적 실천에 '복선화음(福善禍淫)'이라는 현실적이며 세속적인 기준을 도입함으로써 합리적 계산에 바탕을 둔 윤리규약을 제시하는 방식으로 새로운 도덕의 언어를 추동하고 있는 셈이다.

다시 말해 유학-성리학의 이념적 경계가 약화되면서 절충적이고 복합적인 규약들이 형성되는 가운데 중인과 민중을 중심으로 현실적 행위의 차이들과 그에 대한 보상으로 실현되는 통속적 윤리가 탄생하고 있다는 것이다. 그렇다면 이 시기는 이념으로서의 도덕을 넘어 좋음-나쁨의 차이에 기반한, 실천으로서의 윤리로 전환되는 국면이라고 평가할 수 있을 것이다.

조선의 상층부가 성리학적 이념에 근거해 다양한 사회계층의 행위를 통제하는 일방적 도덕 원리를 주입하고자 했다면 중인 중심의 도교 결사가 주관한 권선서는 행위 간의 관계에서 실질적인 실천들이 상호적 긴장을 형성하는 구체적인 도덕적 규약을 제시하고자 한다. 이러한 관점에서 19세기 후반에 이루어진 권선서의 간행은 유학-성리학의 이념적 틀에 일종의 균열이 일면서 중인 이하 민중을 중심으로 현실적이며 합리적인 통속적 윤리가 탄생하는 과정으로 해석될 수 있을 것이다.

도가 계열의 권선서가 제시한 실천적 윤리규약은 이후 일제강점기에 신흥 민족종교에 의해 활용되기도 한다. 예를 들어 1916년에 창건된 원불교는 교단 형성 초기부터 『공과격』과 『태상감응편』의 규약을 신도들의 공부법으로 활용한다. 1927년에 작성된 「신분검사법(身分檢査法)」에 따르면 당연등급(當然等級)과 부당등급(不當等級)에 해당하는 각 항을 스스로 검사하고 비판하여 선악의 근성과 죄복(罪福)의 요소를 각자 검사하도록 하고 있다. 공과격의 공격과 과격을 생활상의 수칙이나 자기점검의 규약으로 응용한 것이다. 타율적인 이념이 아니라 생활세계에서의 구체적 실천을 통해 스스로 점검하고 반성을 통해 더 나은 삶을 추구하도록 했다는 점에서 원불교 초기 교단 역시 도교 권선서의 목표와 지향을 공유하고 승인했다고 볼 수 있을 것이다.

이러한 사례들은 권선서를 통해 표출된 새로운 윤리적 기조가 다음 세기 조선의 변화에 일정한 자극과 자원이 되었음을 확인해준다. 내적인 긴장과 그 돌파의 역량이 다양한 영역에서 발전적으로 축적되어 있었던 것이다. 이념이 아니라 삶의 문맥과 토대로부터 시작된 변화의 역량을 어떤 각도에서 어떻게 해석하고 연결하는지가 이 시대를 새롭게 조망할 하나의 관점이 될 것이다.

## 2장
# 탁사 최병헌의 문명론과 국가건설사상

### 허남진

## 1. 들어가며

19세기 말에서 20세기 초에 이르는 시기를 흔히 개화기 또는 근대이행기 등으로 부른다. 이 시기에는 서구 근대성이 근대문명이라는 이름으로 전지구적으로 확산되었으며, 이에 따라 전통사회가 붕괴되고 기존의 질서체제에 급격한 변화가 일어나기도 하였다. 이렇게 서구 종교의 유입과 동학 같은 새로운 종교의 출현을 통해 주자학 중심의 사상체계가 해체되었고, 유(儒)·불(佛)·도(道) 삼교(三敎) 중심의 종교지형에서 벗어나 백교(白敎)와 만종(萬宗)으로 표현되듯이 사상적으로 한층 다원화된 시대였다. 서세동점이라는 문명사적 충격에 대한 당시 지식인들의 대응방식은 한국 근대사상사를 이해하는 데 매우 중요하다. 동아시아의 근대화 과정은 서양의 충격과 그에 대한 대응을 통해 시작되었기 때문이다.

당시 지식인들의 화두는 문명개화와 부국강병이었다. 조선에서 문명개화를 이룩해야 한다는 것은 시대적 유행처럼 자리잡고 있었다. 그 가운데 서구 문명이 지닌 힘의 정체를 밝히고 나아가야 할 방향을 모색하는 흐름으로서, 서구 문명을 수용할 것인지(개화파), 저항할 것인지(척사파) 아니면 주체적인 제3의 길을 모색할 것인지(개벽파)[1] 서로 다른 시선들이 공존했다. 척사파는 유교 중심의 중화주의적 문명을 고집했고, 개화파는 전면적인 서구적 근대를 지향했다. 한편 개벽파는 척사파와 개화파의 사이에서 전통사상뿐 아니라 서구 사상을 융합·회통하여 새로운 근대의 길을 찾으려 했다. 이처럼 개벽파는 전통의 시선으로 서구 근대를 응시했고, 다시 서구 근대의 시선으로 전통을 조명했다. 이를 통해 서구 문명의 문제점과 한계를 직시하고 그 극복과 대안을 마련하는 등 새로운 문명의 길을 제시하고자 했다.

이러한 개벽의 관점에서, 본 글에서는 '유교적 기독교 신학자, 최초의 토착화 신학자, 근대이행기의 사상가'로 규정되고 있는 탁사 최병헌(濯斯 崔炳憲, 1858~1927, 이후 탁사)의 사상을 재조명하고자 한다.[2] 탁사는 전통과 근대의 접점으로 집약되는 근대이행기 문명론의 입장에서 기독교를 수용하고 동서 종교사상을 융합·회통한 대표적인 인물이기 때문이다.[3]

---

1 이병한은 동학을 개화파와 대비해 '개벽파'로 명명했다.(이병한 「동학은 '농민전쟁'아닌 '유학혁명'이다」, 프레시안 2014.1.20. 이후 조성환은 동학(천도교)-대종교-증산교-원불교가 '개벽'이라는 말을 공유하고 있다는 근거로 '개벽파'로 규정하면서 한국사상사의 서술에 개화파와 척사파뿐 아니라 개벽파도 포함해야 한다고 주장한다.(조성환 「공공철학의 관점에서 본 동학의 개벽사상」, 『원불교사상과 종교문화』 71호, 2017)

2 조성환은 종교와 윤리를 과학의 우위에 두고 대도론, 세계주의, 사해동포를 주장한 것은 개벽종교의 공통적인 세계관이자 인간관이라는 점에서 최병헌을 '개벽기독교인'으로 평가했다(조성환 「한국인의 하늘철학」, 『개벽신문』 85호, 2019.6.15)

3 그동안 신학자, 종교학자, 역사학자 들에 의해 탁사의 사상은 충분히 규명되었다. 연구자들이 탁사에 주목한 이유는 그가 최초의 토착화 신학자 혹은 기독교변증론자라는 점, 종교와 문명의 접점을 모색했다는 점, 전통적 개념인 교(敎)와 도(道)가 서구적 종교개념으

근대이행기 동서문명을 접목하고 나아가야 할 방향성을 제시하고자 고심했던 탁사는 신학자, 목회자로서뿐 아니라 사상가로서도 중요한 행적을 남겼다. 따라서 그의 활동이 기독교 내에 한정되지 않고, 사회적으로 폭넓은 영향력을 행사했다는 점을 고려한다면 그의 시대적 과제 인식과 새로운 문명론에 대한 연구는 유교 지식인의 기독교 이행이라는 점뿐 아니라 한국 근대사상사를 읽는 데 중요한 실마리를 제공할 수 있을 것이다.

탁사는 종교를 문명의 근원으로 파악하고 서구 문명(器)뿐 아니라 서구 종교(道)의 수용을 주장한 대표적 인물로 알려져 있다. 탁사의 애제자였던 최상현은 탁사를 개국론자이면서 서양 문명에 중독되지 않고 동서 문화의 장점을 취한 인물로 평가하였다.[4] 신학자 성백걸은 주체적으로 수용된 기독교복음의 바탕 위에 동서문명의 장단점을 성찰하여 받아들이며 새로운 조선 문명을 열어갈 수 있는 대도대기(大道大器) 패러다임의 혜안을 지닌 인물로 평가하기도 하였다.[5] 이렇게 탁사는 서구문명의 원천을 기독교로 파악하고 기독교를 수용했지만, 그 기독교를 유교와의 연속선상에서 이해했다는 점에서 '유교적 기독교인' 혹은 '유교적 토착화 신학자'로 불리기도 한다.[6] 이는 탁사가 서구 문명의 수용을 주장했지만 '전통'을 부정하지 않았다는 것을 의미한다. '개벽'을 전통을 새롭게 해

---

로의 이행을 보여주는 인물이라는 점, 저서 『성산명경(聖山明鏡)』 『만종일련(萬宗一臠)』 등에서 종교 간의 대화를 시도했다는 점이다.

**4** 최상현 「追慕濯斯先生」, 『기독신보』 1928.5.9.

**5** 성백걸 「풍류도 동학, 예수 생명화의 길(1)」, 『농촌과 목회』 66호, 2015, 223면.

**6** 이정배 「종교간 대화의 시각에서 본 다산과 탁사: 기독교적 유교와 유교적 기독교의 차이와 합류」, 아펜젤러·최병헌 목사 탄생 150주년 기념사업위원회 엮음 『탁사 최병헌 목사의 생애와 신학』, 정동삼문출판사 2008, 144~73면.

석하고 서구 근대성과의 접목과 융합하려는 태도로 바라본다면, 탁사의 사상을 개벽의 시선으로 읽을 수 있는 자리는 마련된 셈이다.


## 2. 기독교와 서구문명과의 만남

### 기독교와의 만남

탁사는 전형적인 유학적 소양을 가진 지식인이었다. 1888년 선교사로 한국에 입국했던 아펜젤러(Henry G. Appenzeller)와 존스(George H. Jones, 趙元時)를 통해서 기독교를 접했다. 이때 처음으로 한문성서를 입수하여 연구하기 시작했고, 1889년 아펜젤러가 설립한 배재학당의 한문교사로 재직하게 됐다. 1898년 한국성서번역위원회 활동을 하면서 1900년 신약성서를 한국어로 완역하는 데 공헌했다. 아펜젤러와 공동으로 한국 최초의 기독교신문인 『조선그리스도인회보』를 창간하고 신학잡지인 『신학월보(新學月報)』를 발행했으며 『황성신문』『대한매일신보』 등에 기고하는 등 사회여론 형성을 주도하기도 했다. 이후 『성산명경』『만종일련』 등을 저술하였다.

탁사가 기독교로 개종하게 된 이유는 무엇일까? 그의 생애를 통해 기독교에 개종하게 된 경위를 추적해보자. 탁사는 양반 가문의 자손으로서 과거를 준비하고 응시하는 등 전통적인 유학자의 삶을 살아갔다. 하지만 부친의 병환 등 가정형편이 어려워지자 당시 배재학당에 다니던 친구의 소개로 선교사 존스를 만나 그의 한국어 교사가 되었다. 탁사가 존스의 한국어 교사가 된 것은 종교적 이유라기보다 단지 경제적인 이유 때문이었다. 당시 그는 존스를 "부모와 임군을 모르는 종교요, 사람 얼굴에 짐승 마음이 있으니 엇지 오륜삼강을 의론할 사람이랴"라고 하는 등 기독교에 거리를 두었다. 문명사적으로 탁사와 존스의 만남은 유교와 기독교의 충돌을 상징적으로 보여준다. 하지만 탁사는 존스에게 한국어와 한문을 가르치며 한국 역사와 종교에 대한 정보를 제공했고, 존스는 탁사에게 기독교와 서구문명에 대한 지식을 전달하는 등 동서양 지식인의 '대화'와 '소통'의 현장이기도 했다. 존스는 "종교체계가 모든 진화하는 사회의 정상적이고 본질적인 요소"라고 보았으며,[7] 종교의 사회적 의미를 강조하는 사회진화론적 요소를 받아들인 인물이었다. 따라서 존슨과의 대화는 서양문명의 근원을 종교에서 찾은 탁사의 문명론 형성에 상당한 영향을 미쳤을 것이다. 그렇다고 약육강식적 진화의 논리를 추종하지는 않았다. 그는 만국이 동포요 사해(四海)가 한마음(一衿)이라고 주장하면서 약육강식을 "자기의 육신을 스스로 씹고 삼키는 것이며 칼을 품고 상대를 노려보는 것은 자기 몸을 원수처럼 여기는 것과 같으니 조물주의 진노를 피할 수 없다"고 강조하는 등 약육강식을 비판했다.[8]

탁사가 기독교로 개종한 결정적 계기는 선교사의 구제현장이었다. 탁사는 흥화문 대궐 앞에서 병든 거지를 보고 불쌍하다는 생각은 있었으나 도와줄 방법이 없어 탄식하고 지나가고 있었는데, 그 근처에 서양인이 운영하는 병원인 제중원에서 서양 선교사가 나와 그를 도와주는 모습을 목격하게 된다. 이 선교사의 모습은 그에게 기독교에 대한 인식의 전환을 가져왔고, 마침내 1893년 기독교에 입교하게 된다. 탁사의 시선에서 기독교는 사회적 차원의 실천 종교였다. 여기서 '선행은총' 즉 선행과 사랑의 실천을 통한 인격과 생활의 성결을 이루는 영적 성숙을 강조하는 웨슬

---

**7** 조지 히버 존스 『한국 교회 형성사』, 옥성득 편역, 홍성사 2016.
**8** 최병헌 「불모이동(不謨而同)」, 『신학세계』 6권 4호, 1921.

리(Wesley) 신학의 영향을 읽을 수 있다.[9]

국가정치 문명이 종교 성쇠에 달려 있어, 교화가 밝을 때는 관헌이 법률을 비로 쓰고 교화가 없는 시대에는 관리도 왜곡된 송사를 하거늘 법률과 교화가 병행하여 문명에 이르는 것이라. 이와 같은즉 조선 정치의 문란함은 유교가 쇠락하여 제 구실을 하지 못함에 있도다. 조선을 문명케 함에는 유신(維新)한 종교를 실행함이 제일 급무라. 그때부터 기독교의 서적을 섭렵하였다.[10]

위의 글은 탁사가 시국의 변천함과 풍속의 어지러움을 한탄하고 사회 개량에 대해 연구를 결심하게 된 이유를 서술한 내용이다. 여기서 그는 국가정치의 문명은 종교의 성쇠와 불가결하다는 문제의식에서 유신(維新)한 종교의 필요성을 주장하고 있다. 짧은 글이지만 탁사의 문명론의 핵심이 담겨져 있다. 특히 탁사가 개종하기 전에는 성서를 신앙의 관점이 아닌 경학적 관심에서 읽었으며 교리와 사상보다는 종교의 본질과 그 실천적 삶에 깊은 관심을 두었을 것임을 알 수 있다.[11] 결국 탁사에게 기독교는 '도덕실천 종교'이자 '문명의 근원'으로 이해되었던 것이다.

### 서구문명과의 만남
탁사의 기독교 수용과정은 "서구 문명에 대한 탐구에서 기독교의 수용

**9** 김홍기 「헨리 아펜젤러(Henry G. Appenzeller)의 신학사상: 존 웨슬리의 신학사상과의 비교를 중심으로」, 『신학과 세계』 44호, 2002, 88~89면.

**10** 『최병헌과 그의 시대: 탁사 최병헌 한문 약전 전문 번역과 해설』, 김정일 옮김, 여울목 2019, 61~62면.

**11** 신광철 「새로운 믿음의 발견과 근대 종교담론의 출현」, 국사편찬위원회 편저 『서구 문화와의 만남』, 경인문화사 2010, 221면.

으로의 이행"이라는 측면이 강했다. 즉 기독교 수용의 결과로서의 서구 문명을 수용한 것이 아니라 서구 문명에 대한 탐구에서 기독교 수용으로 연결되었다는 것이다.[12] 이렇게 탁사는 당시 탐독했던 한역서학서 특히 기독교 서적을 통해 서구 문명의 발달상을 목격했고 자연스럽게 문명과 기독교의 접목으로 이어졌을 것이다.[13]

탁사는 1892년 임진년 가을에 경무대 정시(庭試)에 응했으나 좌절하고 과거제도의 매관매직의 현장을 목격한 후 전통과의 단절을 결심하게 된다. 이후 종교철학을 연구하기로 결심하고 기독교 서적을 비롯하여 중국 상해에서 인쇄된 서양의 정치, 문화, 역사, 지리 관련 한역서를 탐독하기 시작했다. 탁사는 1894년 7월 아펜젤러 선교사가 '대동서시(大東書市)'라는 서점을 열었을 때 관리를 맡았다. 그곳에서 탁사는 책을 팔면서 마음껏 읽을 수 있었다. 당시 그가 읽었던 한역서학서는『영환지략(瀛環志略)』『만국통감(萬國通鑑)』『태서신사(泰西新史)』『지리약해(地理略解)』『격물탐원(格物探源)』『천도소원(天道溯源)』『심령학(心靈學)』『자서저동(自西徂東) 등이었다.[14] 이러한 한역서학서는 그에게 서구 문명과 기독교 관련 지식과 정보를 제공해주었다.

19세기 한역서학서 보급은 선교사들의 선교전략이기도 했다. 이 전략에서는 자연신학에 근거하여 과학과 종교를 결합하는 등 기본적으로 종교를 본(本)으로 하고 과학을 말(末)로 하는 본말론이 기본 구조였다.『탁사약력』에 의하면 1880년 한 친구로부터 상해에서 가져온『영환지략』을

---

**12** 같은 면.

**13** 이행훈은 탁사의 유학적 소양이 실용학문을 넘어서 기독교를 학문 대상으로 바라보게 했고, 기독교를 문명의 실체로 인식할 수 있었던 요인으로 파악했다. 이행훈『학문의 고고학: 한국 전통 지식의 굴절과 근대 한문의 기원』, 소명 2016, 320면.

**14** 김진호「故 崔炳憲 先生 略歷」,『신학세계』12권 2호, 1927, 99~100면.

얻어 읽고 서구 문명의 중심에 종교가 있음을 알게 되었다고 기술하고 있다.[15] 따라서 탁사의 문명론이 당시 조선에 유통되던 한역서학서로부터 서구 문명의 발달상을 확인하는 등 일정한 영향을 받았음을 알 수 있다.

탁사는 "격물학(格物學)의 근원"[16]에서 정위량(丁韙良, 본명 William A. P. Martin)이 기록한 글을 통해 의심을 파혹(破惑)했다고 밝히고 있다. 그가 파혹은 것은 '격물학은 말(末)이고 도(道)는 본(本)'이라는 것이다. 그렇다면 탁사가 읽은 정위량의 글은 무엇인가? 탁사가 탐독한 한역서학서 중에 정위량의 저서는 『천도소원』이다. 『천도소원』은 정위량이 중국 선교를 시작하면서 기독교 교리를 논증하기 위해 집필한 대표적인 변증서로서, 1893년 배재학당에 개설된 전도사 양성과정의 필독서로 지정되어 있었다.[17] 『천도소원』은 총 세권으로 구성되어 있다. 특히 상권은 자연계 사물에 질서와 법칙성이 보인다는 것을 천문학 등 당시의 과학적 지식을 이용해 예시하고, 자연신학적 방법론을 통해 신의 존재를 증명하는 내용이다. 하나님을 천지조화의 주재자로서 설정하고 성경의 내용을 논증하는 방식으로 서술했다. 이처럼 당시 선교사들은 종교와 과학을 정합하려는 시도가 활발했다.[18] 탁사가 읽었던 알렉산더 윌리엄슨(Alexander Williamson)의 『격물탐원』 역시 천지자연물과 인체, 생리 등을 상제와의 관계에서 논하고 있는 책이다. 상제의 유일함과 전능함을 논하면서 자연물과 생리를 대상으로 격치와 종교적 진리가 어긋나지 않는다는 것을 논

---

**15** 위의 글, 99쪽

**16** 『대한그리스도인 회보』 1898.4.20.

**17** 유동식 『한국감리교회의 역사 1』, 도서출판 kmc 2013, 159면.

**18** 호시노 세이지 『만들어진 종교: 메이지 초기 일본을 관통한 종교라는 물음』, 이예안·이한정 옮김, 글항아리 2020, 74~75면.

증했다.[19]

또한 문명론적 관점에서 서양 지식을 동양에 전파하기 위해 독일 선교사 에른스트 파버(Ernst Faber, 1839~99, 중국명 花之安)가 저술한 『자서저동』에 주목할 필요가 있다.

그런즉 중국이 서국의 좋은 것을 구하고자 하면, 그 근본이 어디에서 비롯되었는지 반드시 알아야 하고, 그 이치를 어디에서 얻은 것인지 알아야 할 것이다. 예수의 도리를 따르지 않으면 어찌 이에 이르겠는가. 대개 서양국이 예수의 도리를 따르는 것은 하나같이 생활을 아름답게 하며 나무의 본질이 심히 장엄하고, 그 근본이 심히 깊어 실로 베어지고 손상될 염려가 없다.[20]

파버는 『자서조동』에서 중국인들이 단지 서학의 외형만 배우려고 하지 서학의 근본은 배우려고 하지 않는다고 지적하고 있다. 서양의 기술은 배우고 받아들였지만, 서양 학문의 근본인 기독교를 배우려 하지 않았다는 것이다. 근본 없는 학문은 나라를 해친다고 주장하면서 중국의 중체서용론(中體西用論)을 기반으로 했던 양무운동을 반박했다.[21]

이처럼 『천도소원』『격물탐험』『자서조동』 같은 한역서학서는 모두 문명과 종교를 접목시켜 서학의 외형이 아닌 근본을 배울 것을 강조하고 있

**19** 허재영 「근대 중국과 한국에서의 '격치(格致)' 개념 형성과 변화과정」, 『한중인문학연구』 71집, 286~87면; 이연승 「『격물탐원』에 나타난 인간의 몸과 본성에 대한 연구」, 『신학과 철학』 31호, 2017, 135~36면.

**20** 花之安 「自序」, 『自西徂東』, 上海书店出版社 2002(허재영 「지식 교류의 관점에서 본 한국에서의 『자서조동』 수용양상」, 『아세아연구』 173호, 2018, 19~20면에서 재인용)

**21** 김건우 「1901년 유학자의 위기의식과 기독교 비판: 간재 전우의 『自西徂東辨』을 중심으로」, 『역사와 실학』 72호, 2020, 364~65면.

다. 탁사의 문명과 종교의 접목은 이러한 한역서학서의 주장과 다르지 않다. 그는 한역서학서의 탐독을 통해 서구문명의 정체를 파악했고, 서양의 정신문명인 종교 곧 기독교가 서양문명의 뿌리이며 문명의 근원으로 인식했다.[22]


## 3. 문명의 근원으로서 종교

### 대도론과 문명론

탁사는 1903년 12월 22일자 『황성신문』에 기고한 「기서(奇書)」에서 "서양의 하늘은 곧 동양의 하늘이다"라는 "하늘은 하나"라는 종교론과 도(道)와 기(器)는 분리될 수 없다는 문명론을 주장했다.

스스로 개탄하는 것은 나라를 위하여 실지로 국책을 세우고 운영하는 사람들이 매양 서양기계가 이롭다고 이야기하면서도 교도(敎道)가 아름답지 못하다고 물리치고, 매양 외국의 강한 것은 칭찬하면서 그들이 부강해진 원인은 알지 못하니 한스럽다. 대개 대도(大道)는 우리나라에만 한정된 것이 아니고 우리나라나 외국에나 다 통할 수 있으니 서양의 하늘은 동양의 하늘이고 천하를 보기를 한 현상으로 보며 사해(四海)는 가히 형제라고 일컫는다. 상제를 공경

---

**22** 기독교와 문명을 하나로 인식했던 사례는 일본 메이지시대에서도 확인된다(호시노 세이지, 앞의 책 참조). 또한 백암 박은식 역시 서구 문명의 근원을 '종교'에서 찾았다(임부연 「박은식의 '종교'담론」, 『종교와 문화』 34호, 2018, 73면). 박영효도 종교를 문명의 힘으로 인식했고, 그 종교의 자리에 기독교를 배치했다(허남진 「근대 한국의 '종교' 인식: 개화파와 개벽파를 중심으로」, 『종교문화연구』 32호, 2019, 165면).

하고 인민을 아낀 점에 이른다면 어느 누가 마땅한 윤리라고 하지 않겠는가.[23]

　탁사는 하늘(天)과 대도(大道)라는 보편성과 보편주의를 통해 동서의 같음을 말하면서 모두가 형제라는 인식에 도달하고 있다. 또한 수운 최제우(水雲 崔濟愚)가 하늘을 중심으로 동학과 서학을 회통시켰듯이 탁사 역시 모든 종교가 동양과 서양을 아우르는 한 하늘로부터 나온 도(道)에 기초한 것이므로 하늘을 중심으로 연결될 수 있다고 보았다. 나아가 '도' 혹은 '대도'의 관점에서 기독교를 수용하려는 입장에 있었음을 알 수 있다. 이러한 대도론, 세계주의, 사해동포사상은 탁사뿐 아니라 개벽파의 세계관이기도 하다.[24] 이러한 탁사의 하늘론은 이능화의 『백교회통』(1912)에서 좀 더 체계화된다. 이능화에게 하늘(天)은 모든 종교를 관통하는 틀로 제시된 개념이다. 하지만 이능화가 '도'를 유교, 불교, 도교와 같은 동양의 종교를 서술할 때 활용되는 틀로 강조했다면, 탁사는 '대도'라는 동양적 개념을 통해 동양과 서양까지 포괄하고 있다.

　한편 탁사는 서양이 부강해진 근원을 '과학'이 아닌 '종교'에서 찾았다. 탁사에게 종교는 문명을 가능하게 하는 근원적인 지평을 의미한다. 교화의 관점에서 문명을 바라보기 때문이다. 이는 후꾸자와 유끼치(福澤諭吉)가 서구적 문명화를 의도하면서 과학적 지식에 문명의 초점을 두고 자연의 힘을 정복하는 기계론적 세계관을 문명으로 파악한 것과[25] 량치차오(梁啓超)가 일본을 다녀온 후 서양 문명의 근원을 종교가 아니라 '학

---

**23** 「奇書」, 『황성신문』 1899.6.14.

**24** 조성환 「한국인의 하늘철학」, 『개벽신문』 85호, 2019.6.15.

**25** 후쿠자와 유키치 『후쿠자와 유키치의 문명론』, 정명환 옮김, 기파랑 2018, 182면; 사사키 슌스케·가타오카 류 「일본과 한국에서의 '실학'의 근대화」, 조성환 옮김, 『한국종교』 43집, 2018, 164면.

술'이라 생각하고 학술사상이 문명의 정도와 강약의 척도라고 주장한 것과 대비된다.[26] 탁사는 "천하 만민 간에 문명교화가 여러 길로 나뉘어 있음을 각기 다 좇아온 근원이 있는 것이라. 이 여러가지 근원을 상고하여 보면 다 종교에서 생겨남이니"[27]라고 하여 '문명교화'의 중요성을 주장하였다. 그래서 나라를 나무에 빗대어 도학의 교화가 뿌리이고, 법률과 기계가 가지와 잎사귀에 해당한다면서 문명교화를 통해 부국강병에 이를 수 있다고 주장했다.[28] 이렇게 '문명교화'로 표상되는 근대는 역사적 산물이며 그 근원에는 종교가 있다고 인식하게 되었다. 문명화를 표층적 근대라 한다면 그 심층적 근대에는 종교가 있다는 것이다.[29] 이러한 탁사의 입장에서는 서양 문명의 근본인 '종교'까지 수용해야 문명화가 가능하다.

탁사의 대표적인 저서인 『성산명경』(1911)은 기독교를 대변하는 신천옹(信天翁)이 유교, 불교, 도교를 대표하는 인물들인 진도(眞道), 원각(圓覺), 백운(白雲)을 '성산(聖山)'에서 만나 종교를 토론하고, 마침내 유·불·도를 대표하는 세 사람이 기독교로 귀의한다는 내용을 담고 있는 문학작품이다. 진도와 신천옹의 만남은 탁사와 존스의 대화 또는 모두 탁사 자신의 모습처럼 보이기도 한다는 점에서 자전적 성격이 강하다. 아울러 신천옹이 진도를 설득하기 위해 내세운 논리는 기독교와 문명의 관계 즉 문명의 논리이다. 진도가 "치국평천하의 도리와 정치학술에는 유교만 못하다"라고 반박하자 신천옹은 영국 빅토리아 여왕, 미국 조지 워싱턴, 이탈

---

**26** 이혜경 『천하관과 근대화론: 양계초를 중심으로』, 문학과지성사 2002, 246~47면.

**27** 최병헌 「사교고략」, 『신학월보』 7권 2·3호, 1909.

**28** 「나라의 근본」, 『독립신문』 1899.9.12.

**29** 박규태 「한일 양국의 근대와 기독교: 최병헌, 나카무라 마사나오, 우치무라 간조를 중심으로」, 『종교문화비평』 10호, 2006, 172~73면.

리아 정치개혁가 가리발디, 독일 수상 비스마르크, 군인 넬슨 제독 등 서
구의 유명 정치가와 군인을 예로 들면서 이들 모두 예수교 신자이며, 자
신의 나라를 일등 문명국으로 만들었다고 설득한다. 결국 유교적 정체성
을 내세우며 개종을 거부했던 진도는 "서국의 문명함이 실로 예수교 덕
화(德化)의 미친바라"라고 감탄하며 기독교 신자가 된다.**30** 이렇듯 탁사
는 서구가 문명에 이르게 된 근원을 종교의 덕화, 곧 교화로 보았다. 당연
히 여기서 종교는 기독교를 지칭한다.

### 도학과 학술(실업)의 겸전

개화기 탁사는 문명의 근원을 종교로, 교육과 학술(실업)을 조선의 급
선무로 파악했다.**31** 그는 "세계에서 문명개화 진보하기 위하여 교육을 힘
쓰는 때"로 파악하고 교육과 학술의 중요성을 강조했다. 그는 일본에 다
녀온 후 "일본의 정치가 밝아 문명에 진보하였으며 상무(商務)가 흥왕하
여 백성이 안락"하다고 평가하고 그 이유를 '교육'에서 찾았다.**32** 교육을
문명의 진보로 가는 열쇠로 본 것이다. 그러나 그는 "나라에 개화가 인재
를 배양하는 데 있다 하나 실상은 교육하는 근본을 모르고 가르치니 어
찌 개명하기가 쉬우리오 교육의 근본은 도학이라"**33** 하여 당시 문명개화
가 인재를 배양하는 데 있지만 근본을 모르고 교육하고 있는 현실을 비판
했다. 이처럼 탁사 역시 교육의 중요성을 주장하고 있지만, 그 목표가 단
순히 실용학문 교육을 통한 실력양성에 있지 않았다. 종교의 덕화와 실지

**30** 최병헌『성산명경』, 동양서원 1911, 77~79면.
**31** 「김천군 매곡리 여학교 취지문」,『신학세계』 12권 3호, 1925.
**32** 「일본에 열람한 일(9)」,『대한그리스도인회보』 1898.7.20.
**33** 『독립신문』 1897.8.21.

(實地)의 학문을 통한 문명개화를 주장하면서[34] 영혼과 육신을 위하여 어질고 선한 공부에 힘써야 한다고 말하는 등 도학과 학술의 겸전을 통해 '문명세계'를 이루자고 역설하였다.[35] 원불교 창교자 소태산 박중빈(少太山 朴重彬)이 도학과 과학이 병진해야 참 문명세계가 열린다고 주장한 것처럼,[36] 탁사는 도학의 기초에 근거하여 실용적인 학문뿐 아니라 마음을 바르게 하고 행실을 진실케 하는 도학에도 힘써야 한다고 말한다. 도학에 근본을 두지 않은 교육으로는 진정한 개화를 이룰 수 없다고 생각했기 때문이다. 그래서 선진이 후진에게 행할 바를 도덕, 공업(功業), 말씀으로 제시한 것[37] 그리고 정신수양을 강조한 것[38]도 그의 문명론이 단순히 물질문명의 진보에 있지 않고 그에 상응하는 정신문명과의 조화를 추구하고 있다는 것을 뒷받침한다.


## 4. 국가건설 사상

### 종교와 정치: 종교는 정치의 근본

탁사는 독립협회의 전신인 협성회를 배재학당 안에 창립하는 데 참여했다. 이후 탁사는 정동교회 목사로 재직하면서 윤치호, 이상재와 함께 황성기독교청년회를 창립하고 회원과 임원으로 활동하면서 토론회와 강

---

**34** 「崔師演說」, 『황성신문』 1905.2.16.
**35** 「공부를 부지런히 할 때」, 『신학월보』 1904.10.
**36** 『대종경』 제1 서품 8.
**37** 「선진이 후진에게 행할 직분」, 『신학월보』 1902.7.
**38** 「수양의 요결」, 『신학세계』 8권 2호, 1923; 「조선문의 필요를 논함」, 『신학세계』 9권 4호, 1924.

연회의 주역으로 활약하였다. 황성기독교청년회는 독립협회가 해산된 이후 흩어졌던 청년들과 독립협회 회원이 주축이 되어 청년운동을 주도했던 단체로서 기독교 민족운동을 이끌었다.

그는 1906년 1월 6일 황성기독교청년회에서 "치안의 방법은 교화가 법률에 앞선다"라는 주제로 개최된 토론회에 윤치호, 남궁억, 최병헌, 김명준, 여병현 등과 참석하여 주장을 펼치기도 하였다.[39] 탁사가 어느 입장에서 자신의 주장을 개진했는지 확인되지 않으나, 당연히 법률보다 교화의 중요성을 주장했을 것이라는 것은 그의 문명론을 통해서 어느정도 짐작할 수 있다. 그는 을사조약 이후 정치적으로 민감한 시국인 1906년 황성기독교청년회에서 '종교와 정치의 관계'라는 연설을 통해 그의 입장을 드러냈다. 당시 연설은 『황성신문』과 『대한매일신보』에 게재되어 대단한 반응을 불러일으켰다.

본격적으로 조선에 대한 일본의 지배가 시작되는 식민지통치하에서는 민족해방과 자주독립이라는 관점에서 국가건설 방향이 모색되었다. 을사조약 이후 위정척사파·개화파·개벽파 사이에서 다양한 건국담론이 제기되고 여러 운동도 등장했다. '종교와 정치의 관계'라는 연설에서는 탁사가 어떠한 국가건설을 지향했는지 분명히 드러난다.

1901년 9월 장로회공의회가 전국 교회에 목회서신 형태로 '정교분리' 원칙을 공포하여 "교회는 성신(聖神)에 붙인 교회요 (…) 나라일 의논하는 집은 아니요 그 집에서 나라일 공론하러 모일 것도 아니요, 또한 누구든지 교인이 되어서 다른 데서 공론하지 못할 나라 일을 목사의 사랑방에서는 더욱 못할 것이오"[40]라고 종교의 비정치화를 선언했다. 이렇게 정교

---

**39** 「治安之方은 教化가 勝於法律」, 『대한매일신보』, 1906.1.6.
**40** 『그리스도신문』 5권 40호, 1901.10.3.

분리 원칙은 한국에 들어온 기독교 선교사들의 보편적 입장이었다. 하지만 탁사는 "전도사의 말을 들은즉, 교(敎)와 정(政)이 서로 다르고 조금도 관계가 없다고 말했고, 관인의 말에 서양 제국도 정치와 교회가 서로 상반된다"는 주장을 비판한다.[41] 이와 같이 탁사는 당시 선교사들의 종교와 정치의 관계에 대해 상반된 입장을 취했다.

탁사의 서구 문명과 종교의 관계 논리는 새로운 국가건설론에 투영되었다. 그의 강연은 "종교와 정체의 본원" "교와 정의 발용" "교도가 쇠하면 정치가 혼란해진다" "정체와 교리가 서로 표리가 됨"처럼 크게 네 부분으로 구성된다.

탁사의 종교와 정치의 관계는 그가 지향하는 정치체제와 관련된다. 그는 정치체제의 종류를 군주정체, 입헌정체, 민주정체로 구분했다. 탁사는 군주정체를 반개국 혹은 미개국의 정체로 소개하는 등 강하게 비판한다. 그러면서 세계의 문명국은 모두 입헌을 실시하는 국가로 파악한다는 점에서 그에게 입헌국가 설립은 곧 '문명화'를 의미했다. 문명개화와 입헌정체로 표상되는 근대적 국가 건설을 불가분의 관계로 파악하고 있는 것이다. 하지만 인민이 독립을 성취한 나라에서 시행되는 정체를 민주정체로 보았다는 점에서 그가 실질적으로 지향하는 정체는 주권이 국민에게 있는 민주정체였다. 그가 의법회와 황성기독교청년회 등의 창립에 참여하고 활동한 이유도 일차적으로 국민의 국가의식 향상과 정치력의 향상 등을 통한 새로운 국가건설을 위함이었기 때문이다. 최초의 토론회로 알려진 협성회의 주제들이 당시 사회문제, 정치문제 등을 두루 포괄하는 자주독립의 근대국가 수립을 위한 방책들이었기 때문이다.[42]

---

**41** 이하 두 단락의 탁사의 기사 인용은 『대한매일신보』 1906.10.5~9에서 가져옴.
**42** 이정옥 「협성회의 토론교육과 토론문화의 형성과정」, 『국어국문학』 172호, 2015,

한편 탁사는 정체를 "국가 주권을 집행하는 정치조직"으로 정의하고, 그에 반해 종교는 "인류의 지식이 미처 도달하지 못하는 곳과 도저히 인간의 기력으로 할 수 없는 일"에 관련 있다고 밝히면서 종교와 정치의 영역을 분명히 구분한다. 또한 "교회와 정치가 규례가 같지 않고 직무도 각각 달라"라고 말하는 등 서구 근대적 논리를 투영하기도 했다.

그러나 이러한 종교와 정치의 구분이 탁사에게는 양자의 분리로 이어지지 않는다. 그에게 종교[敎道]는 '몸을 닦는 근본'(修身之本)이고, 정체는 '나라를 다스리는 도구'(治國之用)이다. 도(道)를 "궁극적으로 권선징악(勸善懲惡)과 인애신의(仁愛信義)를 강령으로 삼고 사해동포를 성역으로 인도하는 것을 종지로 삼는 것"으로 정의한다. 이어 성리(聖理)를 전파하지 않고 홀로 수신(修身)하면 백성을 교화하고 풍속을 이룰 수 없다고 주장한다. 이를 유교로써 설명하면 학교를 세우고 성리학을 강론하고 수신·제가·치국·평천하를 제시하는 것이며, 기독교로 논하면 식인종이라도 동포로 생각하고 진리를 가르쳐 성역에 오르는 것이라고 설명한다. 그래서 교정(敎政)을 확립하여 정령(政令)을 발용(發用)하지 않으면 국가주권을 독립시키기 어렵기 때문에 관료를 두고 법령을 실시하여 위로는 군주를 보좌하고 아래로는 백성을 구제[濟蒼生]하여 문명화에 이르는 것이 올바른 정체의 발용이라고 주장한다.

탁사에게 종교는 "국가의 명맥" "나라를 세우는 근본" "새로운 문명을 배우기 위해서 교도를 변혁하여 그 도의 진리를 얻어야 하는 것" 등 정치보다 근원적 위치로 설정되어 있다. 이러한 인식은 도[종교]가 쇠퇴하면 정치 역시 혼란하게 된다는 논리로 이어진다.[43] 그는 구미 열강은 정교문

---

191면.

**43** 『대한매일신보』 1906.10.6.

명(政敎文明)을 이루고 치화발달(治化發達)하여 종교(敎道)가 큰 힘을 발휘하고 있지만 동아시아 여러 나라는 도가 쇠약하고 정치적으로 타락하고 있음을 지적하고 있다. 특히 당시의 유학자를 공맹의 근본을 따르지 않는 공맹의 죄인으로 보고 성현의 책을 읽고 외우나 그것을 실천하지 않는다고 비판하면서 이를 교도의 쇠퇴로 보았다.[44] 그에게 종교의 본질은 '교'와 '도'의 입장에서 교화에 있지만 유교가 백성을 감화하지 못하고 있다는 것이다. 이와 같이 탁사는 정치가 혼란하게 된 원인을 교도의 쇠퇴로 인식했다. 그리고 루소 등을 인용하면서 나라의 뿌리는 교도이며, 새롭게 정체를 세우기 위해서는 반드시 교도로써 그 기초를 세워야 한다고 주장한다. 또한 탁사는 루터의 종교개혁에 주목했다. 그는 루터의 종교개혁을 개천벽지(開天闢地)의 대업을 이룬 사건으로 묘사하면서 종교개혁을 세계문명의 기점으로 해석했다. 종교개혁을 통해 자유주의가 발휘되고 인지(人智)와 교화의 발달이 조성되어 정치사회의 자유기초가 수립된 것으로 보았기 때문이다.[45] 이러한 맥락에서 이제 유교의 교도가 쇠퇴하여 정치가 문란해졌으니 정체를 유신하기 위해서는 새로운 교도를 세워야 한다고 말하면서 인류사회를 구원하는 기독교를 근본으로 삼아야 한다고 주장한다.

### 종교와 정치의 관계

탁사는 종교와 정치를 '수레의 두 바퀴' '입술과 치아'같이 서로 의지하는 관계, 협력의 관계로 설명한다. 인애로 덕화하고 완고하고 어리석은 백성을 감화하고(종교) 정령(政令)과 형법으로 악한 백성을 징계하면(정

---

44 『대한매일신보』 1906.10.7.
45 『황성신문』 1909.11.20.

치) 자연스럽게 문명에 이르게 된다고 주장한다. 이처럼 형법으로 금할 수 없는 자를 교도(敎道)로서 감화할 수 있다는 점을 사례로 제시하면서 종교와 정치의 협력을 강조한다. 가정에서 부부가 직무는 같지 않으나 같은 마음으로 협력하여 가사를 다스리는 것과 같이 종교와 정치가 같은 마음으로 협력해야 한다는 것이다.[46]

물론 종교와 정치를 긴밀한 상호적 관계 속에서 이해하는 것은 당시 동아시아에서 일반적 인식이었다. 동아시아 전통에서 정교(政敎)는 교화로서의 정치를 의미하기 때문이다. 이러한 맥락에서 정치는 백성의 교화로서 이해된다. 따라서 탁사의 종교와 정치의 관계는 유교 정치사상을 그대로 답습하고 있다고 볼 수 있다. 이는 탁사가 유학의 전통 속에서 자란 인물이기도 했기에 여전히 유교적 세계관이 남아 있고, 종교를 서구적 개념이 아닌 교와 도의 입장에서 보고 있기 때문이다.

하지만 탁사의 종교와 정치의 관계는 덕치와 법치 혹은 유교의 정치사상과 서구의 정치기술의 접목 즉 '정(政)'에 의한 정치까지 상정한다는 점에서 주자학적 정치관을 넘어선다. 덕치는 지도자의 도덕적 감화력을 통해 백성을 교화하여 범죄나 분쟁이 없는 평화로운 사회를 만들려는 통치원리이다. 지도자가 도덕적 모범을 보일 때 백성들도 사심없이 양보하고 협동하게 될 것이라는 가정에 기초하고 있다.[47] 반면에 서구의 법치는 법률에 준거한 정치이다. 탁사는 법치에 대한 덕치의 우월성을 주장한다. 덕치를 이상으로 인식하고 있지만 법치의 긍정적 기능을 부정하지 않고 덕치와 법치 그리고 정치기술의 겸전의 필요성을 인정하고 있다. 법률과 같은 제도의 정비 못지않게 교화를 통한 덕의 함양의 필요성을 주장하고

---

**46** 『대한매일신보』 1906.10.7.

**47** 이승환 『유가사상의 사회철학적 재조명』, 고려대출판부 1998, 184면.

있는 것이다. 서양 제도를 통해 전통적인 '정'을 보완하고자 했다는 것이다. 이런 점에서 탁사의 국가건설사상은 서구적 법치와 유교적 덕치의 겸전 작업이자 나아가 동서문명의 접목과 융합 시도로 볼 수 있다.

탁사는 3년 후 1909년 "종교와 정치의 관계"에 대한 글을 『황성신문』에 다시 기고한다.[48] 이 글에서 탁사는 종교사회를 형이상(形而上), 정치사회를 형이하(形而下)의 지위로 설정하고 종교와 정치는 각각 지위의 구별이 있기 때문에 서로 침범하지 않는 것이 현대문명의 법률로 제정되어 있다고 말한다. 하지만 세계 여러 나라의 진화의 역사에서 정치의 개량은 반드시 그 종교의 개량으로 비롯된다고 주장하면서 종교를 '정치의 어머니'로 보았다. 사람은 심혼이 주(主)고 몸이 종(從)이기 때문에 사회의 개량은 반드시 사람의 심혼이 먼저 선도되어야 한다는 것이다. 정신수양을 통한 사회변혁의 가능성을 말하고 있는 것이다.


## 5. 맺음말


이상의 논의를 통해 탁사의 서구문명 인식과 정교론을 통한 국가건설의 방향을 살펴보았다. 탁사는 『영환지략』『천도소원』『격물탐원』『자서조동』 등을 통해 서구문명의 정체를 파악했고, 그 뿌리에 종교가 있음을 간파했다. 서양의 부강 원인을 종교에서 찾았고, 그래서 문명론적 맥락에 종교를 근원적 자리에 놓았다. 이는 종교인으로서 당연한 주장으로 볼 수 있지만, 이성을 중심에 둔 서구적 근대와 달리 종교를 중심으로 새로운

---

[48] 「宗敎와 政治의 關係」, 『황성신문』 1909.11.20.

문명을 열고자 했던 개벽종교들의 영성운동과 다르지 않다.

이러한 문명론적 시각은 자연스럽게 종교와 정치를 상보적 관계로 바라보게 하였고, 당시의 정치적 문제는 종교의 문제와 분리해 생각할 수 없었다. 그래서 정체의 개혁을 위해 새로운 종교의 필요성을 주장하게 되었다. 이때 탁사에게 국민은 여전히 교화의 대상에 머물러 있다는 한계가 분명하다. 그렇지만 '혁명'을 통한 새로운 정체의 수립과 상하계급 타파를 문명의 표상으로 인식했다는 점은 그의 최종지점이 민주주의 국민국가 건설에 있었음에 주목하게 한다.[49] 또한 동아시아 수양론을 웨슬리의 신학적 특징인 점진적 성화와 접목하여 개인의 수양을 사회적 변혁과 결합하고자 했던 그의 노력은 정신적 변혁과 외적 변화가 함께 이루어지는 변혁의 지향으로 볼 수 있다. 이는 외부의 혁명을 하기 전에 먼저 마음혁명이 필요하다는 정산 송규의 '마음혁명론'과 일맥상통하다.

탁사는 동도서기론을 비판하면서 서구 문명과 기독교의 전면 수용을 주장한 인물이다. 하지만 자립과 자주를 통한 토착교회의 설립을 주장하고 "서양의 문명이 조선에 침입" "조선문을 학습해야 조선 민족이 되리라"이라는 표현[50]은 그가 전통에 대해 깊은 애정을 품고 전면적 서구화를 지향하지 않았다는 것을 시사한다. 특히 그의 종교와 정치의 관계는 전통적인 '교'와 '도'의 입장에서 전통과 서구 문명을 접목하여 그 한계를 보완하고자 노력했음을 보여준다.

탁사의 문명론은 물질중심의 부국강병에 있지 않았다. 문명의 근원에 종교를 두었고, 교화의 관점에서 문명을 바라보았기 때문이다. 이에 따라 도학과 과학(학술)의 겸전의 중요성을 주장했다. 결국 문명의 중심에 무

---

**49** 『신학세계』 8권 5호, 1923.
**50** 『신학세계』 9권 4호, 1924.

엇을 놓느냐에 따라 물질문명, 도덕문명 등 문명의 지향성이 달라진다. 개벽종교들이 하나같이 개인수양을 강조하면서 인심개벽, 정신개벽을 주장한 것과 다르지 않다. 종교와 도덕을 새로운 문명을 열 수 있는 열쇠 혹은 힘으로 파악하고 정신과 물질이 어우러진 도덕문명을 열고자 했기 때문이다. 바로 여기에 탁사의 문명론은 개벽의 눈으로 읽기에 충분하며 오늘날에도 여전히 음미해볼 가치가 있다고 생각한다.

# 3장

# 동학공동체의 '철학적 근대'

### "개벽" 개념의 성립과 계승 및 변용

박소정

## 1. 한국의 근대 개념사와 동학공동체[1]

이 글은 개념사적 문제의식을 가지고 동학으로부터 천도교에 이르는 시기에 전개된 "개벽" 개념의 성립과 계승, 그리고 변용을 탐구하고자 한다. 개념사적 문제의식이란 개념을 보편적인 정의를 지니는 고정불변한 것이 아니라 다양한 논쟁과 해석을 낳으면서 역사적으로 구성되어가는 것으로 보며, 근대성의 이면에 "전통적인 세계관과 상징체계를 근본적으로 바꾼 개념의 혁명적 변화"(나인호 2011: 20면)가 있음을 통찰함으로써 서구 중심주의적 근대의 틀에서 벗어나 비서구 세계의 근대 경험에서 맞닥 뜨린 개념의 변화 양상을 주체적으로 해석하려는 것이다. 이러한 문제의식을 가지고 한국의 근대 시기를 들여다본다면 우리가 겪어온 복합적이

---

* 본 원고는 「동학공동체의 '철학적 근대': "개벽" 개념의 성립과 계승 및 변용을 중심으로」, 『한국철학논집』 71호(2021)를 단행본 체제에 맞게 개고한 것이다.

고 역동적인 근대 경험을 한층 역사적 실상에 가깝게 이해할 수 있다. 전통적 개념과의 단절, 그리고 일본을 경유한 서구 근대어의 수용이라는 대혼란 속에서도 양자 사이에서 벌어지는 개념적 혼란을 극복하려는 지적 탐험이 꾸준히 발견되기 때문이다.

한국의 근대를 개념사적으로 고찰하려 할 때, 동학에서 천도교에 이르는 시기, 그리고 이 시기의 동학·천도교 공동체(이하 동학공동체)는 다음과 같은 점에서 중요한 의미를 지닌다. 첫째, 시대정신을 자각한 개인이 전개한 사유가 구전 및 출판을 통해 소통, 확산되면서 세대를 넘어 장기간 지속된 공동체를 이루었다는 점, 둘째, 동학공동체는 처음부터 지식계층은 물론 평민대중을 아우르는 것을 목표로 하였다는 점, 셋째, 자기정체성을 형성한 공동체 내에서 구술과 문자 언어를 오가며 교차 번역이 일어남으로써 한문세계와 한국어세계 사이의 쌍방향 운동이 관찰된다는 점이다. 동학공동체가 지닌 계층적 다양성과 언어적 역동성은 한국 근대 개념사 연구에서 놓치지 말아야 할 복합적 양상을 보여준다. 근대 전환기의 개념사를 탐구하기 위해서는 개인과 공동체, 지식인과 평민대중, 한문과 한국어 사이에서 벌어진 되먹임 운동을 살펴볼 필요가 있다.

이 글에서는 동학공동체에서 전개된 "개벽"의 개념사를 추적하기 위해 수운 최제우(水雲 崔濟愚, 1824~64, 이하 수운), 해월 최시형(海月 崔時亨, 1827~98, 이하 해월), 의암 손병희(義庵 孫炳熙, 1861~1922, 이하 의암)의 시대로 나누어 다룬다. 이들은 개인으로서가 아니라 편의상 각 시기의 동학공동체와 여기에서 생성된 텍스트를 대표하는 이름으로서 소환하는 것이지만, 개인으로서 보더라도 각기 몰락한 지식인이거나 평민의 자의식을 지닌 현자이거나 울분에 찬 전략가처럼 지식인과 평민대중 사이의 어딘가에서 찾아볼 수 있는 다양한 얼굴을 가지고 있었다. 개념사와 관련해서 무엇보다도 중요한 것은 이들이 남긴 텍스트가 한문과 한국어 사이의 상호작용을 매개하거나 그 매개의 결과였다는 점이다. 유교적 지식인이었던 수운이 자신의 깨달음을 한글 가사로 지어 퍼뜨리는 파격을 펼쳤다면, 해월이 제자들과의 문답을 통해 구어로 전개한 가르침은 성리학적 지식인이던 제자들을 통해 다시 한문으로 번역되었으며, 의암 역시 전달하려는 주제와 대상에 따라서 한문과 한국어 사이를 자유롭게 오가는 이중언어 사용자의 모습을 보여준다. 또한 이들의 텍스트 사이에는 앞선 텍스트에 대한 참조와 풀이, 그리고 새로운 해석 등의 연결고리가 존재한다. 동학공동체의 개념과 소통은 결코 일방적이거나 단일한 의미를 전달하는 방식으로 이루어진 것이 아니라 공동체 내부에서 일어난 기존 가르침에 대한 번역과 거듭 시도되었던 재해석으로 말미암아 발신자와 수신자의 관계가 얽히고설키어 있었다. 이러한 관계를 남김없이 추적하기는 어려운 일이므로 본고에서는 동학의 텍스트 만들기에 참여했던 이름 없는 개인들을 호명하는 대신, "한문세계의 지식인과 언문세계의 평민이 공명하고 교차하는" 동학공동체를 이끌었던 세명의 지도자를 해당 시기 민초들이 참여하여 성립시킨 텍스트를 대표하는 이름으로 이해함으로써 "개벽"의 성립과 계승과 변용을 시간순으로 살펴보려는 것이다.

본격적인 논의에 앞서 동아시아 전통에서 사용되었던 "개벽" 개념과 동학공동체의 용례의 혼동을 피하기 위해 먼저 중국에서 "개벽(開闢)"이라는 말이 어떻게 쓰였는지 살펴보자.

## 2. "개벽" 개념 비교: '세계의 종말'에서 '새로운 사회의 건설'로

"개벽"은 오래된 말이다. 그래서 "개벽"의 의미를 탐색하는 이들은 종종 고대 중국의 문헌으로 회귀하거나 송대 신유학의 발흥과 함께 일정 정도 개념적 변용을 이룬 "개벽" 개념에 근거하여 "개벽" 논의의 주요 전거로 삼곤 한다. 그러나 "개벽"은 중국의 근대 개념사에서는 유의미한 성장을 보이지 못함으로써 현대 중국에서 별다른 의미값을 가지지 않는 반면 한국에서 "개벽"은 중국에서 전개된 것과는 매우 다른 사유의 경로를 거쳐 발전하는 독특한 개념사를 가진다. 한국의 근대 전환기에 "개벽"이라는 개념에 새로운 의미가 부여되어 전통적인 용법을 압도하게 된 상황을 제대로 이해하려면 중국에서 전개된 "개벽"의 개념사와 조선 후기에 태동된 "개벽"에 대한 새로운 이해, 그리고 동학공동체가 발전시킨 "개벽" 개념을 비교해둘 필요가 있다.

사전적으로 볼 때 '개(開)'와 '벽(闢)'은 둘 다 '열다'라는 뜻으로 상호 참조적인 관계이다. 선진(先秦) 시기에는 "개벽"이 '(토지를) 개간하다'라는 동사로 쓰였을 뿐 하나의 개념으로 사용된 사례가 없으며, 한대에 들어와서야 "천지개벽(天地開闢)" 등 '인간세상의 시작'을 가리키는 용례가 생겨난다. 여전히 주로 '황무지를 개척하여 사람이 살 수 있는 세상이 열렸다'는 의미로 쓰이기는 했지만, 한대에 오면 우주생성론 및 상수학(象數學)의 영향을 받아 천지가 시작된 이래 당시까지의 시간을 수리적으로 설명하려는 경향이 생겨난다. 다만 한대의 용례에서는 "개벽"이 먼 과거에 일어났던 사건을 의미할 뿐 미래에 일어날 사건을 의미하는 경우는 찾아볼 수 없다. 이 당시 단순히 '토지를 개간하다'는 의미로 쓰인 "개벽"(동사)과 '천지가 개벽하다'(동사) 혹은 '천지의 개벽'(명사)이라는 시점을 뜻하는 "개벽"은 완전히 별개의 의미가 아니며, 황무지가 개간되어 비로소 인간이 살 수 있게 된 세상이라는 의미가 우주생성론적으로 확장되면서 '세계의 시초'라는 추상적인 시점을 뜻하게 된 것이다.

한대 이후로 "개벽"은 '토지를 개간하다'라는 원래 의미 외에도 '천지가 열리다' 혹은 '천지가 열린 시점'이라는 의미로 쓰이게 된다. 그런데 한(漢)이라는 제국의 경험을 거친 이후 중국에서는 현재의 일을 이야기하면서 "천지가 개벽한 이래"(開闢以來)라고 표현하는 경우가 부쩍 늘게 된다. 다만 우리에게 익숙한 "개벽"의 의미, 즉 과거가 아닌 미래 세계에 대한 상상과 결부되어 사용되는 것은 송대 이후의 일이다. "개벽"과 관련된 기존 연구에서 지적하듯이 조선 후기에 유행한 "개벽"이라는 말은 소옹(邵雍, 1011~77)이 세계의 탄생과 소멸을 천지운행의 도수(曆數)로 체계화한 학설을 주희(朱熹, 1130~1200)가 수용한 것과 관련이 깊다. 그러나 소옹의 『황극경세서(皇極經世書)』에 "개벽"이라는 말이 등장하는 것은 아니다. 신유학의 합리주의가 중국 고대의 창세신화 대신 자연계가 스스로의 원리에 따라 순환한다는 우주관을 받아들이고 이를 인간사회의 원리로서 확립하게 되면서, "하늘은 자에서 열리고 땅은 축에서 열리고 사람은 인에서 열린다"(天開於子, 地闢於丑, 人生於寅)는 소옹의 역수(曆數)적 표현을 주희가 "개벽"으로 개념화하여 세계가 주기적으로 재탄생하는 것을 뜻하게 된 것이다.

일단 "개벽"이 천지자연과 이에 깃들어 사는 인류 및 만물의 주기적 재탄생을 뜻하는 추상적 개념으로 등장하고 나서는 자연히 천지개벽 이전과 이후를 묻지 않을 수 없게 된다. 『주자어류』에는 이러한 문제들에 대한 주희와 제자들 사이의 문답이 실려 있는데, 여기서는 내용을 상세히 분석하기보다는 주희와 그의 제자들이 전제하고 있었던 세계관에 대해서만 간단히 언급하고자 한다. 질문은 다음과 같다. 첫째, (중국 고대 전설 속 성왕의) 개벽 시점으로부터 당시까지 아직 만년도 되지 않았는데 그 이전에는 어떠한 모습이었을까("自開闢以來, 至今未萬年, 不知已前如何 ？"), 둘째, (뒤에 이어질) 개벽의 시점에서 천지는 무너지게 될 것인가("天地會壞否？"), 마지막으로 (이후 천지가 다시 개벽할 때에) 생겨나게 될 최초의 사람은 어떠한 모습일까("生第一箇人時如何？"). 요약하자면 천지개벽 이전(과거의 개벽)과 천지개벽 이후(미래의 개벽), 그리고 언젠가 다시 개벽하는 때에 생겨날 최초의 사람 ─ 과연 다음의 천지개벽에서도 인류는 생겨날 것인가 ─ 에 대한 질문이다. 송대 이전까지는 "개벽"이 현재 세계가 시작된 과거의 시점을 의미했다는 점을 생각해보면 주자학 성립 이후의 유교적 지식인들은 과거와 미래로 대폭 확장된 "개벽" 관념을 가지게 되었음을 알 수 있다.

그러나 주자학의 "개벽" 개념은 미래에 전개될 "개벽"을 적극적으로 설계하거나 희망적으로 그려내려는 것이 아니라는 점에서 동학공동체의 "개벽" 개념과는 다르다. 주자학에서 상상하는 미래의 개벽은 우주에 가득 찬 음양기운의 끊임없는 약동으로 생겨나는 것으로서, 혼돈에서 개벽으로 개벽에서 다시 혼돈으로 돌아가는 기본 원리를 승인하되 천지 사이에 번성하게 된 인류문명이 그 소임을 다할 수만 있다면 다시는 혼돈으로 돌아가지 않을 수도 있을 것이라는 여지를 둔다. 즉 주자학에서는 개벽, 즉 천지가 열리는 일이 가능하면 다시 오지 않기를 바라며, "개벽"의 가능성을 원리적으로 인정할 뿐 새로운 시대를 연다든지 기존의 세상과는 완전히 다른 세상이 열린다는 의미로 사용하지는 않는다.

미래의 "개벽"이라는 개념을 적극적으로 받아들여 다채로운 사유를 전개한 것은 조선의 지식인들이었다. 한승훈(2018)은 18세기 조선의 공론장에서 찾아볼 수 있는 "改闢"이라는 표현에 주목하여 19세기 신종교들에 나타나는 "후천개벽(後天開闢)" 사상이 나오게 된 배경이 되었다고 말한다. 나아가 수운의 "다시개벽"이 "改闢"의 한글 번역으로 이해될 수 있다고 주장한다. 흥미로운 견해임은 분명하나 "다시개벽"을 "改闢"과 동일시하는 것도 재론의 여지가 있고, 더구나 기존의 "開闢"은 우주창생적 개념이고 "改闢"은 묵시종말론적인 의미를 담은 용어라고 나누어 보는 것은 무리한 추론이다. 앞서 살펴보았듯이 송대에 그 의미가 확장된 "개벽(開闢)"은 과거와 미래의 개벽을 어휘상으로 구분하지 않았으나 문맥에 따라 그 함의가 분명히 드러난다. 즉 "開闢"이라고만 써도 얼마든지 '미래의 언젠가 다시 일어날 개벽'이라는 의미를 전달할 수 있다. 또한 반대로 조선시대에 나타나는 "改闢"의 용례 가운데 "開闢"의 원의인 '개간하다'로 쓰인 예도 많다.

천주교도였던 정약종(丁若鍾, 1760~1801)의 "改闢"에 대한 한승훈의 해석은 수운의 "다시개벽"과 이후 동학공동체에서 발전시킨 "후천개벽" 논의를 묵시종말론으로 오인하게 만드는 주요 근거가 될 수 있으므로 좀더 살펴보자. 한승훈은 1801년에 작성된 「황사영백서(黃嗣永帛書)」의 여러 판본 가운데 "開闢" 대신 "改闢"이라고 표기한 것이 원본일 가능성이 높다고 보는데, 이에 따르면 정약종은 "일찍이 선학(仙學)으로 장생(長生)할 뜻이 있었는데, '천지개벽(天地改闢)'의 설을 잘못 믿고는" "하늘과 땅이 바뀔 때면 신선도 소멸되는 것을 피할 수 없다. 결국 장생하는 길이 못 되니 배울 것이 못 된다"며 실망했다가 마침내 천주교의 가르침을 듣고는 독실하게 신앙하게 되었다는 것이다. 그런데 "開闢"으로 표기했든 "改闢"으로 표기했든 정약종이 잘못 믿었다는 '천지개벽'의 설이 '장생'이라는 그의 소원을 좌절시키는 묵시종말론적인 것이라면, 이는 수운의 "개벽"

개념과는 정반대의 것이다. 아래에서 더 자세히 논하겠지만 수운의 개벽은 장생을 좌절시키는 사건이 아니라 장생할 수 있게 되는 방법이며, 세계의 소멸을 의미하는 것이 아니라 이 혼란스러운 세상이 환골탈태할 수 있는 계기이기 때문이다.

정약종이 한때 장생을 가르치는 신선사상에 심취했다가 전통사상이 기반하고 있는 순환론적인 우주관에 만족하지 못하고 영생을 약속하는 천주교의 세계관에서 마음의 안식을 찾게 된 것은 수운의 인식과는 거리가 멀다. '나는 장생하길 원하는데 천지개벽의 운수가 돌아오면 아무리 신선이라 해도 소멸될 수밖에 없는 운명이라면 이러한 가르침으로부터 구원을 얻을 수 없다'고 생각하는 정약종이 가졌던 "개벽" 개념과, '죽은 후에 하늘나라에 올라가 영원히 살 수 있다'고 약속하는 천주교의 가르침을 '우스꽝스럽고 어리석은 것'이라고 여긴 수운의 "개벽" 개념은 같은 것이 아니다. 수운이 말하는 "개벽"은 우리가 원하든 원하지 않든 받아들여야 하는 미래에 닥칠 사태가 아니며, 아무리 노력하거나 피하려고 해도 닥치고야 마는 종말이라는 의미는 더더욱 아니다.

수운의 "개벽"은 당시 "괴질운수" "하원갑" 등으로 불리던 혼돈의 상황을 운수에 떠밀려 도래할 "천지개벽"을 기다리는 시기가 아닌, 우리 모두가 한울님을 모신 존재라는 자각과 실천을 통해 "다시개벽" 즉 '새로운 세상을 건설할 수 있는 절호의 기회'로 전환하는 인식이었다. 그리고 이러한 새로운 인식은 동아시아의 전통 개념사에서도 조선 후기에 유행했던 종말론적인 함축에서도 동일한 내용을 찾기 어려운 것이다. 수운이 "개벽" 개념의 완성형을 제시한 것도 수운의 시대에 "개벽"이 자주 사용된 것도 아니지만 수운이 쏘아올린 "개벽"의 새로운 의미는 당시의 시대 상황과 맞물려 강력한 울림을 가지고 있었다. 그랬기에 이후의 동학공동체에서는 이에 대한 재해석을 계속해서 시도하게 된다.

아래에서는 수운으로부터 비롯된 "개벽" 개념이 동학공동체 내부에서 어떻게 계승되고 또한 변모해가는지를 살펴보겠다. 출현 횟수 등 기본 통계는 편의상 통행본 『천도교경전』을 기준으로 삼되, 당시 동학공동체에서 실제로 유통되던 양상에 더 가까이 접근하기 위해서 『동학서』(1900 이전) 및 『천도교서』(1921) 등의 자료를 참고하여 비교 분석할 것이다.


## 3. 수운의 "개벽": 우리가 만들어가는 미래

원래 과거에 일어났던 세계의 시작을 가리키던 "개벽"이 우주의 주기적인 순환이라는 상수학 이론과 만나면서, 아직 일어나지 않았으나 도래할 것으로 예견되는 사건이라는 의미를 포함하게 되었다는 점을 상기해보자. 이것이 수운이 "개벽"을 발화하던 당시의 조선에서 작동하던 개념의 의미망이었던 것은 사실이다. 그런데 주자학에서 발전시킨 순환론적 개벽이란 결국 이 세상의 소멸을 전제로 하는 것이기에 미래의 개벽에 대해 어두운 전망을 보여준다. 그래서 마치 인간사회가 질서가 잡혀 있으면 미래에 닥칠 개벽을 유예할 수 있기라도 하듯이 "사람의 무도함이 극에 달하면 한바탕 혼돈의 상태에 빠져서 사람도 사물도 모두 사라졌다가 다시 새로이 생겨난다"(『朱子語類』 「理氣上·太極天地上」)고 말한다. 무엇보다 주자학적 개벽 이해에서는 과거의 개벽이든 미래의 개벽이든 하늘과 땅이 열린 후에 세상을 건설하는 사람은 '영명한 군주'(英君)이며 '총명한 성인'(聰明神聖)이다. 반면 수운의 "개벽"은 어두운 전망과도 성인에 의한 질서의 재건과도 거리가 멀다는 점에서 주자학적 "개벽" 이해와 차별화된다. 수운은 먼 미래에 어쩔 수 없이 닥칠 세계의 소멸이나 오랜 시간이 지난 후 다시 시작될 천지개벽 같은 우주의 섭리를 말하는 것이 아니라, 한울님을 모시고 있음을 자각한 '지금 여기서' 이루어나갈 수 있는 "호시절(好時節)"을 말하고 있다. 그래서 수운이 노래하는 "개벽"에는 환희와 희망이 넘친다.

수운이 남긴 텍스트에는 기존의 개벽 개념에서 새로운 "개벽" 개념으로의 급격한 전환이 드러나 있다. 경신년(1860) 봄 한울님을 만나는 신비 체험 직후에 지은 「용담가」에서 한울님의 음성을 빌려 말하는 "개벽"은 전통적인 의미에서의 천지개벽을 뜻한다고 할 수 있다. 그런데 득도 후 긴 침잠 끝에 이듬해(1861) 8월에야 지은 「안심가」에서 말하는 "개벽"은 전통적인 의미에서 훌쩍 멀어진다. 한울님 체험을 한 그 순간 이미 "개벽"은 시작되었으며 놀랍게도 새로운 세상을 여는 운수가 다른 어떤 나라도 아닌 우리나라의 소임으로 맡겨졌다는 사실에 대한 감격에 넘쳐 있다. 「안심가」 그리고 열달 가까이 지난 후에 지은 「몽중노소문답가」에서 말하는 "다시개벽"은 미래의 개벽을 의미하는데, 주기적으로 찾아오는 순환론적인 의미도, 나의 의사와 상관없이 세상이 끝날 것이라는 종말론적인 함의도 아닌, 우리가 만들어나갈 미래이자 다시 찾아올 태평성세에 대한 전망과 기대가 엿보인다. 그래서 "다시개벽"한 세상은 "춘삼월 호시절"이나 "상원갑 호시절"로 불린다. 물론 당시 사회가 그저 낙관할 수 있는 좋은 시절을 구가하고 있는 것은 당연히 아니었다. 하지만 일단 "개벽"이라는 전망을 가지게 되자 당시의 혼란한 상황은 오히려 태평성세를 이룰 절호의 기회, "다시 오지 않을 바로 이때〔부재래지 시호〕"로까지 여겨진다.

수운은 "천지개벽"을 "다시개벽"이라는 말로 전환함으로써 "개벽"을 중국에서 유래한 전통적 의미와는 전혀 다른 것으로 탈바꿈했다. "다시개벽"은 성장하는 우주이며, '지금 여기'에서 우리의 노력으로 일어나는 개벽으로 이해된다. "천지개벽"이 미래의 개벽으로 그 의미가 확장된 이후에도 질적으로 다른 세상이 아니라 현재의 제도와 규범이 재림하는 세상이었다면, "다시개벽"은 우리가 만들어나가야 할 새로운 세상으로서 구시대의 악습을 타파하고 새로운 제도와 규범을 만들어 수운과 우리 자신을 장생토록 하는 개벽이다. "천지개벽"은 인간에게 무력감을 주며 모든 것을 휩쓸어가는 것이지만, "다시개벽"은 우리의 종교적 각성과 사회적 실천을 동시에 요구한다. 수운은 기존 용례와 다른 "개벽" 개념을 제시하였지만 상세한 설명을 남길 시간을 가지지 못하였기에 이에 대한 해석과 실천은 이후 동학공동체의 몫으로 남게 되었다. 아래에서 해월과 의암의 텍스트에서 수운의 "개벽" 개념을 인용하고 곱씹으며 새로운 해석으로 나아가는 것을 살펴보자.

## 4. 해월의 "개벽": 지금 이때〔時〕, 새로운〔新〕 나〔我〕

수운의 "다시개벽"을 "선천개벽(先天開闢)" "후천개벽(後天開闢)"으로 나누어 풀이한 이는 해월이라고 볼 수 있다. 해월을 통해 동학공동체 내에서 "개벽"은 선천과 후천으로 나누어 동학이 창도되기 이전의 세상과 동학이 창도된 후의 세상을 의미하게 된다. "후천개벽"은 동학공동체에서 사용되기 전에는 찾아볼 수 없는 표현으로서 해월이 이러한 표현을 언제 처음, 얼마나 자주 사용했는지에 대해서는 논란이 있다. 그러나 해월의 글에 수운의 글에서는 찾아볼 수 없는 "선천(先天)"과 "후천(後天)"을 대비하여 사용하는 경우가 많은 점, 특히 이러한 표현들이 수운의 "개벽 후 오만년"이라는 표현을 풀이하면서 언급된다는 점을 미루어볼 때 해월 이 "후천개벽"을 언급한 사례는 늘어날 수 있고 시기도 앞당겨질 수 있다 고 생각된다.

한글 텍스트에서만 "개벽"을 언급한 수운과 달리 해월의 경우에는 그 의 생생한 육성을 담은 한글 텍스트에도, 한문으로 번역된 텍스트에도 두 루 "개벽(開闢)"이라는 표현이 보인다. 이것은 해월의 "개벽"에 대한 풀이 가 한문 및 한글 언중에게 두루 확산되었을 가능성을 시사한다. 주지하는 바와 같이 해월의 말과 글은 제대로 정리되어 있지 않았을 뿐 아니라, 기 록될 당시에 이미 여러 사람의 손을 거친 상태라서 설법의 시기와 의도에 대하여 정확한 분석을 가하기가 매우 어렵다. 『동학서』 및 『천도교서』 등 초기 자료와 현행 『해월법설』을 대조해보면 어떤 곳에는 한문으로 번역 되어 실려 있는 글이 다른 곳에는 국한문혼용체 혹은 순한글로 쓰여 있기 도 하고 그 반대의 경우도 있으며, 서로 다른 제목이 붙은 편장에 같은 내 용이 조금씩 어휘와 표현을 바꾸어가며 출현하기도 한다. 평생 관군을 피 해 숨어 지내면서 수많은 사람들과 만나 대화했던 해월의 생애를 생각해 볼 때 당연한 결과라고 생각되지만, 이는 오늘날의 연구자들이 해월 사상 에 접근하기 어렵게 만드는 요인이 되기도 한다. 이 글에서는 앞서 말했 듯이 해월의 명의로 남아 있는 글들을 해월이 이끌었던 동학이라는 언어 공동체가 생산해낸 복합적인 성격의 텍스트로 보고 "개벽" 개념을 추적 해보고자 한다.

이러한 점을 고려하면서 『해월법설』을 검토해보면, 먼저 수운의 한글 경전 구절과 해월 자신의 풀이를 한문으로 번역하여 실려 있는 경우가 눈에 띈다. 그런데 해월의 텍스트에서 미래의 개벽에 해당하는 "다시개벽"에 대해서는 이렇다 할 천착이 보이지 않으나, 유독 "개벽후 오만년에 (…) 너를 만나 성공"(「용담가」)이라는 구절에 대해서는 거듭 음미하며 여러 곳에서 언급하고 있다는 것을 알 수 있다. 이는 해월이 수운의 득도 순간을 "선천개벽"과 "후천개벽"으로 나뉘는 시점으로 이해했기 때문이 아닐까 싶다. 수운이 가장 먼저 지은 「용담가」에서 "개벽후 오만년"의 발화자는 사람들이 "상제"라고 부르는 한울님이었지만, 사실 수운이 들은 것은 자신에게 모셔진 한울님의 음성이었다는 점에서 득도한 후 "다시개벽"의 세계로 나아가게 된 수운에게는 한울님과 자신의 간격이 사라지게 된다. 해월은 바로 이 순간을 "후천개벽"으로 전환되는 기점으로 보았던 것 같다. 남아 있는 해월의 텍스트를 종합해볼 때 수운의 "개벽후 오만년"이라는 표현과 해월의 "후천오만년" "오만년의 미래" "후천개벽" 등의 표현들이 의미상으로 서로 긴밀하게 연관되는 것만은 분명해 보인다. 『천도교서』에 따르면 해월이 "오교(吾敎)의 오만년 미래를 범위(範圍)함"을 선언하며 자신의 이름뿐 아니라 자신을 따르는 동학의 지도자들의 이름을 "시(時)"자를 넣어 고쳤던 해는 1875년이다. 만일 이때의 동학공동체가 과거의 세상과 결별하여 지금 여기(時)에서 내가(我) 새롭게 만들어가야 할(新) 미래에 대한 전망을 결의했다고 본다면, "후천개벽"의 개념은 이 시기에 싹텄다고도 볼 수 있다.

　해월의 시대를 거치면서 "개벽" 개념은 더욱 분명한 방향성과 실천적 함의를 가지게 되었다. 수운의 "다시개벽"이라는 모호한 표현은 "오만년만에 맞이한 바로 지금 이때(時)"라는 인식과 결합하여 "후천개벽"이라는 새로운 개념으로 진화하였다. 수운의 "다시개벽"이 거듭되는 세상의 열림이라는 전통적인 순환론적 해석으로 회귀할 여지가 남아 있는 표현이라면, 선천과 구별되는 후천의 "개벽"이란 불가역적인 "개벽"으로서,

선천의 도덕(요순)으로는 해결할 수 없는 '새로운' 문제상황을 '새로운' 해법으로 개척해나가야 하는 '새로운' 세상이다. 그런 의미에서 해월이 남긴 텍스트에는 수운의 글에서는 강조되지 않았던 "새로움[新]"과 이러한 새로운 세상을 열어나갈 "나[我]"라는 주체가 키워드로 등장한다.

해월의 텍스트에는 받아쓰거나 번역 혹은 재서술한 사람들의 의도와 즐겨 쓰는 어휘가 반영되어 있을 수밖에 없지만, 해월의 기여를 "개벽"의 개념사에서 제외하는 우를 범하지는 말아야 한다. 기록된 텍스트의 편차를 감안하더라도 그 역시 해월이 전달하려는 메시지를 당시 통용될 수 있는 언어로 표현한 결과라고 볼 수 있다. 수운 당시에는 분명하지 않았던 개벽의 의미를 후천개벽과 인심개벽에 방점을 둠으로써 한층 명확한 실천의 방향을 수립할 수 있게 한 것은 어디까지나 해월이 이끈 동학공동체의 작업이다. 그렇다면 이렇게 변용된 "개벽" 개념이 실질적으로 어떻게 유통되고 확산되었는지에 주목해야 한다. 즉 해월 시대 "개벽" 개념의 의미를 이해하려면 해당 단어의 단순 빈도를 따질 것이 아니라, 이러한 "개벽" 개념을 가졌기 때문에 가능했던 실천들을 방증자료로 삼아 다각도로 살펴야 할 필요가 있다. 가령 "후천개벽" 혹은 "인심개벽"으로 대표되는 해월이 꿈꿨던 새로운 세상은 개인의 마음의 문제만을 해결하려는 것이 아니라 공동체에 새로운 기준과 새로운 질서를 부여하는 것으로 이어진다고 볼 수 있다. 예를 들어 상민이었던 남계천에게 호남편의장(湖南便義長)의 직책을 맡긴 후 생겨난 몇몇 양반 출신 지도자들의 불평에 대해 해월은 우리 도는 새로운 개벽의 운을 타고 났으니 기존의 위계질서와는 다른 순서를 정하노라고 타이르고 설득한다. 이로부터 해월의 후천개벽에는 순환론적이거나 상수학적 함의가 아닌 사회 제도와 규범의 혁신이라는 함의가 담겨 있었음을 추론할 수 있다.

개념사적 관심을 가지고 해월과 의암이 남긴 문헌들을 찬찬히 들여다보면 해월이 전개한 사유로부터 의암의 재해석과 변용이 비로소 가능했다고 생각되는 지점들이 종종 발견된다. 물론 의암의 텍스트는 일상 언어로 이루어진 해월의 텍스트와는 달리 주제 중심적이며 완결성을 지니는 등 나름의 언어적 특징이 뚜렷하다. 그리고 이 역시도 의암이 이끌었던 동학공동체가 당시에 요구하던 소통방식이었으리라 보아야 할 것이다. 해월이 그랬던 것과 마찬가지로 의암의 텍스트 내에서는 해월의 해석을 이어받아 부연하는 내용들이 많이 보인다. 의암은 해월을 통해서 동학에 입문하였고, 해월이 이름을 "시형(時亨)"으로 바꾸고(1875) 본격적으로 포덕을 시작하여 경전을 간행한 지(1880, 1881) 얼마 지나지 않아 의암이 입도(1882)하였으므로, 의암은 해월의 설법이 본격적으로 시작된 후 거의 대부분의 시간을 해월과 함께했다고 할 수 있다. 아래에서는 해월이 진전시킨 "개벽"의 사유가 의암에게서 어떻게 전개되어가는지를 살펴보겠다.

## 5. 의암의 "개벽"과 『개벽』: "오늘날 의로운 선비는 문명을 입는다."

의암의 생애는 새로운 "개벽" 개념이 탄생하던 시점으로부터 시작하여 『개벽』의 탄생에까지 닿아 있다. 의암은 수운이 「안심가」를 지은 해(1861)에 태어나, 해월이 『용담유사』를 간행한 이듬해(1882)에 입도하여 갑신정변이 일어나던 해(1884)에 해월을 직접 만나 가까이에서 수행하였고, 동학혁명(1894~95)에 북접 통령으로 참여하였으며, 해월이 교수형에 처해지기 반년 전(1897) 동학의 제3대 교주가 되었고, 동학을 천도교로 대

고천하(大告天下, 1905)한 후 근대종교로 발전시켜 민족 대표로서 삼일운동(1919)을 주도하였으며, 투옥된 후 이듬해에 신문화운동의 중심 역할을 했던 『개벽』(1920)이 창간되었다. 초기 동학에서 근대종교인 천도교로 넘어오는 동안 겪어야 했던 역사적 굴곡의 모든 자리에 의암이 있었다. 한 사람의 삶이라고 보기에는 너무나 다양한 얼굴을 가지고 있다. 그의 저술과 설법 역시 같은 사람에게서 나왔다고 생각하기 어려울 정도로 폭이 넓다. 동학·천도교의 수련법을 처음으로 체계적으로 이론화하였다는 평가를 받는 「무체법경(無體法經)」처럼 전통적 개념틀을 가지고 심원한 오의(奧義)를 밝히는 글과 오늘날에도 무리 없이 읽히는 근대 어휘를 구사하여 문명개화 및 신문물에 대한 지식, 산업발전 및 외교역량의 강화 등을 촉구하는 글이 한 사람의 손에서 나온다는 것 역시 매우 이례적이다. 이렇듯 의암의 굴곡 많은 생애와 동서를 가로지르는 사상의 전모를 파악하기란 쉬운 일이 아니다.

현재 학계에는 사상가로서의 의암에 대한 연구가 많지 않으며, 더러 있더라도 대체로 냉담하거나 비판적인 목소리가 높은 편이다. 비판의 핵심은 대체로 "서구적 근대를 적극 수용하여 문명개화를 추구하는 노선으로 전환"함으로서 초기 동학의 동도주의(東道主義)를 포기하고 생명사상으로부터 멀어졌다는 것이다. 황종원(2008)은 의암이 주도한 천도교의 사상적 전환이 "마음 안의 극락일 뿐, 실제로 인간과 인간, 인간과 자연의 관계가 근본적으로 뒤바뀌어 백성을 한울님처럼 받들고 자연을 한울님처럼 공경하는 세상이 오기를 꿈꾸는 후천개벽의 유토피아와는 다른 것"이며, 천도교가 "인간과 자연, 인간과 인간 사이의 총체적이고 전면적인 변화와 새로운 질서의 출현을 더이상 꿈꾸지 않게 되었다"고 비판한다. 박민철(2017)은 동학·천도교의 개념어들 안에 "시민적 주체의 가능성들이 '서구와 마찬가지로' 동일하게 내포되어 있다"고 설정하는 방식이나, 동서를 대립구도에 놓고 동학 안에서 "독자적인 근대의식을 찾으면서 정신사적 자부심을 요청하는 방식" 모두 한계가 있다고 지적하면서 동학을 "서구적 근대를 추종했지만 결국 좌절될 수밖에 없었던 '분열된 식민지적 사유'"로 보아야 한다고 주장한다.

　이러한 평가들에 대해 한편으로 공감하면서도 다른 한편 종교지도자 혹은 사회사상가로서의 의암의 면모에 가리어 그가 남긴 저술의 복합적인 성격을 충분히 고려하지 않은 데 기인한 평가가 아닐까 하는 의문을 지울 수 없다. 의암 이후 천도교단은 더이상 하나의 공동체라고 말하기 어려울 정도로 다양한 견해와 활동이 공존하고 또 충돌하는 세계로 확장되었다. 이 글이 "동학공동체"의 범위를 수운이 새로운 "개벽"의 개념을 제시한 1861년으로부터 의암의 "개벽" 개념이 묻어나는 『개벽』지가 창간된 1920년까지로 제한한 것은 이 때문이다. 그러한 교단을 만들어낼 수 있었던 의암의 리더십에 대해서는 인정해야겠지만 그 이후에 전개된 천도교 운동의 성취와 영광을 모두 의암에게 돌리거나 반대로 천도교단의 한계와 실패에 대한 책임을 모두 의암에게 지우는 것은 무리라고 본다. 의암이 천도교의 세력을 확장하는 방향이 아닌 농민, 여성, 어린이 등 모든 민중을 아우르고자 하는 열린 리더십을 발휘한 결과 "개벽"이 천도교라는 울타리를 떠나 전국적으로 확산된 "우리가 바뀌어야" 하고 "세상을 바꾸어야" 한다는 문화운동으로 성장할 수 있었다. 그러나 아이러니하게도 그로 인해 의암 이후의 동학공동체는 "개벽"의 개념사에서 더이상 구심점의 역할을 하지 못하게 된다. 그러므로 의암의 "개벽" 개념 역시 닫힌 구조로서가 아니라 이후 자발적인 주체로서 "개벽"이라는 사회운동에 참여했던 수많은 사람들을 이어주는 연결고리들 가운데 하나로서 이해하는 편이 나을 것이다. 모순적으로 보이는 의암의 면모는 어쩌면 이러한 연결고리들에 대한 더 많은 개념사적 검토가 촘촘히 진행될 때 제대로 이해될 수 있으리라 생각한다.

아래에서는 "개벽"이라는 (단어가 아니라) 개념과 관련된 구절들을 중심으로 의암이 전개한 "개벽"의 재해석에 초점을 맞추어 의암의 텍스트를 살펴보고, 수운과 해월에 이어 의암이 수행한 개념적 실험은 무엇인지에 대해 논해보고자 한다. 단어의 빈도로만 보자면 의암의 텍스트에 등장하는 "개벽"을 말한 횟수가 수운과 해월의 저작에 나오는 "개벽"의 용례를 모두 합친 것보다 더 많지만 『의암법설』에 한정해서 보자면 의암이 "개벽"에 대한 새로운 해석을 전개하는 부분은 「이신환성설(以身換性說)」 및 「인여물개벽설(人與物開闢說)」 두 편에 집중되어 있다. 흥미로운 것은 이 두 편 모두 저술이 아니라 의암의 설법을 한글로 기록한 구어적 기록이며, 시기적으로 보면 일반 대중을 위한 교리연구부를 설치한 시기와 맞물려 떨어지며, 대상으로 보면 이후 천도교단을 이끌어나갈 지도자급의 사람들에게 "개벽"을 주제로 삼아 강설한 것이라는 점이다. 의암은 "개벽"을 말할 때 수운의 말에 담긴 속뜻을 음미하는 동시에 해월의 "후천개벽"을 계승한다는 분명한 의식을 가지고 있었다.(「이신환성설」) 그런데 해월이 선천과 후천을 구별하여 수운의 "다시개벽"을 "후천개벽"으로 개념화함으로써 "개벽의 운수"와 "개벽의 이치"에 근거하여 천지만물과 사람과 제도를 "새롭게(新)" 해나가야 한다는 의미를 끌어냈다면, 의암은 "각자의 성령과 육신을 개벽하라"고 말하여 아예 "개벽"이라는 단어를 "새롭게 한다"는 동사로 사용한다. 그리고 선천과 후천이라는 해월의 구별은 의암에 의해 다시 '백년이라는 한계를 지닌 몸(身)'과 '영원을 사는 성품으로서의 자신(性)'이라는 구별로 재해석된다. 그러나 사실 "성신(性

身)"이라는 '나[我]'는 스스로를 새롭게 하기 위한 자각의 계기로서 부여된 구별이며, 이분법적으로 정신과 육체를 나누려는 것은 아니다. 그래서 의암은 "나 가운데 어떤 내[我中에 何我]"가 굴신동정(屈伸動靜)을 부리는지 매사에 생각해서 습관화할 것을 당부한다.(「인여물개벽설」)

의암이 말하는 "개벽"은 해월이 암시했던 '이때[時]'와 '새롭게 함[新]' 그리고 새롭게 하는 주체로서의 '나[我]'라는 세 가지 개념과 불가분으로 얽혀 있다. 또한 이는 수운이 천명한 '지금 여기'라는 자각을 해월이 '새로운 개벽[後天開闢]'으로 개념화했던 것을 이어받아 의암이 맞닥뜨린 시대적 요청에 따라 다시금 자기 사유를 전개한 결과로 볼 수 있다. 의암에게서 "개벽"이란 운수에 따라 열리고 닫히는 것 혹은 종말론적인 귀결로서 주어지는 것이 아니라 '우리가 건설해야 할 미래'라는 의식이 분명하게 자리잡는다. 그래서 해월이 "후천개벽"이라는 이상을 세웠지만 "하늘은 자(子)에서 열리고" 등의 전통적인 논법도 선천에 대한 서술로서 용인하는 것에 비해, 의암은 천도교를 이끌 지도자들에게 "개벽"이 '하늘은 자(子)에서 땅은 축(丑)에서 시작' 운운하는 원회운세류의 "개벽"을 의미하는 것이 아님을 분명히 하여 전통적 개벽 개념과 완전히 결별하며, 동학공동체에서 말하려는 "개벽"은 다만 사람과 물건을 새롭고 깨끗하게 함을 뜻한다고 선포한다.(「인여물개벽설」)

의암이 저술을 통한 원리적 설명 대신 구어로 설법함으로써 "개벽" 개념을 전개했다는 사실에 비추어보면, "개벽"이 사회개혁적 측면과 더 밀접하게 관련된 개념이라고 생각할 수도 있겠다. 그런데 의암이 실제로 "개벽"을 언급하는 구절을 보면 종교적 체험에 관련된 것들을 더 근본적인 자리에 둔다는 것을 알 수 있다. 가령 '이 생각을 일단 개벽하면 이에 만나는 깨끗하고 밝고 맑게 갠 고상한 그것이 바로 참된 정신의 나'라고 말할 때 그 "참된 정신의 나"(眞個의 精神我)는 한울에 다름 아니다. '스스로를 높이는 마음(自尊心)을 개벽하고 의심하고 두려워하는 마음(疑懼心)을 개벽하고 미혹되고 망령된 마음(迷妄心)을 개벽함으로써 마침내 정신을 개벽하게 되면 만사의 개벽은 그 다음 문제'라고 말하는 의암이 단순히 "서구적 근대를 추종"했다고 보기는 어려울 것이다. 이렇게 육신을 성령으로 개벽하라는, 사회적 개혁보다는 종교적 각성에 중점을 둔 것 같은 「인여물개벽설」을 설법했던 시기(1918)가 흔히 "문명개화를 추구하는 노선으로 전환"하여 초기 동학으로부터 멀어졌다고 비판받는 후기에 이루어진 설법이었다는 점을 상기할 필요가 있다.

결론적으로 의암의 "개벽"은 종교적 각성과 사회적 실천이라는 두가지 계기를 한데 끌어안는 구조를 가지는 개념이며, 이러한 개념구조는 수운과 해월을 거쳐 사유된 "개벽" 개념이 아니었다면 성립하기 어려웠을 것이다. 서구에서 종교국가와 세속사회의 분리가 '근대'를 규정짓는 요소였던 것과는 달리, 사회적 변혁과 종교적 영성이 불가분의 관계로 얽혀 있는 것이 한반도의 독자적 근대를 추구했던 동학의 사유가 보여주는 특징이다. 우리는 수운과 해월의 경우에도 표현된 어휘는 서로 달랐으나 모두 "개벽"을 내적 각성이 개인의 구원으로 끝나는 것이 아니라 감응을 통해 공동체에로 나아가는 구조로 이해하고 있음을 보았고, 나아가 해월의 경우에는 "개벽"이 감응의 주체(我)가 실현해야 할 "새로움(新)"으로 정의되는 것을 보았다. 의암은 수운이 길어내고 해월이 확립한 "개벽"이라는 개념을 동학공동체의 범위를 뛰어넘는 일반명사로 만듦으로써 "개벽"의 개념사에서 자기 몫을 해냈다고 할 수 있다.

의암은 "오늘날의 의로운 선비는 문명을 입는다"(今日義士文明衣)고 노래하였다. 어떤 이들에게는 이 구절이 서구적 근대화로 노선을 전환함

으로써 초기 동학의 영성을 저버리는 선언처럼 읽힐 수도 있겠지만, 앞
서 살펴본 것처럼 의암의 사유가 초지일관 종교적 각성과 사회적 실천으
로서의 "개벽"이라는 양축의 팽팽한 긴장을 놓치지 않고 지탱해나갔다
는 점을 생각하면 이 구절은 새로운 시대를 맞이해서 도피하거나 함몰
되지 않고 사유의 주체로 서고자 하는 선언이라고 볼 수 있다. 가령 서구
적 근대화의 노선으로 전향함으로써 "기(氣)를 마음의 범주에 가두고 있
다"(황종원 2008)는 혐의를 받는 핵심 저작인 「무체법경(無體法經)」의 첫
머리에서 의암은 "지기(至氣)"에 대해서 그리고 "나(我)"에 대해서 "신
(神)이란 기운이 지극하게 이른 것"(神卽氣運所致)이며, "이러한 기의 운
용이 맨 처음 일어나는 지점이 바로 '나'"(運用最始起點曰我)라고 말한다.
이는 수운의 "시천주(侍天主)"를 자신이 맞닥뜨린 문명의 언어로 재해석
한 것이라고 보아야 하지 종교적 영성을 잃어버렸거나 서구적 근대를 추
종해서 나온 표현이라고 보기는 어렵다. 더구나 의암에게서 "기"는 당시
의 서양과학적 지식을 받아들이는 개념적 통로인 동시에 "마음은 기"라
는 명제도 놓치지 않으면서 마음과 물질을 아우르는 개념으로 확장된다.
물론 의암의 "새로운" 시도가 얼마나 성공적이었는지는 의암이 펼쳐놓
은 기(氣) 개념의 의미망을 오늘날의 언어환경에 맞게 재해석해낼 수 있
는 사람을 기다려야 판정할 수 있을 것이다.


## 6. 맺음말: 미완의 과제로서의 '철학적 근대'

이제까지 동학공동체를 이끈 세 지도자가 남긴 텍스트를 중심으로 전
통 어휘였던 "개벽"이 수운에서 의암에 이르는 두 세대 정도의 기간에 어

떻게 근대적 개념으로 변모해가는지 그리고 어떻게 지식인과 민중 모두에게 받아들여지는 개념이 되었는지 그 과정을 검토해봄으로써 동학공동체에서 모색했던 독자적인 사유의 길을 살펴보았다. 이들의 텍스트 사이에는 개념적 연관성과 동시에 시대적 변용 역시 드러난다. 수운이 중국 문명의 어법에 매몰되어 있던 전통세계와 새로운 대안으로 등장한 서구적 근대세계 사이에서 양자택일만이 아닌 제3의 선택이 가능함을 일깨워 주었다면, 해월은 사유가 지식인들만의 전유물이 아님을 그리고 새로운 시대의 민중이 자기 사유의 주체가 될 수 있음을 실천적으로 보여주었으며, 이러한 "개벽"의 이상을 동학이라는 이름의 공동체 너머로 확산시킨 것은 의암이었다.

한국 근대 시기에 일어난 한문세계에서 한국어세계로의 전환은 서유럽의 근대 시기에 일어났던 중세의 공통어(lingua franca)에서 자국어(vernacular)로의 언어적 전환의 과정에 비견될 수 있다. 다만 우리가 겪은 것은 외세의 침탈로 인한 격변의 시대였기에 그 전환의 과정이 매우 압축적으로 전개되었다는 점에서 다르다. 그럼에도 불구하고 동학공동체는 밀어닥치는 사회적 변화에 휩쓸리지 않고 시대적 요구와 씨름하면서 일구어낸 독자적 사유를 발전시켜 자기 정체성을 획득한 언어공동체에서 유통함으로써, 단지 정치·경제사적 의미의 근대에 그치지 않고 '철학적 근대'를 지향했다고 할 만하다. 여기에서 "철학"이라고 말한 것은 근대의 학문분과를 가리키는 것이 아니라 '독자적인 사유의 틀'을 짤 수 있는 길을 말한다. 동학공동체에서 줄기차게 실험된 전통적 개념과 근대어 사이의 다리놓기 작업은 우리의 근대 개념사가 일본의 근대를 무비판적으로 받아들이는 것에 그치지 않고 주체적인 사유를 전개해나갔음을 보여준다.

의암은 동학을 근대 종교로서 탈바꿈했으나 만일 오늘날의 종교와 철학의 구별에 따라서 그의 사유를 보면 오히려 철학적 태도처럼 비칠 수도 있다. 종교는 "으뜸가는 가르침"으로서 더이상 질문하지 못하고 신앙으로 해결해야 하는 지점을 가진 것이고, 철학은 "지혜에 대한 사랑"으로서 계속해서 의문을 품고 질문해나갈 수 있는 탐구의 태도를 가진 것이라고 정의한다면, 수운이나 해월의 가르침을 되풀이하거나 고수하는 대신에 새로이 쏟아져 들어온 근대 지식과 어휘를 수용하여 재해석하고자 했던 의암은 철학자에 가까웠다고 볼 수 있다. 철학은 인간의 경험적 지식이 확장되었을 때 경험적 지식을 무시하고 기존의 지식을 붙들고 있는 것이 아니라 새로운 지식을 받아들인 위에서 메타적인 사고를 통해 경험적 지식이 알려주지 못하는 것을 상상하고 개념화하여 세계를 확장하는 것이기 때문이다. 의암은 새로운 어휘와 지식을 거부하지 않고 두려움 없이 받아들여 새로운 언어로 교리를 재해석함으로써 새로운 세상을 꿈꾸는 사람들이 독자적 사유의 길을 시도할 수 있는 가능성을 열었다. 그런 의미에서 "개벽"이 "철학적 근대"를 함의할 수 있게 된 것은 의암에게 힘입은 바 크다.

　의암의 사상은 완성형이 아니며 내부에 상호충돌하는 다양한 방향들을 품은 복합적인 것으로서 재해석을 요구한다. 의암이 새로이 정립했던 근대적 이상인 "개벽"은 계몽잡지의 선구인 『개벽』(1920.6~1926.8)의 제호로 선택되면서 사회적으로 큰 영향력을 행사하게 되었지만, 개념사를 치열하게 이어나갈 리더를 잃은 『개벽』은 새로운 지식과 개념이 수용되고 융합되며 스러지는 용광로의 역할을 하다가 역사 속으로 사라졌다. 이러한 사유의 전통이 계승되지 못하고 오랫동안 잊혀 있던 탓에 "개벽"을 오로지 동학공동체 내부에 국한된 개념으로 여기는 경우가 더러 있다. 그러나 새로운 스타일을 그대로 읽은 "모던"도 "近代"라는 일본발 근대어도 아닌, 우리 힘으로 길어낸 "개벽"이 "새로움"이라는 시대적 열망을 대표하는 개념이었던 시절이 있었다. "근대"라는 말이 아직 정착하기 전이었던 이 시절에 "개벽"은 "한국적 근대"를 의미하였다. 최근에 다시 일어나고 있는 "개벽"에 대한 관심은 우리에게 동학공동체에서 시도했던 "개벽"의 이상을 복구하여 독자적인 사유의 길로서 "철학적 근대"를 완수해야 할 때가 도래했음을 일깨운다.

# 4장
# 근대 전환기 동학·천도교의 개벽론
## 불온성과 개념화의 긴장

### 허수

## 1. '개벽'의 의미를 수납하기 위하여

현대 한국어에서 '개벽'은 상호 연관되지만 뚜렷하게 변별적인 두가지 의미를 가진다. '세상이 열리다'와 '세상이 뒤집히다'가 그것이다.[1] 이 가운데 '세상이 열리다'라는 의미는 '천지개벽'과 같은 표현에 들어 있는 것으로, 동아시아에서 오래전부터 내려오는 것이다. 반면, '세상이 뒤집히다'라는 의미는 '개벽'의 고전적 풀이에는 없었고, 오늘날에도 동일한

---

* 이 글은 『인문논총』 78권 4호(서울대, 2021년 11월)에 실린 「근대 전환기 '개벽'의 불온성과 개념화: 동학·천도교를 중심으로」를 단행본 체제에 맞게 일부 개고한 것이다.
[1] 『표준국어대사전』의 '개벽' 항목에는 세 개의 뜻이 있다. '첫째, 세상이 처음으로 생겨 열림. 둘째, 세상이 어지럽게 뒤집힘. 셋째, 새로운 시대가 열리는 것을 비유적으로 이르는 말.'이 그것이다. 이 중 셋째 의미는 비유이므로 첫째나 둘째 의미로 환원될 수 있다. 그렇다면 오늘날 '개벽'이 가진 기본적인 의미는 '세상이 열리다'와 '세상이 뒤집히다'의 두 개로 압축된다.

한자문화권에 속하는 중국 및 일본의 '개벽' 풀이에서는 찾아볼 수 없다.[2]

그렇다면 '세상이 뒤집히다'라는 의미는 어디에서 유래했을까? 선행 연구들에 따르면 19세기 후반 동학을 창도한 수운 최제우가 그러한 의미의 '개벽'을 사용한 뒤, 그 의미는 20세기 전반 동학·천도교 및 신종교의 '후천개벽'으로 이어졌다. 최근에는 이런 의미로 사용된 '개벽'의 초기 조건을 탐구하여, 수운의 '다시개벽'을 조선후기 엘리트문화와 민중문화 간의 상호작용 속에서 조명한 연구도 나왔다.[3]

분과학문적 관심에서 동학·천도교나 한국 근대 신종교의 '후천개벽'에 주목한 연구는 예전부터 있었다. 그런데 요즈음에는 수운의 '다시개벽'을 제호로 삼은 잡지를 창간하거나, '개벽파'의 용례처럼 '개벽'을 한국 근대의 특정 정치세력을 가리키는 용어로 사용하려는 시도가 나오고 있다.[4] '개벽 다시보기'라 부를 수 있는 이런 동향은 '개벽'에 관한 지금까지의 논의 양상, 즉 소수에 국한된 전문적 학술연구와 결이 다르다. 신종교 교단이 주도하는 종교적 행위 차원의 논의와도 구별된다.

이처럼 '개벽'에 대한 학계 안팎의 관심이 증가하는 오늘날, '개벽'에 관한 지속 가능하고 유의미한 학문적 논의는 어떠해야 할까? 한편으로 최근의 논의에서는 '개벽'이라는 용어의 가치와 함의를 높이 평가하면서도 정작 이 용어의 구체적인 용례나 역사적 맥락에 관한 종합적 설명은

---

**2** 한승훈 「開闢과 改闢: 조선후기 묵시종말적 개벽 개념의 18세기적 기원」, 『종교와 문화』 34호, 2018, 205~206면. 여기서 한승훈은 이러한 독특한 용례를 '묵시종말적' 개벽 개념으로 부르고, 이와 구별되는 고전적 용례를 '우주창생적' 개벽 개념으로 명명했다.

**3** "근대 이행기 한국인들로 하여금 기존의 문화적 재료 가운데 개벽이라는 단어를 선택하고, 재해석하게 한 것은 당대의 종말론적 에토스였다."(한승훈, 앞의 글 237면).

**4** 백낙청 『문명의 대전환과 후천개벽』, 박윤철 엮음, 모시는사람들 2020; 조성환·이병한 『개벽파선언』, 모시는사람들 2019; 『다시개벽』 2020년 겨울호; 원광대 원불교사상연구원 엮음 『근대한국 개벽운동을 다시읽다』, 모시는사람들 2020.

부족해 보여 아쉽다. 다른 한편에서는, 역사 속 특정 시점에 '개벽'이 가진 순수한 의미에 집착하는 태도도 보인다. 예컨대 어떤 연구는 수운의 '다시개벽'과 천도교 시기의 '후천개벽' 간 차이를 강조하고, 나아가 수운의 개벽론은 '선천-후천'의 도식을 가진 상수학적 논의의 결정론적 사유와는 질적으로 다른 순수한 사유로 본다.[5] 이런 접근은 어떤 사유의 원형질적 특성을 준별하는 데는 유용할 수 있으나, 특정 의미를 내포한 '개벽'의 용례가 다른 용례들과 결합·분리해온 역사적 과정을 포괄하는 데에는 한계가 있다.

필자가 볼 때 '개벽'의 순수한 의미에 집착하는 태도나 '개벽'의 의미에 관한 종합적 제시 없이 그 현실 적실성을 강조하는 방식은 둘다 바람직하지 않다. 의도했건 하지 않았건 그러한 접근들은 역사 속에서 발화된 '개벽'의 의미 스펙트럼을 포괄하는 덧셈의 계승보다는, 그것을 왜소화하는 뺄셈의 계승으로 귀결될 수 있기 때문이다.

이 글에서는 '개벽'의 의미를 체계적으로 정리하는 것을 과제로 삼는다. 큰 틀에서 '개념사' 연구방법을 활용하되, 여기에 '개벽'의 역사적 의미들을 담을 수 있는 필자 나름의 방안을 결합해서 정리할 것이다. 이 글에서 제시한 과제의 해결 여부를 판별하는 기준은, 그동안 탐구되어온 역사 속 '개벽'의 의미들을 소외시키지 않고 잘 수납(受納)했는지의 여부가 될 것이다.

'개벽'의 의미를 체계적으로 수납하기 위하여 이 글에서 필자는 다음 세 가지를 시도한다. 첫째, 통시적(通時的) 관점에서 '개벽'의 주요 용례를 그 지속 주기를 기준으로 장기·중기·단기의 세 층위로 구분한다.[6] 이

---

**5** 김용옥 『동경대전 2: 우리가 하느님이다』, 통나무 2021, 34~56면.
**6** 이러한 세 층위의 구분은 독일 개념사를 정초한 라인하르트 코젤렉의 '성찰적 역사주

런 구분법을 사용할 경우, 전술한 '세상이 열리다'라는 오래된 의미가 오늘날의 사전 풀이에도 남아 있는 양상을 역사적으로 이해하는 데 도움이 된다. 둘째, 공시적(共時的) 관점에서 '개벽'의 용례에 내포된 의미 관계를 살펴보기 위해 '핵심용어 – 연관어 – 발화상황'의 3층 구조를 시야에 넣었다. 이 구도는 특정 시점에서 핵심용어에 담기지 않고 그 주변에 포진하던 의미가 이후에 핵심용어의 의미로 결합되는 변화를 이해하는 데 유용하다. 셋째, '개벽'의 의미가 전개되는 양상을 '불온성'과 '개념화' 간의 긴장관계를 중심으로 살펴본다. 이 관계설정은, 수운의 '다시개벽'에서부터 1920년대 천도교 청년층의 '지상천국'에 이르는 동안 동학·천도교 관계자가 사용한 '개벽'의 의미를 역동적 구도 위에서 살펴보기 위한 것이다. '불온성'은 자신을 옭아매는 현존 질서를 즉각 부정하는 민중적 '혁세(革世)'의 욕망을 가리킨 것이다. 따라서 이 '불온성'은 '개벽'을 '개벽'답게 만든 의미소(意味素)라 할 수 있다. '개념화'는 '개념'이 되는 양상, 즉 어떤 용어가 그 이전의 다양한 용례 및 의미를 포괄하면서 복합적 의미를 띤 개념이 되는 현상이다.[7] 이 글에서는 특히 '개념'이 지닌 근대적 성격에 주목했다.[8] '개념'은 과거의 경험뿐 아니라 미래에 대한 기대까지 포괄한다는 점에서 '개념화' 과정은 곧 진보적 시간 인식이 내면

---

의'에서 참조했다(나인호 『개념사란 무엇인가: 역사와 언어의 새로운 만남』, 역사비평사 2011, 165~66면)

**7** 나인호, 앞의 글 53면 참조.

**8** 이 글에서는 '근대'를 '자본주의체제와 국민국가를 선취한 유럽 국가들이 제국주의적 팽창으로 지구상의 여타 지역을 침략하고 지배한 시대'로 본다(김정인·이준식·이송순 『한국근대사 2』, 푸른역사 2016, 8면 참조). 이 글의 제목에 있는 '근대전환기'는 그리 엄밀한 명명은 아니지만 수운에서 1920년대에 이르는 기간을 가리키기 위해 사용했다. 이 시기는 조선왕조의 지배질서가 이완되고 새로운 '근대적' 질서가 형성되는 복합적 국면에 해당하고, '개벽'의 의미 전개에서 특히 흥미롭고 역동적인 변화가 나타난 때이다.

화하는 과정이기도 하다. 따라서 이 구도에서는 '개념화'에 동반된 점진성이라는 시간 구도가 '불온성'에 내포된 즉각적 부정성과 상충한다는 점에 주목했다.


## 2. '다시개벽'의 불온성과 트라우마

### 수운의 '다시개벽'과 불온성

한국의 전통사회에서 '개벽'은 대부분 '개벽 이래', '천지개벽 이래'라는 용례로 사용되었다. 이 용례에서 '개벽'의 의미는 '우주나 세상의 처음', '태초' 등에 국한되었다. 그런데 조선왕조의 지배질서가 크게 이완되고 서양 열강의 동아시아 침략으로 중국 중심의 천하관이 근본적으로 흔들리던 시기에, '개벽'의 의미에는 뚜렷한 변화가 나타났다. 19세기 중엽 동학을 창도한 수운 최제우의 '다시개벽'이 그것이다. 수운은 동학의 포덕을 시작하던 무렵인 1861년 여름 「안심가」를 지어 "십이제국 괴질운수 다시개벽 아닐런가"라 하였다.

이 대목은 '각국에 전염병이 도는 것을 보니 천지개벽 같은 큰 변동이 일어날 때가 되었다'라는 메시지를 담고 있다.[9] '개벽'의 의미 흐름에서 이러한 용례는 전례가 없는 것이었다.[10] 수운의 텍스트에서 '개벽'은 더

---

**9** 김신회에 따르면 '괴질운수'라는 수운의 표현은 1859년, 1860년, 1862년의 3년 동안 계속되던 콜레라의 공포에서 나왔다. 김신회 「조선후기 정감록 예언의 역사적 변천: 기억에서 기록으로」, 서울대 대학원 박사학위 논문, 2020년 8월, 153~54면 참조.
**10** 이 글의 첫머리에서 『표준국어대사전』의 '세상이 뒤집힌다'라는 의미에 주목한 바 있다. 필자는 여기에 담긴 '현존하는 세상이 크게 바뀐다'라는 함의는 수운의 '다시개벽'에서 비롯한 것으로 본다.

이상 아득한 과거나 막연한 미래의 일을 가리키는 데 머물지 않는다. 그것은 수운을 포함한 당대 사람들에게 임박한 사건으로 재인식되었다.[11]

그런데 '다시개벽'이 갖는 의의를 '개벽'의 임박성을 환기한 점에 국한할 순 없다. 이와 연관되지만 그보다 더 결정적인 의의는 실천성, 즉 그러한 '개벽'을 현실에서 이루고자 한 점에 있었다. 이런 관점에서 수운의 「검결」을 살펴보자.

> 때가 왔네 때가 왔네 다시 못 올 때가 왔네
> 뛰어난 장부에게 오랜만에 때가 왔네
> 용천검 드는 칼을 아니 쓰고 무엇 하리[12]

인용 부분은 「검결」의 앞부분이다.[13] 이 글의 서술 맥락에서 주목할 대목은 '용천검 드는 칼을 아니 쓰고 무엇 하리'이다. 「검결」의 성격에 대해서는 변혁적 성격에 주목하는 견해와 종교적 행위에 중점을 두는 입장이 상충한다. 그러나 그러한 본질 차원의 성격 규명 못지않게 중요한 것은, 그것이 조선왕조 지배세력에게 불온의 빌미로 활용된 사실이다. 그들에게 위의 인용문은, '오만년 만의 기회를 맞아 대장부답게 칼을 들자'라는 선동적 메시지로 읽혔다. 당시 조선왕조 집권층의 눈으로 보면, 이보다 더 불온한 주장이 있었을까?

---

11 한승훈, 앞의 글 228면 참조.

12 최제우 「劍訣」, 『龍潭遺詞』. 국사편찬위원회 우리역사넷(http://contents.history.go.kr)의 「동학의 후천 개벽과 보국 안민」에서 인용.

13 '오랜만에'라는 번역어에 해당하는 원문은 '五萬年之'이다.

## 개벽론의 구조

필자는 다음 두가지 측면에서 '다시개벽'과 「검결」의 불온성이 긴밀하게 연결된 것으로 본다. 첫째, 전술했듯이 '다시개벽'은 '개벽'의 임박성을 환기한 점에서 중요하다. 「검결」의 '때가 왔네'는 그러한 임박성을 구체적으로 표현한 문장이다. 둘째, '다시개벽'과 「검결」 사이에는 '상수학 (象數學)적 사유'라는 연결고리가 있다. 위 인용문의 '오랜만에'에 해당하는 원문인 '五萬年之'가 여기에 해당한다.

김용옥은 수운의 '다시개벽'과 상수학적 사유를 엄격하게 준별했다. '선천-후천'이라는 말에 들어 있는 상수학적 사유는 변화의 필연성을 전제한다는 면에서 수운의 '다시개벽'과 차이가 있다고 했다.[14] 이와 달리 김신회는 수운을 19세기 조선에서 '상수학적 우주론을 통속화 차원에서 술수로 전용한' 대표적 인물로 꼽았다.[15] 그 사례로 '오만년 운수', '상원갑' 등을 들었다.[16]

필자가 보기에 '다시개벽'과 상수학적 사유 간에 질적 차이가 있다는 주장과, 그 둘이 수운의 사유에서 공존 혹은 혼재되어 있었다는 주장은 충돌하지 않는다. 김용옥의 주장대로 당시 수운은 '선천'이나 '후천', '후천개벽' 등의 용어를 사용하지 않았다. 또한 수운의 '다시개벽'으로부터 곧바로 '선천-후천'의 상수학적 사유를 이끌어낼 순 없을 것이다. 그러나

---

**14** 물론 김용옥은 다음과 같은 내용도 언급했다. "20세기 우리 민족종교의 대세를 이룬 "선천개벽-후천개벽"은 그 모두가 수운의 "개벽사상"에 이미 그 원초적 싹은 있었지만, 그것이 만개하게 된 것은 모두 일부와 강증산의 만남을 통하여 이루어진 것이다."(김용옥, 앞의 책 59면). 그러나 '선천개벽-후천개벽이 수운의 개벽사상에 그 싹이 있었다'는 것은 논지전개나 서술비중 면에서 그의 핵심주장이라 보기 어렵다. 그의 핵심주장은 '선천-후천'을 '다시개벽'과 원리적으로 다르다고 한 부분이다.
**15** 김신회, 앞의 글 148면.
**16** 같은 글 149면.

중요한 점은 상수학적 사유를 반영한 용어들이 수운의 텍스트에서 이미 사용되고 있었다는 사실이다. '개벽 후 오만년'이나 '상원갑', '하원갑' 등이 여기에 해당한다.

나아가 그것들은 수운의 전체 메시지에서 '다시개벽'과 밀집한 의미론적 연관을 맺고 있었다. 예컨대 「용담가」(1860.4)에서 수운은 "한울님 하신 말씀 개벽후(開闢後) 오만년(五萬年)에 네가 또한 첨이로다"라고 했다. 또한 「몽중노소문답가」(1862.6)에서는 "하원갑(下元甲) 지내거든 상원갑(上元甲) 호시절(好時節)에"라고 했다.[17] 즉 '다시개벽'에 담긴 '개벽'의 임박성이 '오만년' 만에 도래한 기회라는 문맥 속에서 더욱 강조되었던 것이다.

필자가 수운의 개벽론을 이해하는 도식은 〈그림 1〉과 같다. 왼쪽은 평면도에 가까운데 연결망의 중심에 위치할수록 의미상 중요성이 크다는 사실을 나타낸다. 오른쪽 삼각형은 입면도에 해당하며, 도형의 위쪽일수록 의미가 더 잘 드러난다는 점을 표시했다.

핵심용어인 '다시개벽'이 '개벽'의 의미에서 가장 중심적 위치에 있으며, 텍스트 속에서 그 의미도 잘 드러난다. 한편, 수운의 텍스트에서 '상원갑', '하원갑', '오만년', '선천-후천'과 같은 상수학적 용어들은 '다시개벽'과 동일 문장에서 함께 사용되었다. 이런 관계는 〈그림 1〉에서 실선으로 표시했다. 이들은 의미의 중심성이라는 측면에서 볼 때, 핵심용어인 '다시개벽'의 주변에 위치했고, 의미의 가시화도 중간 정도이다. 맨 아래 '사란(思亂)의 분위기' 혹은 '민심(발화상황)'이라고 표시한 부분은 '다시개벽'이 발화되던 시대상황 혹은 민심의 동향에 해당한다. 이는 수운의 텍스트에서 개벽론에 직접 표현되진 않아서 잘 드러나진 않지만 '다시개

---

**17** 졸고 「동학·천도교에서 '천' 개념의 전개: 천에서 신으로, 신에서 생명으로」, 『개념과 소통』 10호, 2012년 겨울, 140, 143~44면.

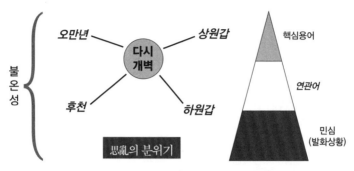

〈그림 1〉 수운의 개벽론을 이해하는 삼층 구조

벽'의 발화와 그 의미에 영향을 끼치고 있었다. 그런 상황은 이미 「검결」의 사례에서 살펴본 바와 같다. 이처럼 19세기 중엽 수운의 '개벽'은 언어적 연결망과 그것을 둘러싼 '불온'한 기운 속에서 발화되고 있었다. 이런 메시지는 현 지배체제에 불만을 가진 사람들을 끌어들이는 에너지를 가졌다는 점에서 잠재적 폭발성을 가졌다.

### 트라우마와 '개벽'의 부재

동학 교단의 활동과 민란의 흐름이 합류하여 1894년에 동학농민전쟁이 발발했다. 그 도화선이 된 고부지역 민란 당시의 사발통문에 다음과 같은 내용이 있다.

매일 난리(亂亡)를 바라던 민중(民衆)들은 곳곳에 모여서 말하되, '났네 났어 난리가 났어', '에이 참 잘되었지 그냥 이대로 지내서야 백성(百姓)이 한사람 남아 있겠나' 하며 때(期日)가 오기만 기다리더라.[18]

---

**18** 문맥에 지장이 없는 범위 내에서 한자를 한글로 표기하고(필요시 괄호 속 한자 병기) 띄어쓰기도 현대어에 맞게 고쳤다(국사편찬위원회 우리역사넷의 「고부의 사발통문」).

여기에는 '난리'를 바라는 민중의 정서가 적나라하게 표현되어 있다. 그것은 한 세대 전 수운이 노래한 '다시개벽' 및 「검결」의 불온성과 본질적으로 동일했다.

이렇게 시작된 동학농민전쟁은 주지하듯이 1894년 3월 20일 무장(茂長)에서 봉기한 뒤 관군을 격파하고 승승장구하며 마침내 4월 27일 전주성을 점령했다. 이후 일본의 경복궁 점령과 친일정권 수립으로 동학농민군이 9월 중순 재봉기할 때까지 몇개월간 집강소 시기가 열렸다. 이 시기에 동학농민군은 전라도 일대를 중심으로 각종 개혁을 추진했다. 이 기간에는 '악덕 양반이 상놈에게 혼쭐이 나는' 일이 빈번했다.[19] 신분제적 질서가 조선왕조를 떠받치는 핵심 원리인 점을 고려하면, 그것은 천지가 뒤바뀌는 '다시개벽'에 비견되는 상황이다. 그러나 이런 현장에서 '개벽'은 언급되지 않았다. 개벽적 상황이 막상 벌어졌고 그것을 표현할 용어도 한 세대 전에 나타났지만, 양자의 연결, 즉 당시의 상황을 '개벽'으로 발화하는 일은 일어나지 않았던 것이다.

'개벽'의 의미 전개를 다루는 필자의 관심에서 볼 때 이런 양상에는 동학 교도 및 동학 교단이 가진 '트라우마'가 크게 작용한 듯하다. 앞에서 살펴본 수운의 「검결」에는 오만년 만의 시운에 편승해서 '다시개벽' 하려는 욕망이 담겼다. 집권층은 여기에 불온성의 낙인을 찍어 동학 탄압의 빌미로 활용했다.[20] 결국 그것은 교조의 죽음과 교단 탄압으로 이어져 동

---

이 사발통문은 1893년 11월(음력)에 작성되었다.

**19** 이 대목은 1920년대 중반 잡지 『개벽』에 실린 동학농민전쟁 회고 기사에 있다. 집강소 시기인지는 확인할 수 없으나 당시의 분위기를 파악하기에 충분한 것으로 보인다. 자세한 내용은 新丙寅生 「우리는 종놈이다」, 『개벽』 65호, 1926년 1월, 90~91면 참조.

**20** 윤석산 「龍潭劍舞의 역사성과 한계성」, 『동학연구』 17집, 2004년 9월, 144~45면.

학 교단에 깊은 상흔을 남겼다. 이런 점은 2대 교주 최시형이『용담유사』
를 간행할 때 「검결」을 편집에서 제외한 사실에서 단적으로 드러났다.[21]
전통적 의미를 혁신한 '다시개벽'은 태어나자마자 거세되었고, 19세기
말 '혁명'적 상황이 도래했을 때 그것을 지시할 '개벽' 관련 용례는 사실
상 부재했던 것이다.


## 3. '후천개벽'과 제한적 개념화

### 1910년대 '후천개벽'의 등장

이렇듯 수운의 처형 후 동학 교단의 언어질서에서 파여나간 '다시개
벽'은 그후 오랫동안 복원되지 못했다. 이런 '개벽'이 다시 등장한 것은
1910년대였다. 1905년 12월 동학은 천도교로 이름을 바꾸었는데, '개벽'
논의는 주로 천도교단의 종교월간지인『천도교회월보』에서 전개되었다.

이 시기 '개벽' 논의의 가장 큰 특징은 수운의 개벽론을 '후천개벽'으
로 부르기 시작했다는 점이다. '개벽'의 의미 차원에서 보면 '후천개벽'
은 수운의 '다시개벽'과 그 주변의 상수학적 용어를 포괄하는 의의가 있
다.[22] '후천개벽'이 사용된 문맥 중 특히 주목할 만한 용례는 다음과 같다.

---

**21** 같은 글 145면. 윤석산에 따르면 이후 「검결」과 검무(劍舞)는 동학 교문에서도 기피하
는 노래와 의식이 되었"다.

**22** 〈그림 1〉과의 관계를 고려해서 이런 점을 도식화하면 다음과 같이 표현할 수 있다.

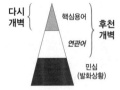

첫째, 후천개벽의 기점을 수운의 득도 시점으로 삼았다. 먼저, 수운의 득도를 '신천(新天) 오만년으로 개벽'한 것으로 보는 표현이 나왔다.[23] 다른 글에서는 천도교에 '후천개벽의 설(說)'이 있다는 대목이 나타났다.[24] 이런 조합은 마침내 '후천개벽 오만년이 시작되는 아침은 경신년 4월 5일이라'로 귀결되었다.[25] 바로 직후인 1912년 1월 오상준이 쓴 「본교역사」에서도 "우리 스승은 후천개벽 오만년의 신인(神人)이며"〔吾師는 爲後天開闢五萬年之神人이오〕라는 대목이 나온다.[26] 둘째, 후천개벽이 선천개벽과 질적으로 다른 성격을 가졌다고 보며 양자를 대비하는 용례가 나타났다. '선천개벽은 유형(有形)의 개벽이며 후천개벽은 무형(無形)의 개벽이다'라고 했다.[27] 이와 비슷한 맥락에서 '선천'을 '야만'으로 '후천'을 '문명'으로 구별하기도 했다.[28]

1910년대에 와서 '개벽'을 거론할 수 있게 된 것은 천도교로 개칭하면서 포교의 자유를 얻고 교단이 안정되어간 사정과 관계가 깊다. 선천개벽을 '유형의 개벽'으로, 후천개벽을 '무형의 개벽'으로 연결짓는 인식은

---

**23** 「新年에 賀吾道侶의 新天이 益新」, 『천도교회월보』 6호, 1911년 1월, 1면. 김형기 『후천개벽사상 연구』, 한울아카데미 2004, 80면에서 재인용.

**24** 黃斗源 「雨人解」, 『천도교회월보』 11호, 1911년 6월, 33~34면. 김형기, 앞의 책 81~82면에서 재인용.

**25** 盧憲容 「自心先開闢」, 『천도교회월보』 17호, 1911년 12월, 34면. 김형기, 같은 책 92~93면에서 재인용.

**26** 「본교역사」는 1910년 8월 창간호에서 1914년 11월호까지 『천도교회월보』에 연재되었다. 중간에 중단된 적도 있다. 해제 및 번역문은 이이화의 「본교역사(해제)」를 참조. http://www.e-donghak.or.kr/bbs/dataimg/ch1105_%EB%B3%B8%EA%B5%90%EC%97%AD%EC%82%AC.pdf

**27** 盧憲容, 앞의 글 34면.

**28** 김천일 「선텬과 후텬의 관계」, 『천도교회월보』 42호, 1914년 1월, 언문부 9면(김형기, 같은 책 92면에서 재인용).

나중에 전자를 '물질개벽'에, 후자를 '정신개벽'에 대응하는 생각으로 연결된다는 점에서 중요하다. 정신과 물질을 구별하는 사유는 전통적인 동아시아 사유에서 없었다. 이런 이원론은 서양의 근대 인식에서 비롯한 것으로, 한국에서는 1900년대 후반에 가시화되었다.[29] 전술한 무형과 유형의 구별도 크게 보면 이런 맥락에서 사용된 것이라 할 수 있다. 선천과 후천이라는 역학(易學)의 용어를 '개벽'과 연결하고, 더욱이 그것의 분기점을 수운의 득도로 연결한 것은 천도교의 종교성을 강화하는 맥락에서 이해할 수 있다.[30]

### '개벽'의 개념화

1920년대 천도교계의 '개벽' 논의는 개념화 경향을 띠었고, 교단 내부뿐 아니라 사회를 향해서도 발화되었다는 특징을 보였다. 이런 논의를 이끈 집단은 천도교 청년층, 특히 이돈화(李敦化, 1884~1950), 김기전(金起田, 1894~?)을 비롯한 『개벽』 주도층이었다.

첫째, '개벽'은 천도교의 교명인 '천도'의 뜻을 풀이하는 5대 핵심 의미의 하나로 자리매김되었다.[31] 후천개벽에 대응하는 용어나 후천개벽의

---

**29** 러일전쟁 이전까지 한국 지식인들은 서양의 의복·전기·철도 등을 추구했다. 그러나 1905년 무렵 그것들은 물질문명으로 비판받게 되고, 물질문명보다 정신문명이 더 시급한 것으로 여겨졌다. 이런 주장은 다음 연구를 참조. 윤종문 「한말 지식인들의 '國民精神'論 전개와 그 의미」, 『한국독립운동사연구』 49집, 독립기념관 한국독립운동사연구소 2014, 30면.

**30** 동학 지도부는 천도교 개칭 후 교단과 교리를 근대적으로 정비해나갔다. 기독교의 주일예배를 본받아 '시일'을 설정하고 주말에 예배를 보기 시작했다. 이런 정황을 고려한다면, 후천개벽은 예수의 탄생 전후로 서력기원을 사용하는 관행을 모방하는 맥락에서 역학의 용어를 접맥한 용어로 탄생했다고 추정된다.

**31** "天道는 無極, 圓滿, 開闢, 無爲自然, 同歸一體의 5대 法性을 가졌"다(李敦化 『人乃天要義』, 天道教中央宗理院布德課 1924, 34면).

성격을 설명하는 표현이 다양해졌다.[32] 또한 이돈화가 1920년대 초부터 사용한 '정신개조' '민족개조' '사회개조' 등의 용어를 1927년경에 '3대 개벽'으로 통합했다.[33]

둘째, '개벽'은 당시 사상계를 주도하던 주요 용어를 전유(專有)하는 맥락에서 사용되었다. 1920년대 초에 그 대상은 '개조(改造)'였다. 천도교 청년들이 출판사 이름과 잡지 제호에 '개조' 대신 '개벽'을 사용한 일이 대표적 사례이다. 그러나 1920년대 전반 조선의 청년들 사이에서 사회주의가 본격 대두하자 전유의 중심 대상은 '혁명(革命)'으로 이동했다. 이돈화가 1926년에 발행한 『수운심법강의(水雲心法講義)』는 이런 사정을 반영한다. 책의 첫머리에서 그는, "후천개벽의 이상(理想)은 단순히 종교를 표방하여 말한 것뿐만 아니라 누구든지 모든 혁명에 뜻을 둔 자 반드시 이 선생의 근본 뜻에 눈이 열려야 할 것"이라고 한 바 있다.[34]

셋째, '개벽'은 점차 과거와 현재 및 미래를 통합하는 시간적 구도와 관련해서 논의되었다. 우선 '개벽'은 전통적인 순환론이 아닌 사회진화론적 시간인식과 결부되기 시작했다. "세계는 오직 진화(進化)할 뿐으로 소(小)는 대(大)로, 약(弱)은 강(强)으로, 우(愚)는 지(智)로 점진(漸進)하니,

---

**32** '신사회', '신세계', '태평성세', '인문개벽', '인간의 개벽', '정신개벽', '물심 양자의 병행 개벽', '건설적 시대', '지행(知行)적 시대', '실제 개척 시대', '사회적 질병의 통폐 구제'이다. 『인내천요의』 10면, 32면 등; 이돈화 「世界三大宗敎의 差異點과 天道敎의 人乃天主義에 對한 一瞥」, 『개벽』 45호, 1924년 3월; 李敦化 『水雲心法講義』, 天道敎中央總部 1926, 30~31면, 99면.

**33** 李敦化 「天道敎と朝鮮」, 『朝鮮及朝鮮民族』 1, 朝鮮思想通信社 1927년 8월, 153~57면(졸저 『이돈화 연구: 종교와 사회의 경계』, 역사비평사 2011, 202면에서 재인용); 이돈화는 정신개벽을 사상개조로, 민족개벽과 사회개벽은 현실개조로 구분했다(李敦化 『新人哲學』, 天道敎中央宗理院信道觀 1931, 207면).

**34** 李敦化 『水雲心法講義』의 '범례' 참조.

그 점진이 곧 개벽(開闢)이 아닌가"라는 문장이 대표적이다.[35] 이 글을 쓴 필자는 전통적인 순환론을 근시안적 관찰로 비판하고 진화의 원칙을 강조했다.[36] 나아가 이제 '개벽'은 전환기적 성격을 강조하는 기준이 되면서, 과거의 역사적 사건을 통합하는 매개체가 되었다. '후천개벽'의 기준점으로 종전의 수운 득도 이외에 제1차 세계대전의 참상이 언급되었다. 1924년 무렵엔 '갑자년'을 강조하는 정감록적 언설과 함께 사용되면서 사용빈도도 증가했다.[37]

그런데 이러한 '개념화'는 수운의 '다시개벽'이 가진 불온성을 사회진화론의 점진적 발전론 속에 순치하는 방향을 띠고 있었다. 이돈화는 『수운심법강의』의 제5장 '道理 其二(後天開闢)'에서 다음과 같이 서술한다.

大神師, 천도를 大覺하시고 이 道를 후천무극대도라 하시고 자기를 후천 天皇氏라 하셨다. (…) 천도를 시간상으로 볼 때에 永劫無始로부터 永劫無終에 이르

---

**35** 오상준「개벽이어」, 『개벽』 2호, 1927년 7월, 41면.

**36** "或曰 一治一亂하고 一盛一衰함은 史에 徵하야도 明瞭하나니 此를 推하면 世界란 寧히 循環뿐이라 할지언정 엇지 進化뿐이라 云하리오. 그러나 그는 近視眼의 短距離를 觀察함에 不過하리니 大抵 治亂盛衰는 모다 進化上 過程에 橫在한 사실인 따름이라."(오상준, 앞의 글 41면)

**37** 천도교 청년들의 글에서는 1924년 무렵 '후천개벽' 관련 용례가 다음 표와 같이 눈에 띄게 증가했다. 텍스트는 『개벽』 본문을 전산화한 자료를 사용했다. '후천개벽'으로 간주할 만한 검색어로는 '오만년(五萬年)', '상원갑(上元甲)', '하원갑(下元甲)', '선천(先天)', '후천(後天)', '후천개벽(後天開闢)', '천지개벽(天地開闢)', '천개지벽(天開地闢)', '다시개벽'을 사용했다. 용례를 사용한 기사는 총 24개이며, 용례 수는 43개이다. 1924년의 용례 빈도는 15회로 전체 43회의 1/3 이상이다. 『개벽』 발간 연도의 1/6에 불과한 1924년이 그보다 두 배의 용례를 보인 셈이다. 1923년의 12회 중 10월의 기사 한편에 7회나 사용되었다.

| 연도 | 1920 | 1921 | 1922 | 1923 | 1924 | 1925 | 1926 | 합계 |
|---|---|---|---|---|---|---|---|---|
| 빈도 | 5 | 5 | 4 | 12 | 15 | 2 | 3 | 43 |
| 기사수 | 5 | 1 | 3 | 4 | 6 | 2 | 3 | 24 |

기까지가 다- 천도의 발전이며 (…) 이 점에서 우리시대의 천도는 (…) 과거 무궁의 진화로부터 과거를 내적으로 消化하면서 一大 새 진리의 맹아로 今不聞 古不聞의 大道大德이 대신사의 심법에 의하여 창조된 것이라 볼 수 있다. 이를 일러 無往不復이라는 것이다. 무왕불복이라는 말은 儒家의 해식 (…) 가 아니오 이상에 말함과 같이 천도의 진화계급을 말한 것이니 천도가 한 계급으로부터 일층 新계단에 진화하게 됨을 일러 무왕불복이라 한 것이다.[38]

여기서 이돈화는 수운의 깨달음 이후를 후천개벽 시대로 보는 1910년 대의 논의를 계승하면서도, 수운이 깨달은 천도를 무한한 진화의 점진적 발전과정 속에 위치시키고 있다. 이런 점진적 태도는 동일 문맥에서 그가 창조를 논하면서, "창조라 하면 갑자기 歷史를 불지르고 인습, 습관을 불 질러 없애버리라는 것이 아니다"라고 말한 대목에서도 확인된다.[39]

### 개념화의 제한성

그런데 이러한 '개벽'의 개념화는 제한적 범위에 그쳤다. 천도교 청년 층의 미래 비전은 '개벽'의 의미에 충분히 포괄되지 못하고 '지상천국'이 라는 용어에 별도로 담겼다. 이 점을 좀더 자세히 살펴보자.

1920년대 용례에서 '개벽'과 '지상천국'은 서로 호환될 수 있는 용어 였다. 『수운심법강의』의 제5장에는 '대신사가 이상(理想)으로 삼은 지상 천국의 생활을 후천의 각(覺)이라 하여 이 시대를 후천개벽 시대라 한 것' 이라는 요지의 내용도 있다. 여기서 '개벽'과 '지상천국'은 밀접하다. 이

---

**38** 李敦化『水雲心法講義』68~73면. 밑줄과 중략(…)은 필자가 표시한 것이다. 문맥에 지장 이 없는 범위 내에서 한자를 한글로 표기하고 띄어쓰기도 일부 현대어에 맞게 고쳤다.
**39** 같은 책 70면.

무렵 이돈화는 다른 글에도 '최수운의 지상천국은 사회개벽의 완성을 가리킨 것'이라고 했다.[40]

이처럼 두 용어는 밀접했고 동일시되는 측면이 있었지만, 이런 동일시가 지속된 것은 아니다. 이미 1923년 9월에 정치적 활동을 지향한 천도교청년당이 발족할 때, 가장 중요한 항목으로 제시한 '주의(主義)'에는 '지상천국'이 천명되었다.[41] '후천개벽'은 어디에도 보이지 않았다. 양자를 뚜렷하게 구분하는 인식은 1927년 무렵부터 나타나다가 1931년이 되면 명확해졌다.[42]

개념사의 관점에서 볼 때, 개념은 그 자신의 의미 속에 과거의 경험과 더불어 미래에 대한 기대를 포함한다. 이런 점을 고려한다면, 1920년대에는 '개벽'의 개념화가 진행되었으면서도 그 개념화가 제한적인 데 머물렀음을 알 수 있다. 왜냐하면 미래의 기대는 '지상천국'에 귀결된 반면, '개벽' 혹은 '후천개벽'은 그와 대비하여 '현실'로 상정되었기 때문이다.

'개벽', '후천개벽'은 과거의 경험, 특히 1920년대 초중반에 전개되어 온 용례, 특히 정신개벽·민족개벽·사회개벽을 개별적으로 가리키거나 삼자를 종합한 '3대개벽'으로 정리되는 데 그쳤다. 또한 '개벽'의 사용범위도, 비록 『개벽』이라는 종합월간지를 무대로 하여 천도교의 종교월간

---

**40** 李敦化「天道教と朝鮮」, 앞의 책 153~57면(졸저 『이돈화 연구』 202면에서 재인용).

**41** "己未 9月부터 天道教青年會란 것을 조직하야, 한참 奔走하든 天道教 청년인 그들은 최근에 天道教青年黨을 조직하야, 당원으로서의 책무를 수행하리라 한다. 地上天國의 건설, 이것은 그 당의 主義요. 사람性 자연에 드러맛는 새 제도의 실현, 事人如天의 정신에 드러맛는 새 논리의 수립, 이것은 그 당의 綱領이오. 당의 결의에는 절대로 복종할 것, 이것은 그 당의 約束이다."(小春(김기전)「思想과 傾向」, 『개벽』 39호, 1923년 9월, 128면)

**42** 지상천국을 '영원한 이상'으로, 민족개벽과 사회개벽을 '거기에 도달하는 과정과 단계'로 구분했다. 이돈화「(사설) 한울을 위한다함은 엇던 뜻인가」, 4~5면; 李敦化 『新人哲學』 230면(졸저 『이돈화 연구』 202~204면에서 재인용).

지 지면을 넘어섰으나, 이 용어의 실질적인 대외 영향력은 종교의 테두리를 크게 벗어났다고 보기 어려웠다. 천도교 교리의 측면에서도 1920년대에 그나마 활성화된 '개벽'은 1930년대와 그 이후로 가면 서술체계에서 크게 약화되어갔다.[43]


## 4. 불온성의 여진과 하향적 확산

### 불온성 지속의 두 형태

필자가 '개벽'의 개념화와 그 제한성을 언급한 것은, 개념화 양상을 바람직한 것으로 보거나 그 제한성을 아쉽게 평가하기 위한 목적은 아니다. 여기서는 '개념화'에 내포된 점진성과 '불온성'에 내재된 임박성·즉각성 간의 긴장관계에 주목하고자 한다.

당시 천도교단의 이론가였던 이돈화와 오지영(吳知泳, ?~1950)은 천도교단의 분화과정에서 신파와 혁신파의 입장을 각각 대표했다. 혁신파는 교리 이해와 현실 운동의 두 측면에서 사회주의의 영향을 많이 받았던 세력이다. 그동안 많은 연구들이 두 세력이나 두 사람의 관계를 주로 갈등적 구도 속에서 다루었으나, 이 글에서는 '개벽'의 불온성 지속이라는 공통분모를 가진 두 사례로 살펴볼 것이다.

수운의 『검결』은 1910년대의 '후천개벽' 재론에도 불구하고 천도교 텍

---

**43** 이돈화는 1930년대에 전개한 종교적 사색 결과를 『동학지인생관』(東學之人生觀)(1945.2)에 담았다. 이 책의 구성을 『신인철학』과 비교할 경우, '사회'나 '개벽', '도덕' 등이 주요 목차에서 빠져 있다. 각각에 해당하는 내용이 없진 않지만, 주요 구성을 이루는 네편의 내용 속에 잔존해 있을 따름이다. 이에 관해서는 다음을 참조. 졸저 『이돈화 연구』 248~51면.

스트에서 별로 나타나지 않았다. 이와 달리 오지영은『동학사』에서 '검가를 염송하면 공중으로 한길(一丈) 넘게 솟아오른다(騰空)고 한다'라고 했다. 용천검을 '湧天劍'으로도 표기하고, '천제(天祭)'도 자주 언급했다.[44] 물론 당시 천도교에서 일반 교인을 대상으로 종교적 이적(異蹟)을 말하는 경우는 허다했다. 그러나 「검결」 관련 내용을 이렇게 부각한 글은 별로 없다. 이런 인용은 수운 당대에 잘려나간 「검결」의 선동성을 되살리는 맥락에 위치한다. 「검결」과 '후천개벽'의 밀접성을 고려한다면, 오지영의 「검결」에 대한 강조는 '개벽'이 가진 불온성의 민중적 재현이라고 규정할 만하다.

한편, 이돈화를 비롯한『개벽』주도층의 글에도 진화론과의 타협 이면에 그에 대한 일정한 거부감 혹은 저항감도 있었다. 이돈화는 "과학상 연구로 나온 진화론"은 "그 본질이 과학적이니만치 그 연구의 정도가 한계가 있어 인생 출생의 대(大) 근원에 있어서는 그 표명(表明)을 더듬는 데 지나지 아니하다"라고 했다.[45] 나아가 "과학적 진화론은 다만 사람이 하등동물로부터 진화되었다는 증거만 들었"던 반면, "대신사는 과학적 견지를 지나 직각(直覺)으로 사람은 신(神)의 표현이라 한 것이 인내천의 인생관이다"라고 평가했다.[46]

한편 1923년초『개벽』의 주요 논설에서는 진화론에 대한 상대화가 더 구체적으로 개진되었다. 글의 핵심 논지를 요약하면 다음과 같다.[47]

a) 현대문명이 영원한 진리라면 미개자(未開者)는 반개자(半開者), 반개

**44** 오지영『동학사』, 永昌書館 1972(1940), 20~23면.
**45** 李敦化『水雲心法講義』78~79면.
**46** 같은 책 80면.
**47** (미상)「問題의 解決은 自決이냐 他決이냐」,『개벽』33호, 1923년 3월, 111~12면.

자는 개화자(開化者)를 따라야 한다.

b) 그런데 현대문명을 파괴해야 최후의 행복에 도달한다고 가정할 경우, '반개(半開)'한 조선이나 '미개'한 나라들이 그곳에 가려면 현대문명을 모두 경험해야 할까 아니면 그것을 거치지 않고 지름길로 가는 방법이 있을까?

c) 최후 행복을 인류주의(사회주의 포함) 실현으로, 그리고 그 걸림돌을 군국주의나 자본주의라 하면, 한쪽 입장은 조선에는 군인도 없고 조선인은 민중적 무산계급이므로 누구보다 먼저 그 행복에 도달한다고 본다. 다른 쪽 입장은 현대문명의 폐해를 절실히 느낀 자라야 고통을 힘있게 제거할 용력(勇力)이 생기므로 조선은 그에 미치지 못한다고 본다.

d) 최후의 행복을 기준으로 보면, 그 경로인 현대문명에 아직 가지 못한 우리나, 미리 현대문명에 갔다가 엉뚱한 길[橫道]에 빠져 방황하는 자나 비슷한 거리에 있다. 따라서 조선 사람에게는 기회이니 낙심 말고 노력하자.

식민지 조선의 발전경로를 모색하는 이 글에서는 사회진화론이 전제하는 단선적 발전론 도식(a)을 비판하는 사유(d)가 나타났다. 이런 사유는 사회주의의 발전론에 영향을 받은 것으로 보인다. 그러한 논의를 재빨리 받아들여 소개한 이유는, 천도교 청년층에게 사회진화론적 발전론을 상대화하는 마인드가 이미 있었기 때문일 것이다. 이 글 2절에서는 '다시개벽'의 임박성과 실천성, 그리고 이로부터 발생한 '불온성'에 주목했다. 3절에서는 이돈화가 1926년경 사회주의적 '혁명' 개념을 '후천개벽'과 접목하기 위해 『수운심법강의』을 발간한 면모를 살펴보았다. 이런 맥락에서 볼 때 위 인용문에 나타난 1923년 무렵의 이돈화 생각은 그러한 불온성의 철학적 지속 양상으로 해석해도 무방할 것이다.

### '개벽'의 경쟁어들

지금까지 동학·천도교 차원에서 발화된 '개벽'의 용례와 그 의미를 살펴보았다. '개벽'의 의미에서 중요한 변화가 나타난 시점과 해당 용례를, 시간적 주기의 장단에 따라 대략 세 층위로 구분해서 정리하면 〈그림 2〉와 같다.

〈그림 2〉에서 맨 위의 '개벽'은 '세상이 열리다'라는 전통적 의미로 장기지속적 층위에 해당한다. '다시개벽'과 '후천개벽'은 의미의 영역이 완전히 동일하진 않으나 상호계승 관계가 더 커서 동일선상에 배열했으며, 19세기 중엽에 출현해서 지속했다는 점에서 중기지속적 층위로 보았다. 맨 아래의 '지상천국'은 '후천개벽'과 의미상 유관하지만 앞에서 살펴보았듯이 '개벽'이라는 용어로 표현되지 않았다는 형식적 측면과 함께, 그 내용 면에서도 차이가 적지 않았고 용어의 위상도 달랐다. 이 '지상천국'은 1920년대에 나왔으므로 이 글이 다루는 범위에서 보면 타 용어에 비해 단기지속적 층위에 해당한다고 보았다.

'개벽'이 가진 의미론적 위상을 더욱 거시적 맥락에서 관찰하기 위해서는, 〈그림 2〉에 제시한 통시적 구도를 유지하되 시야를 동학·천도교 바깥까지 확장할 필요가 있다. 또한 '개벽'을 그와 의미 차원에서 경쟁관계에 있었던 '역사' 및 '혁명'과 비교할 필요가 있다.

우선 '역사'와의 비교이다. '천지개벽'은 조선시대에 '천지개벽이래' 혹은 '개벽이래'로 많이 사용되었다. 국사편찬위원회 한국사데이터베이스에서 '개벽이래'를 검색어로 입력하면, 빈도는 264건(승정원일기), 41건(조선왕조실록), 26건(도서), 18건(연속간행물) 순이다.[48] 고빈도는 대부분 전근대 자료에 집중되어 있다. 그런데 '개벽이래'와 비슷한 의미를

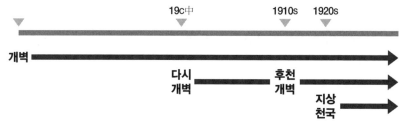

〈그림 2〉 '개벽' 용례의 다층적 전개

가지면서 빈도가 전체적으로 높은 '有史以來'를 입력하면, 빈도는 137건 (연속간행물), 32건(문서) 순이고 나머지는 각각 10건 미만이다. 이 결과 는 앞과 정반대로 근대 자료에 집중되어 있다.

그럼 '개벽이래'와 '유사이래'의 빈도는 언제부터 역전되었을까? 1900 년대 후반의 잡지자료와 1920년부터의 신문자료에서 사용된 두 용례를 거칠게나마 살펴보면 대략적인 흐름을 알 수 있다. 먼저 1900년대 후반 12종의 학회지 전산 자료를 검색해보면, 두 용어 모두 매년 5회 이하로 아주 낮은 빈도를 보였지만, 이미 이때부터 '유사이래'가 더 많이 사용되 고 있다. 「네이버 뉴스라이브러리」를 통해 1920년대 신문에서 사용된 빈 도를 살펴보면, 이러한 '유사이래'의 우위는 더욱 큰 차이로 나타남을 쉽 게 확인할 수 있다.

이런 결과를 통해 우리는 '개벽'과 '역사'가 'ㅇㅇ이래'라는 형식을 통 해 비슷한 의미로 사용되었고, 통시적으로 본다면 1900년대를 변곡점으 로 전근대의 '개벽'을 근대의 '역사'가 대체해나갔음을 알 수 있다.

---

**48** 2021.8.10 현재 검색 결과이다. '自古以來'의 결과도 '개벽이래'와 유사한 패턴을 보인 다. 검색 결과 총 427건. 369건(편년자료), 33건(도서), 11건(연속간행물), 9건(문서), 5건 (목록연구논저) 순이다.

다음으로 '혁명'과 비교해보자. '혁명'도 빈도가 높고, 그 의미도 '개벽'의 '세상이 뒤집히다'라는 의미와 밀접하다. '후천개벽'이나 '개벽' 같은 용어는 동학·천도교 계통 잡지나 그쪽 관련 인물이 주도한『개벽』잡지를 제외하면, 다른 용어들에 비해 빈도가 더욱 낮게 나온다. 그래서 편의상『개벽』잡지의 주요 논설기사에 국한해서 살펴보되, 두 단어를 '개조', '해방' 등 '현실의 급격한 변화'로 묶일 만한 용어와 함께 살펴보았다. 그 결과 4개 단어 중 전기엔 '개조'가, 후기엔 '혁명'이 대세를 이루었다. 그리고 '혁명'의 총 빈도는 311회로서, '개벽'의 33회를 크게 상회한다.[49]

그러므로 '개벽'의 용례를 통시적으로 볼 때 '개벽'의 두 의미 층위, 즉 전통적 의미와 혁신된 의미 모두 그 주요 용례의 빈도 방면에서 '개벽'은 20세기 초에 이미 '역사'와 '혁명'에 각각 추월당하고 있었다고 할 수 있다. '개벽'은 '역사' 및 '혁명'과 경쟁할 수 없었다. 전자에 비해 후자는 용어의 발생, 의미의 축적, 서구의 역사적 경험, 동아시아 언어질서와의 접촉과 번역 등 광범위한 의미의 전개과정을 거쳤기 때문이다.

---

[49] 『개벽』주요 논설 334편에서 검색한 결과이다. '『개벽』주요 논설'의 범위와 이를 활용한 연구로는 다음을 참조. 졸고「『개벽』논조의 사회주의화에 관한 새로운 접근」, 『인문논총』 78권 1호(2021.2), 226면.

| 연도 | 1920 | 1921 | 1922 | 1923 | 1924 | 1925 | 1926 | 합계 |
|---|---|---|---|---|---|---|---|---|
| 개벽 | 7 | 2 | 4 | 10 | 6 | 2 | 2 | 33 |
| 개조 | 15 | 55 | 88 | 49 | 29 | 9 | 9 | 254 |
| 해방 | 10 | 25 | 10 | 36 | 25 | 15 | 33 | 154 |
| 혁명 | 3 | 29 | 29 | 84 | 92 | 14 | 60 | 311 |
| 계 | 35 | 111 | 131 | 179 | 152 | 40 | 104 | 752 |

### '개벽'의 하향적 확산과 복류

이와 같은 컨텍스트 속에서 천도교 청년층의 '개벽' 사용을 생각하면 '개벽'의 제한적 개념화는, 동학·천도교의 후천개벽적 지향을 사회적으로 확산하여 세상을 지상천국으로 만들려는 욕망과, 식민지 조신사회에서 근대적 문물이 급속히 도입되고 사회적 분화가 진행되면서 천도교의 사회적 영향력이 좁아져간다는 현실인식의 교차점에 위치했다.

이처럼 불온성을 내재한 '후천개벽'은 근대적 대중매체나 근대적 지식의 장(場)에서는 활발하게 사용되지 않았다. 그러나 원불교와 증산교를 비롯한 신종교 방면에서는 '후천개벽'이 널리, 그리고 지속적으로 확산되었다. 이런 추세는 해방 후 20세기 후반까지도 이어졌다.

이러한 '개벽'의 하향적 확산과 복류는 한국인의 근대 경험이 가진 특성을 상징적으로 보여주는 것은 아닐까? 전통적 왕조체제의 이완기에 지배계급의 우주론을 전유한 '다시개벽'의 불온성은, '개벽'이 근대적 언어질서의 변방에 위치함으로 인해 역설적으로 그 고유한 불온성이 소진되거나 전유되지 않고 보존된 것은 아닐까?

'개벽'과 달리 '혁명'은 언어질서의 중심에 진입했다가 해방 후 분단체제의 형성과정에서 한국사회의 공론장에서 거세되었다. 이후 '혁명'은 1980년대에 '재발견'되어 운동권과 학문 영역에서 일세를 풍미하는 드라마틱한 여정을 밟았다. 이 점에서 한국의 민주화운동이 활성화되던 1980년대 중반 수운의 「검결」을 민중미술로 재현한 「칼노래」라는 판화는 '개벽'과 '혁명'의 교차점에 해당한다고 말할 수 있다.[50]

그리고 또 시간이 흘렀다. 오늘날 근대의 위기와 모순이 강조되고 '혁

---

**50** 오윤 「칼노래」(1985). 변상섭 「그림 속 그림 보기: 칼노래」, 『대전일보』 2012.10.4 기사, 편집 2012.10.3. 21:12:41 참조.

명'의 진보성도 회의되고 있다. 그러면서 한국사회에서는 '개벽'에 대한 오래전의 관심이 다시 생겨나고 있는 것은 아닐까 싶다.

이 글의 서두에서 필자는 '개벽'의 역사적 의미를 소외시키지 않고 잘 수납할 것을 목표로 했다. 판단과 평가는 독자의 몫이지만 그에 관한 사료 내용 및 선행연구의 주요 성과를 체계적으로 담고자 애썼다. 그렇지만 이런 목표를 향해 가다보니, 동학·천도교 차원의 용례만으로는 부족하다는 점을 실감했다. 특히 '후천개벽'과 관련해서는 증산교와 원불교, 보천교를 비롯하여 한국 '신종교' 방면의 용례와 선행연구 성과를 빠뜨릴 수 없다. 시기적으로는 해방 후 현재까지의 동향도 적극 검토할 필요가 있다. 이에 관해서는 후일을 기하고자 한다.

# 5장
# 김형준의 '동학사회주의'와 '네오휴머니즘'

정혜정

## 1. 머리말

근대 동학사상은 동학농민혁명으로부터 3·1운동을 이끈 사상적 배경이 되었고, 1920~30년대에 이르러서는 사회주의 수용과 맞물려 '동학적 사회주의'의 특징을 드러냈다. 김기전(金起田)은 맑스가 인류의 역사를 "계급투쟁의 역사"라 규정한 것을 "해방의 역사"로 재설정했고, 이돈화(李敦化)는 맑스가 말한 "노동자의 단결"을 "무산자의 단결"로 표방했다. 또한 "생산력과 생산관계"에 의한 역사발전을 "생활양식과 생활의식(생활력의 意的 활동)"의 상호발전으로 바꾸어 사적유물론을 동학적으로 적용했고, '계급의식'을 '의식계급'의 3단계(기계의식→계급의식→초월의식)로 변용하여 인류의 '동귀일체'를 지향한 바 있다. 물론 이는 맑시즘

---

* 이 글은 『민족문화연구』 94호(2022년 2월)에 실린 「김형준의 동학사회주의와 네오휴머니즘」을 단행본 체재에 맞게 개고한 것이다.

x

x

x

과 볼셰비즘을 옹호하는 관점에서 볼 때 '속류적 맑스주의자'에 불과하였고, 또한 당시로서는 수긍하기 어려운 일이어서 사회주의자들로부터 많은 비판과 갈등을 야기하였다. 1920년대 '유물론 논쟁'과 1930년대 초반 천도교와 사회주의자 간에 일어난 '반종교 논쟁', 그리고 1930년대 후반 '휴머니즘 논쟁'이 그 대표적인 예이다.

본 연구에서는 일제하 동학사상의 사회주의적 전개 양상을 '동학사회주의'로 명명하고, 이로부터 제시된 동학사상의 맥락을 김형준(金亨俊, 1908~53?, 필명 김오성)[1]을 중심으로 고찰하고자 하였다. 김형준은 이돈화와 김기전이 제기한 동학적 사회주의를 계승하고 자신의 변증법적 생활태도론에 입각하여 이를 한층 구체적으로 전개해가면서 네오휴머니즘을 체계화했다고 볼 수 있다. 특히 맑스의 '반기성종교운동'과 관련된 그의 종교논쟁과 '인간본위론'에 입각한 동학사회주의는 네오휴머니즘과 더불어 일제하 동학사상의 성격을 파악하는 데 일조를 가할 것이다.

---

[1] 김형준은 1926년 용천 소작쟁의를 주도하였고, 1927년에는 일본 동경에서 학생독서회 사건으로 피검되었다. 니혼(日本)대학 철학과를 졸업한 후 1932년 천도교 청년당 기관지인 『농민』을 편집하였고, 조선농민사 상임이사를 역임하면서 평론가로 활동했다. 해방 이후 1945년 11월 결성된 여운형의 조선인민당에서 선전부장을 맡아 활동했고, 1946년 2월 민주주의민족전선 상임위원 및 선전부장을 맡았다. 1946년 9월 미군정포고령 위반으로 3개월간 복역하였고, 복역 중 11월 조선인민당 합당파와 조선공산당, 남조선신민당의 3당 합당으로 남조선노동당이 발족하자 중앙위원에 피선되었다. 한편 그의 이름이 『친일파 군상』(민족정경문화연구소 편, 1948)에 올려져 있어 친일 논란도 일고 있다. 일제 말기 『매일신보』에 발표한 그의 글이 친일적 논조라 하여 그 가능성이 제기된 것이다. 그러나 그의 글은 일제가 '직역봉공(職役奉公)'의 신체제를 부르짖은 것에 대해 신체제에 대한 긍정과 부정, 단서와 조건을 동시에 표하고, 자기가 기존에 생각해오던 신질서와 문학, 정치를 말하고 있어 모호한 측면이 있다.

## 2. 동학 사회주의의 형성과 전개

### 국제정세의 판단과 동학사회주의의 형성

일제하 조선의 사회주의 수용은 민족해방운동의 일환이었다. 1919년 3·1운동이 일제의 잔인한 탄압과 폭력으로 좌절되었을 때, 동북아지역으로 확산된 사회주의는 조선이 재기할 수 있는 한줄기 빛으로 간주되었다. 당시 국제정세는 '약소민족(무산민중)의 혁명운동'과 '자본(제국)주의 열강의 결집'이라는 대립적 형국이 조성되었고, 노농러시아를 중심으로 형성된 '피압박민족의 해방과 국제연대'라는 연합전선이 하나의 축으로 작용했다.

대전(大戰) 이후로 그냥 분규상태에 있던 구미(歐米) 열국의 관계는 일시의 결합을 얻고 그들은 또 한번 걸음을 돌리어 중화대륙을 향하고 있다. (…) 세계적으로 본 금년 1년은 모든 약소민족 또는 무산민중을 한편으로 해서 일어나는 혁명운동과 이를 반대해서 일어나는 자본열국의 결합운동이 서로 진세(陣勢)를 벌렸다.[2]

동일한 문화파의 중에서 세부득이(勢不得己) 새로운 방법을 찾아보고 새로운 진리를 동경하게 되었다. 이것이 곧 사회주의적 신기분(新氣分)이라 하는 것이다. 그들은 새로이 「조선사람도 낙망할 것이 아니라」 하는 주관적 새 광선(光線)을 얻었다. 조선사람은 어디까지든지 이것이 아니면 살지 못하리라 단언하였다. 아니 조선사람뿐 아니라 전 세계의 인류가 한가지로 이 정로(正路)를

---

**2** 金起田「朝鮮의 一年·世界의 一年」,『개벽』64호, 1925.12, 4~5면.

밟지 아니하면 안될 것임을 알아보았다. 그래서 이 주의(主義)를 숭배하는 신진청년 중에는 세계무산계급과 공명(共鳴)하는 경제적 공산주의를 부르짖게 된 것이라.[3]


　분명 사회주의는 비관과 낙망에 빠진 조선인에게 조선독립의 새로운 방법, 새로운 이상으로 동경되었고, 시대가 부여한 새로운 희망으로 작용했다. 동학사회주의는 이러한 분위기 속에서 형성되었다. 천도교 신문화운동의 대표적 인물이었던 김기전은 "제국주의 세력에 대항할 절대세력은 각국 각 민족 간의 무산대중의 양심을 통해서 발발하는 사회주의적 운동"이라 판단했고, 국제적 연대를 지향하면서 제국주의에 대항해가자고 하였다.[4] 당시 천도교 대다수 인물들은 자신의 정체성을 사회주의와 무관하게 규정하는 경우가 드물었다. 최린은 천도교를 '사회주의를 가미한 민족주의'라 규정했고, 박춘우(박진순)는 '빈천자(貧賤者)의 주의(主義)' 혹은 '유물론자'라 부른 바 있다. 특히 김봉국은 천도교의 '인본주의'가 곧 '공산주의'라 주장했고, 천도교 내부인사 가운데는 이황처럼 스스로 사회주의자라고 부른 사람이 적지 않았다.[5] 일제 또한 '적색 천도교인'이라 호명한 바 있다. 당시 동학의 후예들은 사회주의를 수용하여 신문화운동과 반제의 무산자연대로 방향을 전환했고, 공산사회의 세계공동체를 지향하며 인간을 사회적 존재, 우주생명의 한울적 존재로 보았다.
　본 글에서 '동학사회주의'라는 말은 동학과 사회주의가 결합된 양상

---

**3** 「激變 又 激變하는 最近의 朝鮮人心」, 『개벽』 37호, 1923.7, 7~8면.
**4** 小春(김기전) 抄「세계사회주의운동의 사적 기술」, 『개벽』 46호, 1924.4.1, 53면.
**5** 「誌上 三千里全體會議, 現下의 民族主義勢力과 社會主義勢力」(대담·좌담), 『삼천리』 4권 3호, 1932.3.1.

을 지칭하여 필자가 사용한 것이다. 불교의 경우는 1930년대 초반 만해 한용운이 '불교사회주의'라는 명칭을 썼다. 불교사회주의라는 말은 붓다 당시에는 없었던 것이지만 불교는 원래 "계급에 반항하여 평등의 진리를 선양한 것"이고, "소유욕을 부인하고 우주적 생명을 취한" 것이기에 붓다의 경제사상을 현대어로 표현하면 불교사회주의가 된다고 하였다.[6] 불교사회주의와 동학사회주의는 일정부분 상통하는 측면이 있지만, 동학사회주의는 반자본주의, 인간해방으로서의 역사관, 역사·사회적 개성의 인간본위(인간주체)를 주장한 것에서 그 특징을 찾을 수 있다.

### 동학사회주의의 성격과 세 계보

동학(천도교)이 사회주의를 수용했던 방식은 세가지 유형으로 분류할 수 있다. ① 맑스의 사적유물론을 동학사상에 방점을 두어 이를 비판적으로 변용한 신문화운동 계열 ② 공산사회 건설을 중시하고 조선혁명을 지향한 천도교연합회와 고려혁명위원회 계열(아나키즘그룹) ③ 동학을 곧 공산주의와 등식화했던 조선공산당 계열을 들 수 있다.

첫째 그룹은 수운주의에 방점을 두면서 사회주의 이론을 소개·수용하고 사회주의자들과 연대하여 사업을 벌여나간 그룹이다. 그 대표적인 인물로 김기전, 이돈화, 이동곡, 이창림, 김형준 등을 포함할 수 있다. 김기전은 계급투쟁의 역사를 인간해방의 역사로 재구성하여 인식했고, 이돈화는 '생활양식'과 '의식계급'의 역사발전을 말했으며, 1925년 조선농민사 이사회의 명의로 적색농민인터내셔날에 가맹을 청원한 바 있다.[7] 또

---

**6** 졸고 「만해 한용운의 불교유신사상에 나타난 '주체적 근대화'와 마음수양론」, 『불교학연구』 51호, 불교학연구회 2017, 140~41면.

**7** 량만석 『동학의 애국애족사상』(조선사회과학학술집 4 철학편 273), 평양: 사회과학출판

한 이동곡은 인류의 공동생활을 주장하여 인내천주의를 기조로 하는 '공동의 생산기관'을 세우자 하였고,[8] 이창림은 '한살림 제도의 생활방식'을 주장했다. 이동곡의 '공동 생산기관' 설립과 이창림의 '한살림 생활방식'의 주창은 맑스가 말한 '생산력과 생산관계'를 염두에 두어 이를 동학적으로 변용한 개념이라 할 수 있다.

둘째 그룹은 주로 천도교 혁신파로서 사회주의 가운데 '상호부조의 공산사회'에 가치를 두고 중국과 러시아의 연대 속에서 민족혁명을 도모했던 아나키즘 계열이다. 당시 경작지가 전무했던 익산 교인 200명을 이끌고 만주 길림성으로 들어가 공산촌을 건설하고자 했던 오지영, 고려혁명위원회 계열의 핵심인물이 된 정규선이나 김봉국, 최동희 등을 들 수 있다. 정규선은 사회주의의 근본정신이 '사회연대의 정신'임을 주장했고, 자본 군국주의에 대항하여 만민동포의 형제적 관념으로 초국가적 공산사회를 지향해가고자 했다. 그러나 맑스가 말한 노동자연대란 계급적/도당적 연대에 불과하고 자본계급에 대한.투쟁관념에 갇혀 있어 만민동포주의에 기초한 공산사회 실현으로는 나가지 못한다는 점을 그는 아나키즘적 입장에서 비판했다.[9] 한편 동학농민혁명에서 활약했던 홍병기도 여기에 포함할 수 있다. 그는 김봉국과 논의하여 정의부(定義府)와 함께 조선독립을 도모하였지만 "쉽게 일본 제국주의의 테두리로부터 벗어날 가능성이 없어 공산주의와 영합하고 제3공산당과 결탁하여 조선민족을 제3생디칼리즘"으로 유도하고자 하였다. 최동희와 홍병기 역시 "정의부,

사 2009, 126면.

**8** 이동곡 「中國에 在한 日本의 利權動搖와 東亞의 今後의 大勢」, 『개벽』 36호, 1923.6, 25~26면.

**9** 정규선 「개조문제에 관여하는 사회연대의 정신」, 『개벽』 27호, 1922.9, 30~31면.

천도교, 형평사와 삼각동맹을 맺어 그 대동단결의 힘으로 러시아공산당과 상통하여 비밀결사를 조직하고 제국정부를 전복시켜야 한다는 계획을 논의했다."[10] 이것이 바로 고려혁명당의 결성인데, 고려혁명당의 목적은 '동서에 흩어져 있는 무산군을 구원'하자는 것이었고, 그 강령은 '계급사회제도의 부인, 무산대중의 단결과 일치행동, 자유·평등·인류애가 흐르는 이상적 사회의 건설'이었다.[11] 특히 천도교 혁신파가 중심이 된 고려혁명위원회는 '빈천민중의 충복', '이규모(異規模) 동질성의 공산당'이라고도 칭해졌는데, 북한에서도 이들 혁신파는 국제혁명과의 제휴를 모색하고 국제당과의 연계를 도모했던 것으로 기술하고 있다.[12]

셋째 그룹은 천도교인으로서 사회주의자가 되어 사회주의 계급운동을 적극적으로 주도하거나 참여했던 사람들이다. 제2차 조선공산당 책임비서였던 강달영,[13] ML당 재건활동을 벌였던 천도교청년동맹의 박호진, 이황 같은 인물이 대표적이다. 당시 천도교인 가운데는 소비에트와 연대한

---

**10** 경희대학교소장본(복각)『倭政時代人物史料』3, 국회도서관 1983, 75면.

**11** 「연기 거듭 7삭만에 공소공판근개정: 고려혁명당 사건」,『중외일보』1928.10.8.

**12** 고려혁명위원회는 천도교 비밀지하혁명조직인 비상혁명최고위원회로 조직되었고, 주된 활동은 소비에트 러시아 정부와 국제당을 상대로 천도교 혁명활동에 대한 정치적 지지와 대대적인 군사적 지원을 얻어 무력항쟁을 펼치고자 한 것이었다. 시베리아의 치타 부근에 있는 3개의 금광 구역을 이용하여 역부를 채용하는 형식으로 2년 만에 1천명 정도의 군사를 키웠고, 15개 혼성여단의 고려국민혁명군 창설을 계획하였으며 그 실현을 위해 노농소비에트 정부가 적극적으로 지원해줄 것을 호소하였다(량만석, 앞의 책 127~28면).

**13** 강달영(1887~1942)은 천도교 진주 대교구에 소속되어 활동했던 독립운동가로서 농민과 청년의 선두에서 3·1운동을 지도하다가 투옥되어 1년 6개월간 복역하였고, 1921년 조선노동공제회 창립에 힘써 간부로 활동했다. 1923년 조선노동총동맹을 발기·결성하여 간부로 피선되었으며 1925년 제2차 조선공산당 책임비서에 선출되었다. 1926년 천도교와 함께 6·10만세 민족해방운동을 주도하였다. 여기에는 그의 천도교 배경이 작용했던 것으로 보인다.

볼셰비키가 적지 않았다.


## 3. 김형준의 동학사회주의와 '변증법적 생활태도론'

### 김형준의 '반종교' 사상논쟁과 사회주의

김형준은 1930년대초 사회주의와의 사상논쟁에서 중심에 섰던 사람이다. 김형준의 동학사회주의는 맑스주의의 수용과 비판 속에서 그리고 사회주의자들과의 종교논쟁 과정에서 훈련되고 형성되었다. 김형준은 사상논쟁 과정에서 맑스의 반종교투쟁 이론을 수용하여 이를 수운주의 입장에서 재구성해나갔다. 그는 먼저 맑스의 종교이론을 검토하여 이를 "금일 이른바 자칭 맑스주의자들의 무정견(無定見)한 반종교운동을 비판하는 전제"[14]로 삼았고, 사회주의자들이 반천도교의 반종교투쟁을 펼치는 것은 오히려 맑스와 레닌의 입장에 반하는 것임을 논증하고자 하였다.

일찍이 맑스는 '종교는 아편'이고, '종교투쟁은 정치투쟁의 전제'가 되며, '사회적·물적 마술성의 제거에 따른 종교소멸'[15]을 주장했다. 이는 역사발전을 저해하는 기성종교의 현상을 비판한 것이었다. 또한 레닌도 동방종교가 제정 러시아의 지배도구로 사용되는 것에 대항하여 '반기성종교운동'을 표방했다. 1905년 당시 제정 러시아는 동방정교를 믿지 않으면 '종교 범칙자(犯則者)'로 몰아 모두 살해했고, 신흥부르주아와 토착농

---

**14** 김일우(김형준) 「맑스주의의 반종교이론 비판」, 『신인간』 58호, 1932.8, 6면.

**15** 맑스·엥겔스는 경제관계나 생산수단이 노동자에게 어떤 외부의 불가항력적 힘으로 인식되는 지배(사회적·물적 마술성)가 종교라는 상부구조의 사실적 기초가 된다고 보았다. 종교 역시 하부구조의 반영으로서 만약 인간이 노예상태로부터 해방되어 종교의 토대인 사실적 기초가 제거되면 종교는 자연히 소멸된다고 보았다.

민이 저항하여 봉기하던 때에 종교는 단지 '인민을 억압하는 정신적 독주(毒酒)'에 지나지 않았다.

　김형준은 수운도 맑스와 완전히 합치하는 것은 아니지만 "유도 불도 누천년에 운이 역시 다했던가"(교훈가)라고 하여 전세계로 확산되는 반기성종교운동과 맥락을 같이하는 것이라 보았다. 그리고 동학농민혁명에서 보듯이, 동학(천도교)은 민중의 이익을 위해 일어나는 '민중의 도구'이지 결코 지배권력의 도구이거나 민중의 아편이 아님을 밝히고자 했다. "기성종교가 지배층의 정신적 도구로 사용되어 피지배 민중에게 악작용을 가하고 있는 현상"[16]에 대해서는 수운도 이미 70년 전에 철저히 지적하고 폭로하였다는 것이다.

　한편 김형준은 맑스-레닌의 반종교이론을 비판하기도 하였다. 맑스는 종교를 다른 모든 문화형태와 마찬가지로 "주체적으로 파악하지 못하고 객관적 반영으로 파악하려는 점에서 독단적 오류를 범하였다"고 보았고, 다른 문화형태는 놔두고 오직 종교만을 콕 찍어 "소멸된다"고 말하는 것은 변증법적 유물사관에 어긋난다고 생각했다.[17] 만약 모든 사물이 고정불변하는 것이 아니라 그 자체가 지니는 모순으로 인하여 전화·발전한다는 점을 인정한다면 종교만 예외적으로 "영원소멸"을 말할 수 없고, 변증법에도 맞지 않는 독단이라는 것이다.[18] 더구나 선진 제국의 맑스주의자들이 이러한 독단을 내리는 것에는 이론적 근거라도 있는 것이지만 조선의 '자칭 맑스주의자'들은 아무 이론적 근거도 없이 허구만을 생산한다

---

**16** 김일우 「사이비적 반종교운동의 비판: 맑스주의 반종교투쟁비판의 續」, 『신인간』 63호, 1933.1, 9면.
**17** 김일우 「맑스주의의 반종교이론 비판」, 8~9면.
**18** 김일우 「맑스주의자들의 반종교투쟁 비판」, 『신인간』 59호, 1932.9, 8면.

고 그는 주장했다.

조선의 자칭 맑스주의자들은 맑스주의 창건자들의 종교에 대한 책자 하나
도 접하여 본 일도 없는 셈인지 아무런 이론적 근거도 없이 또는 아무 내용도
없이 다만 형식적 술어에 불과한 '종교는 아편이다' '물질은 근본이다' 등등을
전람회장과 같이 나열하여 놓으면서 그 무리한 형적을 감추어보려고 무염치
하게도 허구의 사실을 지어내기에 무던히도 애를 쓰고 있다.[19]

김형준에게 새로운 시대를 대표하는 새로운 종교는 민중을 억압하는
도구가 아니라 민중을 억압으로부터 해방하려는 정신적 도구였다. 민중
에게 굴종과 인내를 설교하는 것이 아니라 강렬한 반항과 개벽의식을 넣
어주는 것이고, 이 세상의 고통을 내세의 천국에서 보상받는다고 민중을
속이는 것이 아니라 이 세상에서 그러한 곤고와 비참을 벗어버리려는 지
상천국운동이었다.[20]

### 신문화운동의 동학사회주의와 그 계승

1920년대 신문화운동에 입각한 동학사회주의는 인류 역사를 '계급투
쟁의 역사'가 아닌 '인간해방의 역사'로 규정했다. 이는 공동생활의 인류
연대를 지향하고, 민중 억압의 상호대립 속에서 해방을 만들어나가는 역
사이다. 김기전은 18세기 프랑스혁명의 '시민의 인권선언'과 20세기 러
시아혁명의 '노동자 권리선언'이 그 해방의 기본정신을 표명한 것이라
하였다. 그러나 인권선언은 남성과 상공층 유산자의 권리선언이었지 여

---

**19** 같은 글 8~9면.
**20** 같은 글 10~11면.

성과 노동자 무산자의 권리를 선언한 것은 아니었다. 그것은 단지 '돈 가진 자의 혁명'[21]이었다. 서구 인권선언은 무엇보다도 욕망의 충족을 목적으로 하는 원권(原權)에 기초해 있고, 그 실질 내용은 생명권과 소유권(재산권)의 권리였으며 이는 결국 빈부 양극화와 불평등으로 귀착되었음을 그는 강조했다.

실생활에 있어서 인류를 불평등하게 하는 것은 빈부의 현격(懸隔)이며 재산 사유의 제도이다. 그때의 인권선언은 만인의 법률상 평등을 인(認)하는 동시에 각 개인의 소유권제도를 신성화케 하얏다. 이 소유권의 신성화로 연(緣)하여 실생활상 불평등한 사실도 또한 신성화하고 마럿다.[22]

또한 시민사회의 양극화와 불평등에 대한 무산자 민중의 기본권을 요구한 '노동자의 권리선언(경제적 기본권)'은 제2의 해방선언(인권선언)이었다. 이돈화는 인간해방을 '생활양식과 의식계급'의 발전역사로 구체화했다. 맑스가 역사발전의 동력을 '생산양식(생산력과 생산관계)과 계급의식'에 두었다면 그는 '생활양식과 생활의식'에 역사변혁의 기초를 두었다. 인류의 역사가 의식과 의식이 교체하는 무대로서 노예제-봉건제-자본주의 사회로 이행되어왔다고 했을 때, "봉건시대의 생활양식은 봉건적 의식으로 표현되고, 자본시대의 생활양식은 자본의식으로 표현"[23]된다. 이들 봉건의식, 자본의식은 생활의 의식계급에 해당한다.

---

**21** 妙香山人「第一의 解放과 第二의 解放: 人類歷史上의 二大解放宣言」, 『개벽』 32호, 1923.2.1, 27면.
**22** 같은 글 28면.
**23** 이돈화「사람성과 의식태의 관계」, 『개벽』 59호, 1925.5, 5면.

맑스는 '계급의식'을 강조했지만 이돈화는 '의식의 계급'을 강조했다. 사람이 자신의 힘으로 창조적 삶을 펼쳐나가고자 하는 생활력이 정신적으로 표현된 것이 의식이고, 의식계급은 그 시대의 생활양식과 밀접한 관련을 갖기에 생활양식과 생활의식은 수레의 두 바퀴와 같다. 생활양식이 변하면 생활의식이 개조되고, 생활의식이 개조되면 생활양식도 변화한다. 마치 기둥이 기울어지면 가옥을 고칠 생각이 생겨나는 것처럼 생활양식이 파탄됨에 따라 생활의식이 개조되고, 그 의식계급의 상태에 따라 생활양식은 변화한다. 여기서 의식계급은 기계의식(노예의식), 계급의식, 초월의식의 세 가지로 분류된다.[24] 기계의식은 특권자의 사역물로 전락한 노예의식(굴종의식)이고, 기계화된 의식으로서 동물화된 생활양식을 드러낸다. 반면 계급의식은 기계의식의 노예적 성격을 갈파하여 이를 해방하고자 하는 저항의식이다. 계급의식은 순수한 인간 자유의지의 창조라기보다 사회상태의 파탄으로부터 투영되는 의식이고, 자신이 속한 계급을 의식하고 사회제도를 개조하고자 하는 의식이다. 계급이 소멸되면 계급의식도 소멸된다. 또한 초월의식은 순수 인간의 창조적 본능에서 일어나는 초동물적, 초상대적 의식을 뜻한다. 이돈화는 이 의식이 충일한 사람이라야 비로소 사회의 창조적 생명을 파지할 수 있다고 보았다.

근대 자본주의 사회란 큰 '도박조직'과 같다. "경쟁과 소유욕으로 국가 전체, 인류 전체가 도박을 행하며 악의 경쟁을 벌이는 형국이다."[25] 이러한 자본사회를 개조하기 위해서 이돈화는 계급의식을 고조해야 하고 이를 강고하게 하기 위해서는 초월의식의 계급에 올라서야 함을 주장했다.

---

**24** 같은 글 6면.

**25** 이돈화 「사람性과 意識態의 關係, 「機械意識」 「階級意識」 「超越意識」」, 『개벽』 59호, 1925.5, 3면.

맑스가 생산력과 생산관계의 모순에서 비롯되는 계급의식의 확산과 투쟁을 말했다면 이돈화는 생활양식의 모순에 따른 계급의식의 저항과 더불어 초월의식의 생명력을 말했다는 점에서 차이가 있다. 계급의식이 사회제도의 투영으로부터 생겨나는 의식이라면 초월의식은 우주적 생명, 인격적 생명의 창조본능으로 일어나는 인내천의 의식이다. 현실의 모순에 대항하는 계급의식을 영구적으로 지속케 하는 것도 초월의식이기에 이돈화는 계급의식에 이 초월의식의 수양을 지녀 한걸음 더 초월의식의 계급에 오르자고 하였다.

한편 김형준은 김기전과 이돈화가 제시했던 동학사회주의를 계승하여 자신의 사유를 발전해나갔다. 김기전이 '인간해방으로서의 역사관'을 말하고, 이돈화가 '생활양식과 의식계급의 역사발전론'을 제시했다면 김형준은 이를 계승하여 '생활양식과 생활태도'에 의한 사회개조를 주장했다.[26] 즉 이돈화가 의식계급의 발전으로 인간해방의 실천을 말했다면, 김형준은 '생활태도의 변증법적 발전'에 의한 개벽적 실천을 강조하고, 생활태도를 '사물에 대한 태도'와 '인간에 대한 태도'로 구분했다.[27] 또한 김형준은 맑스가 생산력과 생산관계의 모순·대립에서 노동자들의 계급투쟁이 발생한다고 했지만 그 생산력과 생산관계는 대립적이 아니라 동질적인 것이라 주장하면서 자신이 주장하는 '생활양식과 생활태도'야말로 "대립과 통일의 이중적 관계"[28]라 하였다. 이것이 곧 그의 '변증법적 생활태도론'으로서 이는 그의 독자적인 동학사회주의의 면모를 보여주

---

**26** 이돈화가 맑스의 '생산양식과 계급의식'을 '생활양식과 생활의식'으로 변용했다면 김형준은 이를 '생활양식과 생활태도'로 재설정한 것이라 볼 수 있다.

**27** 김형준 「수운주의자의 인간적 태도」, 『신인간』 79호, 1934.5, 7면.

**28** 김형준 「인간해석사적으로 본 인간본위운동(一): 인내천주의 연구의 서곡」, 『신인간』 75호, 1934.1, 35면.

는 것이라 할 수 있다.

## 김형준의 동학사회주의: '변증법적 생활태도'의 개벽적 실천

김형준은 인류역사를 '해방의 역사' '의식계급의 발전'으로 보는 '동학사회주의'를 계승하여 유물론과 관념론을 지양·종합하고, 인간본위의 '변증법적 사상변천론'[29]을 주창했다. 이는 유심이라는 '正'으로부터 유물이라는 '反'을 거쳐 실재적 인간본위 사상으로 '지양·종합'되는 수운주의의 '물심일원(物心一源)'에 입각한 역사관이다. 서구 사상사가 만들어낸 관념론과 유물론의 이분법적 생활양식으로부터 인간본위의 새 사상으로 넘어온 것에 '인간본위 운동의 역사적 의의'가 있고, 변증법적 사상변천의 절정에 이른 수운주의는 계급을 대표하는 사상이 아니라 계급을 지양하는 사상으로 규정되었다.[30]

계급사상만으로 계급사회를 지양할 수는 없다. 계급사회를 물심일원의 사상으로 지양하자는 것이 수운주의이다. 수운주의 입장에서 볼 때, 유물(물질)과 유심(정신)은 인간존재의 양면에 불과하다.[31] 물질과 정신은 우주 실재의 두가지 현상이고,[32] 물질과 정신은 그 뿌리가 하나이기에

---

**29** 김형준이 말하는 변증법은 맑스의 변증법적 유물사관에 착안하면서도 유물론의 관점이 아닌 유심과 유물의 지양과 종합이라는 새로운 관점을 도입한 것이다.

**30** 김형준 「사조상으로 본 수운주의의 지위」, 『천도교회월보』 243호, 1931.3, 4~7면.

**31** 물질과 정신, 유물과 유심은 우주 실재의 두가지 현상이자, 인간존재의 양면 양식으로서 '유형'과 '무형'의 합용으로도 설명된다. 즉 세상은 유형이요, 한울은 무형이며 사람은 '유무합용(有無合用)'이다(주창원 「천과 개인의 道團」, 『천도교회월보』 2호, 1910.9, 31면).

**32** 이돈화는 지기일원(至氣一元)의 실재론을 말하면서 물질과 정신은 본체의 두 작용이라 하였다. 지기실재론은 서구철학 가운데 정신과 물질 어느 하나에 편향된 유물론이나 관념론이라기보다는 물질과 정신을 통일하고자 했던 근대 실재론에 가깝다. 그러나 서구 실재론 역시 물질과 정신 이외에 제3의 철학으로 불리는 경향이 있고 이는 물질과 정신

물심일원이라 부르는 것이다. 본래 수운주의에서 인내천이란 '물질의 극치'인 사람과 '정신의 최고'인 한울을 별개로 보는 것이 아니라 양자를 하나로 보는 것을 말한다. 유심론자가 아무리 '인간은 정신의 소산물'이라 주장할지라도 그 생각하는 정신을 담는 물질적 육체를 부정할 수 없듯이 유물론자가 아무리 '인간의 정신은 물질의 소산'이라 주장할지라도 그것을 사고하는 인간을 부정할 수 없는 것과 같다.[33] 수운주의는 "물심일원의 철학"이고 "인간본위 운동"[34]이다.

인간본위(인간주체) 운동은 '생활양식'과 '생활태도'의 두 축으로 구성된다. 생활양식이 주어진 객관적 조건을 말한다면 생활태도는 인간의 주체적인 태도를 뜻한다. 이는 다섯가지(현실에 대한 태도, 실천적(개벽적) 태도, 이상에 대한 태도, 수련적 태도, 사인여천事如天적 태도)로 구체화된다.[35] '현실에 대한 태도'에서 현실이란 주체와 객체, 두가지 대립물이 그 자체에 통일되어 있는 현실을 말한다. 맑스는 현실을 '물질 자체'라고 보았지만 김형준이 말하는 현실은 '대립물의 통일'이자 '모순의 구조'이기에 언제든지 분열될 위기를 그 자체에 갖고 있다. 현실의 위기는 이 대립물의 통일이 깨질 때 나타난다. 그러나 이는 '인간주체의 동귀일체적 힘'에 의하여 낡은 상태로부터 새로운 상태로 발전되는 개벽의 전기(轉機)이기도 하다.[36]

---

을 실재로 인정하는 선입견으로부터 온 것이기에 지기실재론은 서구 실재론과도 거리가 있다. 정신과 물질은 유일한 본체적 실재가 두가지 현상으로 나타난 것에 불과하다는 것이 이돈화의 주장이다(이돈화 『신인철학』, 천도교중앙종리원신도관 1931, 31~32면).

**33** 김형준 「사조상으로 본 수운주의의 지위」 5면.
**34** 조기간 「조선운동의 영도문제: 모든 운동을 속히 진행시키는 선결문제」, 『신인간』 59호, 1932.9, 5면.
**35** 김형준 「수운주의자의 인간적 태도」, 7면.
**36** 김형준 「수운주의자의 인간적 태도(二)」, 앞의 책 4면.

현실의 위기는 현실의 몰락을 의미하는 것이 아니라 현실의 내부적 구조인 주체와 객체와의 모순 충돌 그리하여 인간주체의 동귀일체적 개벽의 힘에 의하여 다시 새로운 상태에로 발전되는 전기(轉機)인 것이다.[37]

김형준이 뜻하는 현실에 대한 생활태도는 '주체와 객체의 대립'이 생겨남을 계기로 개벽적 힘을 가하여 새로운 통일을 만드는 인간의 태도를 말한다. 원래 인간이 '주객의 통일체'라고 하는 주장은 의암 손병희에게서 비롯되었다. 의암은 '주객일치(主客一致)로서 천지만물이 주객의 세(勢)'라 하였다.[38] 우주는 한울 스스로의 표현이고, 만물은 한울의 자율적 창조에 의해 만들어진 것이기에 주체와 객체는 일체이다. '인간은 객관의 일부이면서도 객관을 형성하는 주체'가 된다. 그러나 주체와 객체의 관계가 일정한 현실을 만들어놓게 되면 어느 순간 객체는 외부적 강제력이 되어 주체인 인간을 오히려 지배하게 되고, 점차적으로 주체(인간)와 객체(자연과 사회)의 분열을 낳아놓게 된다. 인간은 우주의 일부라는 점에서 객체이지만 우주 안에 있는 인간 이외의 모든 존재를 자신과 대립시키는 주체이기도 하다. 각 시대마다 객관세계는 그 안에 대립자를 내포하고 있다. "모든 사물은 그 자체에 대립물을 갖고 있는 객체와 주체의 변증법적 통일물"[39]이다. 인간을 포함한 만유는 주체이자 객체이며 대립적 통일의 순환관계를 갖는다.

인간은 단지 객관(자연)의 일부로서 외적 자연적 존재상태에 머물러

---

**37** 김형준 「수운주의자의 인간적 태도」 12면.
**38** 『의암성사법설』, 「無體法經」(『천도교경전』 439면).
**39** 김형준 「위기에 빠진 현대문화의 특징」, 『개벽』 3호(신간), 1935.1, 78면.

있는 것이 아니라 '자신의 모체이면서 동복생'인 모든 다른 자연현상을 자신과 대립시키는 존재이다. 인간이 자기를 스스로 외적세계와 별립하여 대립물로 인식하게 될 때 외적 세계는 '강박작용'으로 나타나고, 인간은 자신의 강박자에 대항하여 외적 세계를 변혁하게 된다. 그리고 그 과정에서 일정한 통일과 창조의 발전이 가해진다. 따라서 김형준이 말하는 '변증법적 생활태도'는 '대항의 논리인 동시에 통일의 논리'이며 '분열의 논리인 듯하면서도 실제는 창조의 논리'이다.[40] 만약 외적 세계가 인간에게 대립적으로 강박하지 않는다면 인간은 그것을 극복하고 변혁하며 창조와 발전을 가할 수 없다. 현실의 위기는 주체와 객체의 분열, 모순, 충돌일 뿐 아니라 주객의 대립을 다시 새로운 통일상태로 발전시키는 개벽의 전환적 계기이기도 하다.

한편 김형준은 자신이 말하는 인간본위의 변증법적 생활태도와 맑스의 변증법적 유물론과의 차이를 물심일치와 유물론의 차이로 구분했다. 맑스가 말한 생산력과 생산관계는 동일한 물질 자체라는 점에서 진정한 대립적 통일이 아니며 생산력과 생산관계의 내재적 모순충돌에서 현실이 변혁된다는 것도 인간의 주체적인 실천을 무시하는 것이라 하였다.[41] "객관적 사실이 인간주체의 새로운 발전을 저지하게 될 때에는 인간주체는 언제든지 그 '동귀일체의 개벽적 힘'에 의하여 현실을 낡은 상태로부터 새로운 상태에로 발전시킨다. 이것이 이른바 '현실에 대한 개벽적 태도'이다." 현실은 단지 정신자체의 객관화나 물질자체의 운동과정이 아니다. 현실은 주체(인간)와 객체(자연 및 사회적 존재)의 대립적 통일이고, "인간 스스로 주격이 되어 모든 존재를 변화시키며 창조와 발전을 가

---

**40** 김형준 「인간의 능동성 문제」, 『신인간』 90호, 1935.4, 13면.
**41** 같은 글 10~11면.

하는"[42] 현실을 의미한다. 현실의 발전은 오직 인간의 "동귀일체적 힘에 의한 개벽적 실천"에 의해서만 가능하다. 이것이 이른바 김형준이 말하는 '현실에 대한 태도'이자 '개벽적(실천적) 태도'이다.

현실은 발전한다. 그러나 현실의 발전은 오직 인간(蒼生級)의 동귀일체적 힘에 의한 개벽적 실천을 통해서뿐 발전한다. 이것이 수운주의자의 현실에 대한 인간적 태도이다. 현실을 영원불변하는 완미한 것으로 보는 사람은 수운주의자가 아니다. 그것은 완고배이다. 수운주의자는 언제든지 현실을 발전의 입장에서 후천개벽의 입장에서 보지 않으면 안 된다. 그리고 수운주의자는 현실에 맹목적으로 추수하지 않는다. 현실을 무시하고 돌진 돌격하는 사람도 진정한 의미의 수운주의자가 아니다. 수운주의자는 현실에 입각하여 현실에 적응하게 행동하지 않으면 안 된다. 그것은 현실에 대한 무조건 순응이 아니라 현실에서 최대한도의 가능한 범위의 행동을 의미하는 것이다.[43]

김형준이 말하는 수운주의자는 현실을 완미한 것으로 보거나 맹목적으로 추수하지 않는다. 또한 현실을 무시하거나 돌진·돌격하는 사람도 진정한 의미의 수운주의자가 아니다. 수운주의자는 현실에 입각하여 현실에 적응하게 행동하고 현실을 극복하지 않으면 안된다. 현실은 '현실에 적응하게 행동하는 개벽적 실천'을 통해서 발전하게 된다. 여기서 적응이란 '현실에 대한 무조건적 순응이 아니라 현실에서 최대한도의 가능한 범위의 행동'을 의미한다. 그리고 적응에는 최대한 가능한 범위의 극복이 수반된다. 제약을 받는 인간생존이 일상적 상태라면, 그 제약을 극

---

**42** 김형준 「우주에 대한 인간의 지위 其六」, 『신인간』 102호, 1936.5, 30~32면.
**43** 김형준 「수운주의자의 인간적 태도」 12면.

복하려는 개벽적 생활태도야말로 '본래적인 인간생존의 생활양식'[44]이
라 할 것이다.


## 4. 휴머니즘 논쟁과 '인간본위'의 네오휴머니즘 규명

### '프로'와 '네오'의 휴머니즘 논쟁

1930년대 후반, 조선에 등장한 휴머니즘 논쟁은 백철(백세철)과 김오
성(김형준)의 네오휴머니즘을 놓고 카프 활동을 했던 임화, 한효 등의 비
판한 데서 시작되었다. 당시 임화는 백철과 김오성을 하나로 묶어 "역사
위조의 소박한 선수"[45]라 칭했고, 김기림의 「오전의 詩論」을 주목해서 진
정한 휴머니즘의 기점으로 김기림을 다시 세웠다.[46] 김기림이 "시민문학
의 부정으로부터 출발하여 보다 인류적인 현실문학에로 향하는 도정에
서 휴머니즘을 취했다면 백철은 프로문학의 부정으로부터 출발하여 보
다 개인적인 시민문학으로 향하는 과정에서 휴머니즘을 취했"고, 김기림
이 "인간정신 가운데 이성적 판단이나 지적 비판에 따라서 높은 인간적
교양과 같은 것을 상정하고 있는 대신 백철은 생의 본능, 생물적 격정
으로 대치하였다"는 것이다. 또한 서구 휴머니즘이 '사회적 개인주의'라
면 백철의 휴머니즘은 다분히 '동물적 개인주의'에 물든 것으로 비판되

---

**44** 김형준 「인간주의의 필연성」, 『신인간』 103호, 1936.6, 22~23면.
**45** 임화 「루넷산스와 신휴마니즘론」, 『조선문학』 3권 4·5호, 조선문학사 1937.7, 172면.
**46** 김정현은 1930년대 문학계의 휴머니즘 논쟁이 니체의 영향을 받은 김형준의 네오휴머
니즘론을 통해서 태어난 것으로 보고 있다(김정현 「1930년대 니체사상의 한국적 수용:
김형준의 니체해석을 중심으로」, 『니체연구』 14권, 한국니체학회 2008, 245면).

었다.[47] 이와 같이 임화는 김기림을 높이 평가하여 휴머니즘을 리얼리즘으로 대체하고자 하였다.

> 현대문학이 그 빈곤 때문에 허덕이고 있는 휴머니즘의 재건, 세계사적 휴머니즘을 창조할려면 인간을 간판으로 한 어떤 주의가 아니라 시대현실의 핵심을 파낼려는 집요한 사실(寫實)을 주의로 하는 문학정신 위에 서지 않으면 안된다. 레아리즘이 현대적 암담 가운데 싹트고 명일의 양지(陽地)에서 꽃필 장대한 휴머니즘의 창조를 어떤 인간주의보다도 확실히 보장하는 것이다. 바꿔 말하면 문학 위에서 최대의 휴머니즘은 레아리즘이다.[48]

임화는 '리얼리즘'이야말로 문학의 최대 휴머니즘이라고 생각했고 백철의 휴머니즘론은 '소시민적 르네상스 휴머니즘'이며[49] 현재 안팎으로 유행하는 휴머니즘은 르네상스의 부흥이자 상업자본주의의 연장에 다름 아니라 하였다. 이는 현대문화 위기를 근원적으로 극복하는 것이 아니라 이전에 존재했던 것의 개량에 지나지 않았다.

> 어째서 루넷산스 휴머니즘은 부흥되어서는 안되는 것이며 또 재흥할 수 없는 것인가? 다름 아니라 루넷산스란 현대사회의 선구인 상업자본주의가 봉건적 중세로부터 자기를 해방할려고 투쟁한 시기이며 현대사회문화를 위기에

---

**47** 임화 「조선문화와 신휴마니즘론: 논의의 현실적 의의에 관련하야」, 『비판』 5권 4호, 비판사 1937.4, 75~78면.

**48** 임화 「휴매니즘 논쟁의 총결산: 현대문학과 휴매니티의 문제」, 『조광』, 조선일보사출판부 1938.4, 147면.

**49** 임화 「문예이론으로서의 신휴마니즘에 대하야」, 『풍림』 1937.4, 60면.

처하게 한 조건을 작출한 최초의 원인인 때문이다.[50]

　임화가 주장하는 리얼리즘은 현대문화의 위기를 초래한 르네상스 휴머니즘에 대립하는 현대유물론에 가깝다. 이는 곧 프로휴머니즘을 의미하는 것인데, 프로휴머니즘은 고리키가 사용했던 용어이다. 현대유물론도 휴머니즘만큼 인간성을 존중하는 것이기에 위기의 대안이 될 수 있다는 것이 그의 주장이었다. 임화가 백철뿐 아니라 김형준의 휴머니즘을 비판했던 것도 이러한 맥락에서였다. 김형준의 휴머니즘도 '무규정의 일반적 휴머니티'[51]에 불과했고, 휴머니즘은 역사적 발전법칙과 인간의 경제관계로부터 분리된 '인내천의 철리(哲理)'이며, 김형준이 탈환하려는 인간성은 속박의 대상으로부터가 아닌 '유물사관으로부터의 탈환'이자 '합리주의와 과학성'으로부터의 탈환이라는 것이다. 임화에게 있어서 김형준의 휴머니즘은 지드도, 말로도, 미키 기요시도 아닌 '니체적 인간'이고, '나치스 철학으로 창문을 연 파시즘'[52]을 의미했다. 물론 휴머니즘은 진보적 문화사상의 하나라고 볼 수 있지만 이는 결국 맑스주의와 거리두는 데에 활용될 뿐이고, 자본사회에 저항하는 것이 아니라 오히려 '개악된 관념론의 팟쇼화'[53]로 진행된다는 것이다.

　그러나 김형준은 "네오휴머니즘은 현대문화의 위기와 그것에 대한 양심적인 지식인들의 고뇌와 반성을 고려하지 않고는 생각할 수 없는 것"이라 하면서 인간의 본질은 행동에 있다고 말했다. 또한 네오휴머니즘이

---

**50** 임화 「루넷산스와 신휴마니즘론」 170면.
**51** 같은 글 172면.
**52** 임화 「조선문화와 신휴마니즘론」 88면.
**53** 임화 「루넷산스와 신휴마니즘론」 168면.

란 "불안으로부터 재건을 목표로, 주관주의와 객관주의를 자체 안에서 지양 극복하며 새로운 문화 창건으로서 생겨난 것"[54]이라 하였다. 또한 그는 생의 철학으로부터 실존철학에 이르기까지 다양한 인물들을 소개하면서 이를 자신의 휴머니즘을 설명하는 방편으로 삼았다. 그리고 "문제는 남의 것을 그대로 수입하는 데 있지 않고 그것을 자기의 것으로 섭취하며 발전시키는 데에 있"[55]음을 강조했다. 김형준의 네오휴머니즘은 '변증법적 휴머니즘'이다. 이는 서구 관념론과 유물론의 이분법을 극복하고, 인간을 강박하는 현실에 저항하는 인간본위 운동이며 '주관과 객관의 대립적 통일체'로 인내천을 체계화한 것이었다.

### 김형준의 '인간본위'의 네오휴머니즘

김형준은 현대 휴머니즘의 기점을 1935년 '반파시스트 문화옹호 국제작가대회'에서 찾았다. 그리고 문화옹호대회 이후 발전하기 시작한 휴머니즘운동은 반파시즘의 정치적 성격을 띠는 것이라 보았다. 이는 백철의 휴머니즘이나 독일의 인도주의적 휴머니즘, 그리고 앞에서 언급한 동경 문단의 휴머니즘이나 르네상스 휴머니즘과도 일정부분 선을 긋는 것이었다.[56] 또한 막스 셸러 류의 철학적 인간학도 새로운 인간학을 창건할 준비공작에 불과한 것이라 하면서 이 역시 네오휴머니즘과 구별했다. 철학적 인간학이 하나의 인간해석이요 인간이념의 관념적 설정이라면 휴머니티의 획득은 '인간학'이 아니라 '휴머니즘의 운동'에 의해서 가능할 것

**54** 김오성 「휴맨이즘 문학의 정상적 발전을 위하야」, 『조광』, 조선일보사출판부 1937.6, 318면.
**55** 김오성 「네오·휴맨이즘 문제: 그것을 위한 인간파악의 방법」, 『조광』, 조선일보사출판부 1936.12, 190면.
**56** 같은 글 190면.

이라 보았기 때문이다.[57] 또한 그는 라몽 페르낭데스(Ramon Fernandez)가 "감정과 이지(理智)와 의지를 순간마다 통일하는 정신적인 자세"로서 행위적 관점을 말한 바 있지만 이는 순수정신적인 행동으로서 외부를 변혁하는 못한나고 하여 자신의 네오휴머니즘과 거리를 둔 바 있다.[58] 이는 단지 페르낭데스뿐 아니라 서구 생철학이나 실존철학과도 거리를 두는 것이었다. 이들 모두가 감성과 이성, 객관과 주관의 통일체를 주장하지만 결국 주관주의로 빠져든다는 것이다.[59] 반면 수운주의란 주객일치로서 "진리의 측면에서는 인내천주의"로 부르고, "생활의 측면에서는 인간본위 운동"[60]을 칭하는 것으로서 인간본위 운동이란 현실을 초극(극복)함이고 초극성은 주체성이며 그의 행위적 관점과 현실의 초극(극복)은 곧 주관과 객관의 대립적 통일이자 능동적 인간타입의 창조라 하였다. 인간본위의 능동적 인간타입의 창조야말로 그가 말하는 네오휴머니즘의 근본목표였다.

주체성은 초극성인 것이다. 초극이 없는 곳에 주체성은 발휘되지 않는 것이다. 따라서 초극에 의해서만 생존의 비극성도 지양되는 것이다. 네오휴머니즘은 이러한 현대의 비극적인 생존을 초극하려는 것이다. (…) 현실을 초극함은 새로운 인간타입을 창조하는 행위이다. 종래의 관상적 수동적인 무력하던

---

**57** 김오성 「역사에 있어의 인간적인 것: 인간은 자기의 휴머니티를 어떻게 주장해왔나」, 『인문평론』, 인문사 1940.3, 17면.

**58** 김오성 「네오·휴맨이즘 문제」 193면.

**59** 김형준의 네오휴머니즘은 서구 반파시스트 휴머니즘에 영향을 받았다. 그는 이를 옹호해나가면서도 이를 수단 삼아 동학을 표현하고자 했기에 결과적으로 서구의 것과 거리를 두게 된다. 이는 동시적으로 서구 근대사유를 극복하는 작업이었다고 할 수 있다.

**60** 김형준 「우주에 대한 인간의 지위」, 『신인간』 101호, 1936.3.

인간적 현실을 초극하고 인류의 내일을 새로히 생산하며 창조하며 발전시키려는 생명과 의욕과 용기와 저력이 교익(交溢)한 새로운 능동적인 인간타입의 창조! 이것이 네오휴머니즘의 근본목표이다. 기존의 것을 해석하고 묘사하는 것이 철학이나 문학의 임무가 아니라 낡은 것의 파괴, 새로운 것의 발아 즉 현실의 밑바닥에서 생성하는 가능적인 것을 인식하며 탐구하는 것이 새로운 철학, 새로운 문학의 임무이다.[61]

요컨대 김형준이 휴머니즘운동을 주목하고 이를 조선적으로 확립해가자고 했던 것은 1935년 프로문학이 강제해체됨에 따라 다른 대안이 필요했기 때문이고, 또한 "모든 실제행동이 불가능한 금일에 있어 인간성의 탐구, 인간생존의 앙양을 목표로 하는 휴머니즘이 유물변증법이나 리얼리즘보다 오히려 적응성"[62]이 있다는 판단에서였다. 김형준이 말하는 휴머니즘이란 오늘의 시대적 현실에 근거한 것으로서 현실의 위기를 극복하려는 자각적인 인간의 새로운 생활태도에 있었다. 이는 조선인의 인생관과 세계관을 새롭게 형성하는 일이고, 인간을 어떻게 파악할 것인가의 문제이며, ① 인간을 실체로서 해석할 것이 아니라 주체로서 탐구하는 것 ② 인간을 관상적(觀想的)으로 해석하는 것이 아니라 행위적 관점에서 파악하는 것 ③ 인간현실을 보존하는 것이 아니라 그것을 초극하는 것이었다. 이는 김형준이 변증법적 인간본위를 주장한 동학사회주의와 맥락을 같이한다. 인간을 실체가 아닌 주체로 탐구한다는 것은 인간을 피조물, 정신, 물질 등 어떤 고정된 실체로 보는 것이 아니라 '주관과 객관의 대립적 통일체'로서 보는 것이고, '행위적 관점'에서 인간을 파악한다는 것

---

**61** 김오성「네오·휴맨이즘 문제」197면.
**62** 같은 글 189면.

은 현실의 외부적 강박에 대한 인간의 대항이자 현실 극복으로서 인간행위를 간주함을 뜻한다. 객관적 피제약성이 인간생존의 일상적 상태라면 그 제약을 극복하려는 능동적 주체의 행위는 본래적인 인간생존의 생활양식인 농시에 다시금 수객의 대립적 통일을 이루는 '인간본위의 문화창조'이다.[63]

김형준의 네오휴머니즘은 르네상스의 연장이나 서구 인본주의의 이식이 아닌 인간본위에 입각해 있다. 일찍이 르네상스 휴머니즘에서 발견된 개인은 "경쟁하는 개인"이었고, 개인의 자유는 "경쟁하는 자유"였으며,[64] 개성은 근대적 사회기구를 형성함에서 요구되는 모나드적 개성이었다. 르네상스 휴머니즘은 경쟁하는 개인, 경쟁하는 자유로서 개성을 확보했지만, 결국 자유경쟁은 독점자본으로, 데모크라시는 독재정치로 전화하게 되었고, 그 자본문화는 인간 소외는 말할 것도 없고, 문화의 고갈과 위기를 불러온 원인이 되었다.

근대사회에서 발견된 인간은 철두철미 자아의식이었다. 즉 인간 전체가 아니라 사람이 가진 자아의식이 인간의 본질이라고 생각하여왔다. 그리하여 자아의식이 현실세계를 창조한다고 본 것이 근대사람들이 자기를 발견한 인간의 본질이었다. (⋯) 금일은 과학적 기술도 자본이라든가 세계시장 등등에 얽매이어서 아무런 자유 발전을 할 수 없게 되었다. 여기에서 자아의식, 이성만능, 자유의지 등등을 말하는 인간의 본질은 몰락을 당하지 않을 수 없다.[65]

---

**63** 김형준 「인간주의의 필연성」, 『신인간』 103호, 1936.6, 23~24면.
**64** 김오성 「휴맨이즘 문학의 정상적 발전을 위하야」, 『조광』, 조선일보사출판부 1937.6, 322면.
**65** 김형준 「新人間의 史的 지위: 인간의 자기발견사적 고찰」, 『신인간』 57호, 1932.7.

김형준의 네오휴머니즘은 역사적 전형기의 산물이다. "현대의 온갖 질곡으로부터 인간생존을 옹호하려는 일체의 안티·휴매니티에 대한 반항의식에서 기인"했고, 자본주의와 파시즘에 대항하는 형태로서 출현했다. 그의 네오휴머니즘은 르네상스 휴머니즘의 연장이 아니라 오히려 그 대립점에 서 있는 것이었고, 이는 단순히 인간다움을 말하는 '미온적, 도덕적 의미'의 인도주의가 아니었다. 그의 네오휴머니즘이 지향하는 인간해방은 '인간 전체성'이 주체가 되는 해방이고, 네오휴머니즘이 요구하는 개성은 역사·사회적 개성이며, 현실의 질곡과 모순은 이러한 전체적이고 역사·사회적인 개성만이 초극할 수 있다고 그는 본 것이다. 여기서 역사·사회적 개성이란 '역사적 발전방향에 참가하며 자기와 동일한 운명에 처한 모든 인간과 함께 행동을 취함으로써 자신의 개성을 살리는' 인간주체를 말한다.[66] 또한 인간주체란 '동귀일체의 개벽적 힘'으로서 한울의 우주생명력과 일체로 돌아가 세상을 개벽하는 '자율적 문화창조자'를 말한다. 이것이 그가 지향했던 네오-휴먼(신인간)이다.


5. 맺음말


일제하 동학사상의 전개는 이돈화, 김기전, 김형준 등을 통해서 이루어졌다. 이들은 서구사상을 수용하여 동학사상을 더욱 현대화된 담론으로 표현했고, 자본(제국)주의에 대항한 피압박민족(무산자)의 연대라는

---

**66** 김오성 「휴맨이즘 문학의 정상적 발전을 위하야」 323면.

사회주의적 실천을 주목했다. 동학(천도교)의 사회주의 수용은 신문화운동 계열, 고려혁명위원회의 혁신파 계열, 공산당 계열로 분류할 수 있지만 그 경계선은 명확하지 않다. 세 유형 모두 동북아 연대 속에서, 그리고 러시아와 중국 혁명운동과의 교섭 속에서 국제정세를 전망하고 운동을 조직해나갔기 때문이다. 그러나 세 유형의 활동은 동학사상의 위상과 해석에 따라 분명히 구분된다. 특히 신문화운동 과정에서 나타난 동학사회주의는 신인간주의에 바탕한 것으로서 인간해방의 역사관(김기전), 생활양식과 의식계급의 발전론(이돈화), 변증법적 주객통일의 인간주체론(김형준)으로 그 성격을 특징지을 수 있다. 이돈화나 김기전이 신문화운동의 1세대라면 김형준은 2세대에 속한다. 김형준은 1세대가 이루어놓은 동학사회주의를 계승하면서 1930년부터 꾸준히 동학사상의 이론적 틀을 신인간주의(新人間主義)로 다듬어나갔다. 원래 '신인간'은 이돈화가 1920년 신문화운동을 시작하면서 쓴 말로서 동학사상(수운주의)인 '인내천주의'를 세 글자로 표시한 것이었다.

김형준은 '수운주의'를 진리의 측면에서는 '인내천주의'라고 부르고, 생활의 측면에서는 '인간본위운동'이라 칭하여 자신의 신인간주의의 중심축을 '인간본위운동'에 놓았다. 그리고 이를 네오휴머니즘과 연계하여 확장해나갔다. 그의 인간본위운동은 '변증법적 생활태도론'에 입각한 것이었고, '주관과 객관의 대립적 통일체'로 주체를 파악하는 것이며 현실의 위기를 개벽의 전기(轉機)로 삼는 '실천적 생활태도'를 중시한 것이었다. 물론 인간본위라는 말이 김형준의 창조어는 아니다. 이돈화가 이미 인간본위운동을 제기했고 조기간은 당시의 조선 사상계를 '자본주의사상의 개인주의', '물질본위의 사회주의', '인간본위의 수운주의'로 나눈 바 있다. 그러나 김형준의 인간본위는 변증법적 성격이 강하고, 맑스의 이론적 틀을 넘어서고자 한 것이었으며 인간개성을 모나드적 개성이 아닌 역사적·사회적(한울적) 개성으로 보았다는 점에서 독창적이다. 특히 김형준의 네오휴머니즘은 관념론에 불과한 인간 내면에서의 주객통일이 아니라 물질과 정신, 인간과 객관(자연과 사회, 우주)을 전일체로 보는 전제를 깔고 있다는 점에서 차별화된다. 또한 해방 이후 김형준의 네오휴머니즘은 신남철에 의해 '혁명적 휴머니즘'으로 발전되었다고 볼 수 있다. 오늘날 김형준의 인간본위의 휴머니즘은 역사변혁의 주체로서, 그리고 자본주의적 개인주의를 넘어서는 역사·사회적 개성으로서 인간 이해를 제시하고 '동귀일체의 개벽적 힘'에 의한 현실 극복을 촉구했다는 점에서 그 의의를 찾을 수 있다.

# 6장
# 정산 송규의 개벽사상과 그 전개
### 일원개벽(一圓開闢)에서 삼동개벽(三同開闢)으로


## 장진영


## 1. 들어가며


'근대'를 거치면서 서구적 관점은 모든 분야에서 세계의 '보편'으로 자리하게 되었다. 근대 서구 제국들은 스스로 '문명'이라 칭하며 비서구 지역을 계몽과 교화가 필요한 미개와 야만의 땅으로 치부하였다.[1] 문명화라는 명분을 앞세운 근대 서구 열강은 제국주의 침략과 무자비한 식민지배를 정당화하였다. 이에 동아시아의 각국도 '서세동점'의 과정에서 불

---

\* 이 글은 『원불교사상과 종교문화』 90호(2021.12)에 실린 동명의 글을 개고한 것이다.

[1] 문명(civilization)은 고대 로마의 라틴어 '키비타스(civitas, 도시)'에서 유래하여 르네상스 시대에 도시인의 교양있는 행동양식, 즉 세련되고 품위있는 예절의 의미인 '키빌리타스(civilitas)'를 거쳐서 18세기 중엽 계몽주의 시대에 영국과 프랑스에서 거의 동시에 인류사의 보편적 과정과 그 결과를 가리키는 의미로 사용되었다. 그후 19세기에 들어와 유럽 내에서도 자민족의 우월성을 내세워 타민족을 차별하기 위한 개념으로 사용되었다. 안성찬 「문명은 언제, 어디서, 어떻게 시작되었나」, 김민정 외 『문명 안으로: 문명 개념의 형성과 한자문화권의 번역과정』, 한길사 2011, 35~49면 참조.

가피하게 세계체제에 편입될 수밖에 없었으며, 근대적응과 근대극복이라는 이중과제를 떠안게 되었다.[2] 우리나라의 경우 서구문명의 수용에 배타적 입장을 취했던 위정척사파와 적극적인 수용을 주장했던 개화파가 양립하였는데,[3] 이러한 두 흐름이 모두 서구적 근대라는 틀에서 벗어나지 못했다는 비판과 함께, 제3의 흐름에 주목하는 시각도 없지 않다.[4] 조성환은 '근대'와 같은 번역어로서가 아니라 한국인들 자신이 추구한 새로움을 표현한 말로서 '개벽(開闢)'을 들었다. 즉 개벽은 19세기말 조선 민중이 유학적 세계관과는 다른 '새로운(modern) 세계를 열자'는 의미로 사용한 말이라는 것이다. 그는 1860년 동학의 탄생이 한국적 근대의 시작이며, 천도교를 비롯하여 증산교, 원불교 등이 일제히 '개벽'을 외치며 이 운동에 동참하였는데, 이를 '개벽파'의 탄생으로 보았다.[5] 백낙청

---

2 백낙청이 제기한 이중과제론은 자본주의 사회에서 보편성을 가진 개념으로서 우리나라는 세계체제에 강제 편입하게 된 개항 이후 근대적응과 근대극복이라는 이중과제(double project)를 안게 되었고, 오늘날 분단체제도 그 연장선에서 보아야 한다고 주장한다. 백낙청 『근대의 이중과제와 한반도식 나라만들기』, 창비 2021, 32~42면 참조.

3 근대기 동아시아에서 문명(文明)은 '중화(中華)'의 대척점에서 기존의 중화를 고수하려는 입장과 새로운 문명을 수용하려는 입장이 맞서면서 척사파와 개화파의 양립구도가 형성되었다고 볼 수 있다. 한편 김월회는 중국적 근대의 과정에서 '중화의 개조'를 언급하였는데, 이를 "전통의 극복이자 근대의 실현 곧 '문명'의 수용이었고, 동시에 근대의 극복 곧 '문명'의 개조가 되었다"라고 하여 '이중적 근대기획'에 대해 언급하며, "중화인민공화국의 수립은 '문명'에 대한 중화의 확실한 우위, 곧 중화가 서구 '문명'을 초극하는 문명적 토대 위에서 중국적 근대가 전개되었음을 알리는 선언이었다"라고 보았다. 김월회 「문명의 표준을 점하라」, 김민정 외, 앞의 책 153~66면 참조.

4 앞선 연구에서도 우리나라의 비서구적 근대(자생적 근대, 토착적 근대, 한국적 근대)의 관점에서 동학 이후 한국의 개벽종교가 주목된 바 있다. 박맹수 「한국근대 민중종교와 비서구적 근대의 길: 동학과 원불교를 중심으로」, 『원불교사상과 종교문화』 33집, 2006; 허남진 「한국 개벽종교와 토착적 근대」, 『종교문화연구』 30집, 2018.

5 '개벽파'라는 용어는 2014년 역사학자 이병한이 유라시아를 여행하면서 『프레시안』에 연재중이던 견문기("[동아시아를 묻다] 2014: 갑오년 역사논쟁, 동학은 '농민전쟁' 아닌 '유학혁명'이다!", 2014.1.20)에서 동학을 개화파와 대비해 '개벽파'라고 명명한 것이 처

도 "한말의 척사·개화·개벽 3파 중 그나마 이중과제론적 문제의식이 뚜렷하고 실행도 무시할 수 없었던 것이 개벽파"[6]라고 강조하고 있다.

개벽은 '천개지벽(天開地闢)'의 준말로 세상이 처음으로 생겨 열림, 세상이 어지럽게 뒤집힘, 새로운 시대가 열리는 것을 이르는 말[7]로서 새로운 시대에 대한 열망을 강렬하게 담고 있다. 그것은 억압적 이념과 체계로 역할을 해온 전통이나 국가의 전복은 물론 근대문명의 한계를 직시하고 이를 극복할 대안을 제시하고자 했다. 개벽사상은 단순히 의식과 제도 등 삶의 부분적 개변(改變)을 넘어 새로운 세상을 열어가는 총체적 변혁(變革)으로서 일상의 삶과 국가사회 전반에 걸쳐 상생과 조화, 통합과 활용의 길을 제시하였다. 수운 최제우(水雲 崔濟愚, 1824~64)는 '다시개벽'을 통해 민중의 염원과 시대적 요구를 응집하였다. 이후 한국사회 전반에 커다란 영향을 주었으며, 특히 한국 신종교의 개벽사상에 큰 영향을 주었다. 원불교의 교조 소태산 박중빈(少太山 朴重彬, 1891~1943, 이하 소태산)은 "물질이 개벽되니 정신을 개벽하자"는 개교표어를 통해 '물질개벽'의 시대에 현재 인류가 겪고 있는 문제를 근원적으로 해결할 방안으로서 '정신개벽'을 강조하였다. 그는 도학(정신문명)과 과학(물질문명)이 잘 조화된 참 문명세계를 지향하였고, 이를 위해 직접 현실에서 이상적 공동체를 구현하고자 실천했다. 소태산이 전개한 정신개벽운동이야말로 근대적응과 근대극복이라는 이중과제를 충실히 해결해가는 과정이었다고 할 수 있다. 그리고 이러한 소태산의 개벽사상은 정산 송규(鼎山 宋奎,

음이다. 조성환 『한국 근대의 탄생: 개화에서 개벽으로』, 모시는사람들 2018, 16~17면 참조.

**6** 백낙청, 앞의 책 62면.

**7** 정향옥 「한국 신종교 개벽사상의 수행적 성격」, 『신종교연구』 34집, 2016, 154면.

1900~62, 이하 정산)에 의해 계승·발전되었다. 본고에서는 정산의 개벽사상의 형성과 그 전개를 주요 저술과 사상을 중심으로 살펴보고자 한다.


## 2. 정산 송규의 개벽사상 형성의 배경

### 정산의 개벽사상 형성의 연원

정산 송규는 1900년 8월 4일 경북 성주군 초전면 소성동에서 부친 송벽조와 모친 이운외의 2남 중 장남으로 태어났다. 정산은 야성 송씨(冶城宋氏)로서 14대조 송희규(宋希奎) 때부터 성주군 초전면에 정착하여 집성촌을 이루었다. 경북 성주는 대대로 유림의 영향력이 큰 지역으로 정산은 어릴 때부터 퇴계학통에서 학문을 수습하였으나, 일찍부터 인생과 우주에 대한 의심이 걸려서 구도에 관심을 가졌다. 이후 구도 과정에서 스승을 찾아서 전라도 정읍까지 오게 되었고, 17세에 정읍 화해리에서 직접 마중 나온 소태산을 만나 그를 영생의 스승으로 모시게 되었다.[8] 이러한 정산의 탄생과 구도의 과정을 통해 정산의 개벽사상 형성에 영향을 주었던 지역적·사회적 배경을 살펴보면 크게 세가지로 정리해볼 수 있다.

먼저 야성 송씨 집안과 경북 성주 지역 유림의 영향을 들 수 있다. 유학은 오랫동안 조선사회 전반을 선도해온 통치이념이었다. 조선이 일제의 총칼 아래 무너졌을 때, 유학을 금과옥조로 떠받들던 유림의 심경은 과연

---

**8** 정산의 생애에 대해서는 이공전 「정산종사 구도역정기」(『원광』 49호, 1965.8), 박용덕 「정산종사의 가계고」(원광대 원불교사상연구원 엮음 『정산종사의 사상』, 원불교출판사 1992) 등 관련 기술이 있었으며, 생애 전반에 관해서는 박정훈·손정윤 『개벽계성 정산송규 종사』(원불교출판사 1992), 박정훈 『정산종사전』(원불교출판사 2002) 그리고 이혜화 『정산송규 평전』(북바이북 2021) 등이 있다.

어떠하였을까? 특히 3·1운동 당시에 33인에 유림의 대표가 참여하지 못한 것을 뼈아프게 여긴 이들은 유림의 '독립청원운동'이라 불리는 '파리장서운동'을 전개하였다. 이는 프랑스 파리에서 개최되는 국제평화회의에 한국의 독립을 청원하는 장문의 문서인 「파리장서(巴里長書)」를 전달하는 운동으로서, 경북 성주의 심산 김창숙(心山 金昌淑, 1879~1962)과 공산 송준필(恭山 宋浚弼, 1869~1943) 등이 주동이 되었다. 「파리장서」에는 전국의 유림대표 137명이 서명하였는데, 파리장서운동은 4월 2일 성주읍장 만세운동의 전개 과정에서 일본 경찰에게 탐지되었다. 이날 만세운동에 성주군민 약 3천여명이 참여하였는데, 주동자들은 일본 경찰에 의해 잡혀가 조사를 받게 되었고 대구 감옥 등에 수감되었다.[9] 이 가운데 야성 송씨는 송홍래, 송주선, 송인집 등 20여명에 달했으며 12명이 대구형무소에서 복역하였다.[10] 이 사건 당시에 정산은 소태산을 따라 영광에 와 있었지만 정산의 유학 스승 공산 송준필을 비롯하여 함께 수학했던 이들이 불의에 항거한 사건은 훗날 『건국론(建國論)』 저술과 건국사업에 적극 참여하게 된 먼 배경이 되었을 것이다.[11]

---

**9** 권영배 「파리장서운동과 성주 유림」, 『대구사학』 137집, 2019, 8~20면 참조. 파리장서에 연서한 137명 중 경북 유림이 62명인데, 그중 성주 유림이 15인으로 전국적으로 가장 높은 참여율을 보여 이들이 파리장서운동의 중심이었음을 알 수 있다. 그 가운데 야성 송씨는 대부분 고산면 초전리 출신으로 송준필의 학맥을 잇고 있다. 권영배, 앞의 논문 20~24면 참조.

**10** 박맹수 「정산 송규의 계몽운동과 민족운동」, 원광대 원불교사상연구원 엮음 『근대한국개벽운동을 다시 읽다』, 모시는사람들 2020, 229~51면.

**11** 정산은 『사기』를 배우는 중 느낀 바가 있어서 장여(丈餘, 한길 남짓한 길이)의 글인 「장부회국론」을 지은 바 있는데, "대장부 출세하매 마땅히 공중사에 출신하여 혜택이 생민에게 미쳐가게 할 것이요 구구한 가정생활을 벗어나야 한다"는 내용을 담았다고 전한다. 박정훈, 앞의 책 52면. 일찍부터 국가나 세상 일[공중사]에 뜻을 두고 있었음을 짐작할 수 있다.

둘째로는 구도 과정에서 접하게 된 증산계 인사들과의 교류를 들 수 있다. 정산은 어린 시절 유가의 소양을 익힘과 동시에 세상의 이치에 뜻을 두고 도인이 되고자 염원하였다. 13세에 성주 여씨(여청운呂淸雲)와 결혼한 후 구도의 염원을 담아 뒤뜰 거북바위에서 매일 기도 정성을 올리기도 하였다. 한편 처가에 이인(異人)으로 알려진 '여처사'를 만나고자 가야산을 찾았을 때 '태을주(太乙呪)'를 외우던 증산계 치성꾼을 만나게 되는데, 이들로부터 도를 구하려면 전라도에 가야 한다는 말을 듣고 전라도까지 내왕하게 되었다. 이때 강증산(姜一淳, 1871~1909)의 가족 및 직제자를 다수 만나게 되었는데, 증산 사후 보천교를 이끌었던 차경석(車京石)이나 수부인 고판례(高判禮) 등도 찾아갔으나 만족스러운 만남은 성사되지 못했다.[12] 이후 정읍에 이르러 증산의 누이인 선돌댁과 증산의 외동딸인 강순임을 만나게 되는데, 정산은 선돌댁과 함께 성주에 돌아와 집안에서 치성을 드리기도 하였다. 치성을 마치고 다시 돌아왔을 때, 강순임(姜舜任)으로부터 『정심요결(正心要結)』이라는 도가의 비서(수련서)를 얻었다.[13] 이후 이 책은 소태산에게 전해져 초기 교서인 『수양연구요론(修養研究要論)』에 도교의 다른 수련서가 더해져 『정정요론(定靜要論)』이라 하여 한글로 번역되어 실리게 된다. 그리고 소태산 사후 정산은 종법사 재임 시절이던 1951년에 이를 친히 가감하여 『수심정경(修心正經)』이라 하여 전무 출신(원불교 출가자)의 훈련교재로 사용하였다.[14] 이상의 과정에서 수

---

**12** 김탁 「정산 송규의 사상 형성과정에 미친 증산의 영향」, 『대순사상논총』 38집, 2021, 54~56면 참조.

**13** 자세한 내용은 서문성·문영소 『만남의 땅: 원불교 화해, 원평 인근 성적지』, 원불교출판사 2004, 36~52면; 이혜화, 앞의 책 55면 이하 참조.

**14** 정귀원 『도를 깨닫고 전하는 비서: 수심정경의 도교적 연원과 해석』, 원불교출판사 1996, 7~12면 참조.

운, 증산으로 이어지는 개벽의 흐름을 수용함과 동시에 민간에 전해져오던 도가수련에 적지 않은 영향을 받았던 것으로 보인다.

셋째로는 소태산과의 만남 이후 불교계 인연과 불법연구회의 활동 등을 들 수 있다. 정산이 한창 구도의 과정에 있을 때, 소태산은 우주와 인생의 근본 이치에 대한 큰 깨침(1916)을 얻게 된다. 그리고 따르던 40여명의 제자 중 8인을 선정하여 시방(十方)을 응하는 10인 1단을 조직하게 되는데, 하늘(天)을 응하는 단장은 소태산 자신이, 8방에는 각각 8인 제자를 배정하고, 땅[地]을 응하는 중앙만은 공석으로 두었다. 이듬해인 1918년 소태산은 정읍(화해리)까지 정산을 직접 마중하여 형제지의를 맺었는데, 후일 정산이 영광에 찾아와 정식으로 사제지의를 맺었다. 그리고 그는 곧 공석이던 수위단(首位團)의 중앙이 되었다. 이후 정산은 소태산의 지도를 받아 새 회상 창립에 주도적 역할을 담당하며, 스승의 포부와 경륜을 실현하는 데 헌신하였다. 영산(전남 영광군)에서 방언(防堰) 공사 중 3·1운동 소식이 전해지자 소태산은 이를 '개벽의 상두소리'라 이르며, 죽기를 각오한 법계(法界)의 인증을 받기 위한 법인기도를 강행하였다. 법계 인증을 받은 직후 소태산은 기도를 해제하기도 전에 정산을 먼저 변산 월명암에 백학명 선사의 상좌로 보내어 장차 변산으로 법장(法杖)을 옮길 준비를 하였다. 이 시기에 불경을 보지 말라는 소태산의 당부에 경상조차 쳐다보지 않았다는 일화가 전하지만, 실제 정산은 불경에도 조예가 깊었다. 다만 경전 탐독보다는 학명의 불교 혁신에 대한 의지와 구상에 더 깊이 공감하였던 것으로 보이며, 이러한 경험은 후일 소태산의 불교혁신운동에서 주도적 역할을 담당하도록 했을 것이다.

이상에서 살펴보았듯이 정산이 어릴 적 유가 전통의 가르침, 예를 들어 영남학파의 이기일원론(理氣一元論)이나 유가의 생활규범과 치국·평천하의 가르침 등은 정산의 개벽사상 형성에 큰 틀을 제시해주었다고 할 수 있으며, 구도과정에서 증산계 인사들과의 교류를 통해 접한 도가의 수련 전통과 후천개벽의 사상적 흐름은 정산의 개벽사상에 큰 활력을 공급했다. 그리고 소태산에게 귀의한 후 접한 불가 전통의 가르침과 이후 일원상 진리 중심의 신앙과 수행의 교리 강령 등은 정산의 개벽사상에 내실을 채울 수 있게 해주었다. 이러한 과정을 통해 정산은 유불도 삼가의 교리와 제도, 개벽사상의 흐름, 서구의 사상 등을 섭렵하였고, 이후 소태산의 개벽사상을 계승하고 심화·발전시킬 수 있는 토대를 마련하게 되었다.

### 소태산 박중빈의 일원개벽사상과 그 계승

소태산은 『정전(正典)』 총서편 첫 장 「개교의 동기」[15]에서 오늘날 인류가 겪고 있는 고통의 원인을 과학문명(물질세력)과 도학문명(정신세력)의 불균형 혹은 부조화에서 찾고 있다. 이러한 불균형과 부조화의 상태는 과학문명을 앞세운 '서구적 근대'의 한계를 드러낸 것으로 근대적응과 근대극복의 이중과제가 성공적으로 진행되지 못한 상황임을 보여준다. 이는 자본주의 시대의 거대한 흐름 속에 물질의 과도한 팽창과 정신의 상대적 쇠약으로 인해 결국 인류가 '물질의 노예'로 전락하고 있는 암울한 현실을 그대로 반영한 것이다. 소태산이 깨침을 얻었을 당시는 이미 국운이 쇠하고 일제강점이 본격화된 상황이었다. 더욱이 자본주의의 지속적 확산과 물질문명의 급격한 팽창을 예견하고 그에 대한 근본적인 해법과

---

**15** 『정전』 제1 총서편 제1장 개교의 동기. "현하 과학의 문명이 발달됨에 따라 물질을 사용하여야 할 사람의 정신은 점점 쇠약하고, 사람이 사용하여야 할 물질의 세력은 날로 융성하여, 쇠약한 그 정신을 항복받아 물질의 지배를 받게 하므로, 모든 사람이 도리어 저 물질의 노예 생활을 면하지 못하게 되었으니, 그 생활에 어찌 파란고해(波瀾苦海)가 없으리요."

그러한 현실을 타개할 지속적이고 장기적인 운동방식을 마련하지 않으면 안 되었다.

소태산은 영산(전남 영광군)에서 방언공사 중 3·1운동 소식을 접하고 현실계에서 버려진 갯벌을 옥토를 만드는 방언 공사에서 정신계에서 흩어진 마음을 하나로 모아서 허공법계를 감동시킬 간절한 기도운동으로 전환한다. 외적 질서(물질문명)뿐 아니라 내적 사상(정신문명)까지도 개벽되어야 함을 깊이 자각한 소태산은 법계(정신계)의 인증을 받기 위한 기도운동을 전개함으로써 3·1운동에 직접 참여하는 대신, 다른 차원에서 개벽파의 역할을 충실히 수행하였다. 이처럼 소태산의 '정신개벽'은 근대적응과 극대극복이라는 이중과제의 해법으로서 한 국가의 범위를 넘어선 새로운 차원의 종교운동으로 전개되었다.[16]

소태산은 정신개벽을 통해 '파란고해의 일체생령'을 '광대무량한 낙원'으로 이끌고자 했으며, 그 핵심 가르침으로 '일원상(○)의 진리'를 제시하였다. 그가 「교법의 총설」에서 "법신불 일원상을 신앙의 대상과 수행의 표본으로 모시고, 천지·부모·동포·법률의 사은(四恩)과 수양·연구·취사의 삼학(三學)으로써 신앙과 수행의 강령을 정하였으며, 모든 종교의 교지(敎旨)도 이를 통합 활용하여 광대하고 원만한 종교의 신자가 되자"[17]라고 밝힌 바와 같이 일원상의 진리를 정신개벽운동의 출발점으로

---

**16** 백낙청은 "세계사적 시대구분상 '근대'는 자본주의 시대로 규정해야 안 그러면 '근대성'을 둘러싼 끝없는 논란에 휘말리어 엄밀한 학술적 토론이 거의 불가능해진다"라고 밝힌 바 있다. 그는 근대를 자본주의 시대로 설정하면, 1876년 병자수호조약으로 한국이 자본주의 세계시장에 편입되었다는 점에서 개항을 한국 근대의 출발점으로 보았다. 다만 이는 타율적 근대전환이라면, 1919년 3·1운동은 한국 근대의 '본격적인 출발점'이라고 보았다. 백낙청, 앞의 책 60~61면 참조.
**17** 『정전』 제1 총서편 제2장 교법의 총설.

삼고 있다. 그런 점에서 소태산의 개벽사상은 '일원상 개벽' 혹은 '일원개벽'이라 칭할 수 있다.[18] 그는 기존의 종교의 진리, 신앙, 수행 그리고 생활을 모두 일원화(一圓化)함으로써 서로 하나로 통하게 하고 두루 활용되도록 한 것이다.

먼저 그는 모든 종교의 신앙의 대상을 하나로 통합하여 활용할 수 있도록 신앙일원(信仰一圓) 운동, 즉 '신앙의 개벽'을 이루고자 했다. 이는 사은을 신앙의 대상으로 제시한 점, '인과보응의 이치'를 신앙의 원리로 제시한 점, '보은(報恩) 즉 불공(佛供)'을 신앙의 방법으로 제시한 점, 그리고 마지막으로 '처처불상(處處佛像) 사사불공(事事佛供)'을 신앙의 표어로 제시하여 모든 존재를 은혜와 권능을 갖춘 부처(법신불)로 모신 점 등에서 알 수 있다.

다음으로 모든 종교의 수행법을 하나로 통합하여 널리 활용할 수 있도록 수행일원(修行一圓) 운동, 즉 '수행의 개벽'을 이루고자 했다. 이는 일원상의 진리를 수행의 표본으로 삼은 점, 진공묘유(眞空妙有)를 수행의 원리로 제시한 점, 그리고 일원상 진리를 요약한 '공원정(空圓正)'을 통해 삼학(정신수양, 사리연구, 작업취사)으로 수행의 방법을 제시하여 불교

---

**18** 김지하는 2008년 9월 9일 원불교 은덕문화원에서 진행된 소태산 아카데미 제2기 개강 기념 특강 '마당과 일원상'에서 "소태산 사상과 원불교의 '일원상개벽'의 명제 및 실천 역사는 이에 참으로 귀중한 '화엄개벽'의 전단계로서 귀하고 귀한, 탁월한 '개벽적 대화엄'의 압축적 예감으로서 길이 모심을 받아 마땅할 것이다"라고 밝힌 바 있다. 김지하는 2009년 『법보신문』의 연재에서 이에 대해 다시 언급한다. 여기서 그는 "마지막으로 소태산 박중빈 선생이 있다. 그 핵심사상인 '일원상법신불개벽'은 문자 그대로 '화엄개벽'인 것이다"라고 하여 일원상개벽을 화엄개벽이라 하였으며, 원불교의 실천교리인 '처처불상 사사불공'이 곧 월인천강(月印千江)의 원리이며 화엄개벽의 실천적 모심 자체라고 하였다. 김지하 「[동학당 김지하가 쓰는 화엄개벽의 길]⑨ 남조선의 여러 화엄개벽들」, 『법보신문』 2009.3.2.(http://www.beopbo.com/news/articleView.html?idxno=55370)

의 삼학을 혁신하였을 뿐 아니라 도교(양성)·불교(견성)·유교(솔성)의 공부법을 하나로 통합하고 두루 활용할 수 있는 길을 제시한 점, 나아가 '무시선(無時禪) 무처선(無處禪)'을 수행의 표어로서 제시하여 언제 어디서나 마음공부를 할 수 있게 한 섬 등에서 확인할 수 있다.

마지막으로 '수도와 생활이 둘 아닌 산 종교'로서 생활이 곧 진리이고, 생활이 곧 공부가 되도록 하는 생활일원(生活一圓) 운동, 즉 '생활의 개벽'을 구현하고자 했다. 특히 10인 1단의 단 조직을 근간으로 공부, 사업, 생활 등을 진행하도록 한 점이 주목된다.[19] 이는 각자의 공부, 사업, 생활을 지도하고 공적으로 운영할 수 있는 효율적이고 실질적인 조직임과 동시에 시방에 응하는 우주적 조직으로서 일상의 생활 속에서 일원주의를 체득케 하고, 의견제출 제도를 통해 공화(共和) 제도를 실현하여 '공부와 생활이 둘 아닌 산 공동체'를 구현하고자 했다. 예를 들어 단 구성은 남녀로 각각 조단(組團)하고, 최상위 교화단인 수위단에서도 남녀 동수(각 9명) 동등하게 권리를 부여한 점, 이후 여성 교역자도 동등한 교육을 받고 회상 창립의 과정에서 중요한 역할을 하도록 한 점, 유공인대우법(有功人待遇法)을 제정(1927)하여 공도정신을 높임으로써 '공도자숭배'를 실현한 점, 은부모시자녀법(恩父母侍子女法)을 거행(1929)하여 혈연을 넘어 법연(法緣)의 가족공동체를 구성한 점, 관혼상제의 예법혁신을 통해 허례허식을 줄이고 예법의 본의는 살림과 동시에 공도에 유익을 주도록 한 점 등 일상생활 전반에서 개벽의 정신이 구현되도록 하였다.

---

**19** 『대종경』 제1 서품 6장.

## 3. 정산 송규의 삼동개벽 사상과 그 전개

정산은 소태산의 열반(1943) 일주일 만에 후임 종법사로 추대되었으며, 일제 말기와 해방 전후, 한국전쟁에 이르는 격동과 혼란의 시기에 원불교 교단을 이끌었다. 정산은 소태산의 '일원상 진리'를 통한 개벽, 즉 일원개벽을 계승함과 동시에 이를 더욱 승화하여 삼동윤리를 통한 개벽, 즉 삼동개벽으로 심화·발전시키고 있다. 이러한 정산의 '삼동개벽'은 그의 주요 사상과 저술, 활동을 종합하여 다시 네가지 측면, 즉 영성의 개벽, 일상의 개벽, 국가의 개벽, 윤리의 개벽으로 정리할 수 있다.

### 영기질론—영성의 개벽

정산은 해방 전후에 걸쳐 우주만유를 영(靈)과 기(氣)와 질(質)로 구성되어 있다는 '영기질론'을 제시함으로써 유불도 삼교사상의 회통은 물론 근대과학사상의 수용 및 극복을 통해 일원상 진리를 심화하고 있다. 이 중정에 따르면, 영기질에 대한 기연은 원광대학교 전신인 유일학림(唯一學林)에서 '만법귀일(萬法歸一)'의 실체를 묻는 학인과의 문답에서 비롯된 것으로 보인다.[20] 1958년 겨울에 영기질론에 대한 공식적인 발표가 이루어지고[21] 『원광』지에 「영혼의 연구(5)」를 연재 중이던 김중묵에 의해 자세한 내용이 제시된 바 있다.[22] 이후 『정산종사법어』(1972)가 발간되어 "우주만유가 영(靈)과 기(氣)와 질(質)로써 구성이 되어 있나니, 영은 만

---

**20** 이중정 「정산종사의 영·기·질론」, 『원불교사상』 15집, 1992, 529면 이하. 영기질론의 자세한 형성과정에 대해서는 박은주 「송정산 영기질론의 형성시기와 배경」, 『원불교사상과 종교문화』 25집, 2001 참조.

**21** 박정훈, 앞의 책 482~83면.

**22** 김중묵 「영혼의 연구(5)」, 『원광』 33호, 원광사 1958.3.

유의 본체로서 영원불멸한 성품이며, 기는 만유의 생기로서 그 개체를 생동케 하는 힘이며, 질은 만유의 바탕으로서 그 형체를 이름"[23]한다고 제시되고 있다

영기질론은 불교의 심식설(心識說)을 기본으로 유교의 이기론(理氣論) 및 도교의 정기신론(精氣神論) 등을 수용하고 지양한 포괄적 존재론이라 할 수 있다.[24] 소태산이 일원상의 진리를 통해 삼교 회통의 교법을 제정할 때 직접 집필진으로 참여한[25] 정산은 일원개벽의 정신에 입각하여 과학의 시대에 맞게 전통 삼교의 가르침을 새롭게 재구성한 것이다. 그가 "불교의 진수는 공(空)인바 그릇 들어가면 공망(空妄)에 떨어지며, 유교의 진수는 규모인바 그릇 들어가면 국집하며, 도교의 진수는 무위자연인바 그릇 들어가면 자유방종에 흐르며, 과학의 진수는 분석 정확인바 그릇 들어가면 유(有)에 사로잡혀 물질에만 집착하나니, 이 네가지 길에 그릇 들어가지 아니하고 모든 진수를 아울러 잘 활용하면 이른바 원만한 법통(法統)을 이루며 원만한 인격이 되리라"[26]라고 밝히고 있듯이 각 사상의 장단점에 대한 분명한 인식을 제시하고 있다.

전통적으로 불교의 경우 무아설(無我說)을 주장하여 실체로서의 영혼은 인정하지 않고 다만 연기설의 입장에서 개령(個靈) 차원의 윤회나 영혼천도만을 인정하고 있다. 하지만 정산은 차별적 현상세계를 펼쳐가는

---

**23** 『정산종사법어』제5 원리편 13장.
**24** 김성관 「정산종사 心性靈氣論의 연원(2)」, 『원불교사상과 종교문화』35집, 2007, 66면.
**25** 무엇보다도 소태산의 교법은 「일원상(一圓相)」를 통해 그 전모가 드러나게 되는데, 정산은 1937년 「일원상에 대하여」를 『회보』에 발표하여 일원상의 진리, 일원상 신앙하는 법, 일원상 숭배하는 법, 일원상 체 받는 법, 일원상 이용하는 법 등을 자상히 밝히고 있다. 『회보』38호, 불법연구회 1937.10.
**26** 『정산종사법어』제13 도운편 31장.

개체로서 업식(業識)인 개령과 대비하여 우주만유를 관통하는 하나의 생명이자 만유의 근원으로서 대령(大靈)을 언급함으로써 이 부분을 보완하고 있다. 정산은 대령과 개령의 관계를 "마음이 정(靜)한즉 대령에 합하고 동(動)한즉 개령이 나타나, 정즉합덕(靜則合德)이요 동즉분업(動則分業)이라"[27]고 하였다. 즉 대령을 통해 분별이 없는 공(空) 자리에서는 자칫 공망에 빠질 위험을 없앨 뿐 아니라 개령을 통해 분별이 나타나 펼쳐진 차별세계는 오히려 상세히 설명한 것이다. 또한 영과 기의 관계를 통해 개체로서의 동물과 식물의 관계뿐 아니라 우주 전체를 하나의 영적 생명으로 볼 수 있는 길을 제시함으로써 오늘날 과학기술의 발달이 물적 성장에 집착하게 되는 폐단도 미연에 방지할 수 있게 해준다. 여기에는 이성 중심, 물질 위주의 서구 근대과학의 한계를 극복할 수 있는 영성 중심, 정신 위주의 통합과 활용의 개벽사상이 가지는 특징이 분명하게 드러나 있다. 조성환이 "토착적 근대의 특징은 이성 중심의 근대가 아니라 영성 중심의 근대"[28]라고 하였듯이 한국을 비롯한 동아시아 철학사상을 '영성'의 관점에서 재구성하였다는 점에서 주목할 필요가 있다. 하지만 이는 어디까지나 이성과 대립하는 영성이나 물질을 배척하는 정신이 아닌 이성을 아우르는 영성, 물질을 선용하는 정신을 강조한 것이다. 영기질론은 개체의 생명뿐 아니라 우주만물이 모두 영기질로 구성되어 있음을 밝히고 있는데, 이를 통해 단지 영성만의 강조가 아닌 영기질의 균형과 조화

---

**27** 『정산종사법어』 제5 원리편 15장.

**28** 조성환, 앞의 책 22면 참조. "영성은 항상 서구 근대적 이성의 그늘에 가려 비이성적이거나 신비적인 것으로 치부되어 정식으로 인정받지 못했기 때문"이며, 이처럼 '영성'으로 한국사상사를 새롭게 해석하는 시도는 "한국철학사는, 더 나아가서는 동아시아사상사를 서구 근대라는 색안경을 제거하고서 있는 그대로 볼 수 있는 획기적인 제안"이라고 덧붙였다. 같은 책 23~24면 참조.

를 중시하고 있다.

### 『세전』―일상의 개벽

정산의 『세전』[29]은 '어머니의 모태 안에 잉태된 시발로부터 유명을 달리하는 종착에 이르기까지 인생 일대에 필수적으로 거쳐야 할 인생행로를 밝힌 내용'[30]으로서 『정산종사법어』(1972)의 제1부에 수록되어 있으며, 제1 총서, 제2 교육〔태교의 도, 유교(幼敎)의 도, 통교의 도〕, 제3 가정〔부부의 도, 부모자녀의 도, 형제친척의 도〕, 제4 신앙〔신앙의 도, 신자의 도〕, 제5 사회〔남녀의 도, 노소의 도, 강약의 도, 공중의 도〕, 제6 국가〔치교의 도, 국민의 도〕, 제7 세계〔인류의 도〕, 제8 휴양〔휴양의 도, 해탈의 도〕, 제9 열반〔열반의 도, 천도의 도〕, 그리고 제10 통론 등 총 10장으로 구성되어 있다. 소태산의 「최초법어」가 유교의 수·제·치·평의 원리에 따라 제시되었듯이, 정산의 『세전』도 개인의 수양(교육, 신앙, 휴양, 열반 포함) 뿐 아니라, 제3장 가정, 제5장 사회, 제6장 국가, 제7장 세계 등을 큰 주제로 다루어 개인의 일상은 물론 가정, 사회, 국가, 세계로 확장하여 구성하고 있다.[31] 이를 통해 일상의 개벽이 개인의 수양은 물론 인생 전반에 걸쳐 개벽적인 삶을 지향하도록 통합적으로 제시되고 있다. 한마디로 『세

---

**29** 『세전』 관련 연구로는 김팔곤 「정산종사의 세전 사상」(원광대 원불교사상연구원 엮음 『정산종사의 사상』, 원불교출판사 1992); 김귀성 「세전에 나타난 노동의 교육적 의미」(『원불교사상』 22집, 1999); 박은주 「정산종사의 치교의 도」(정산종사탄백기념사업회 엮음 『정산사상의 현대적 조명』, 1999), 박상권 「세전에 대한 연구」(『원불교학』 5집, 2000); 류성태 「세전의 유교적 성향 연구」(『원불교사상과 종교문화』 80집, 2019) 등 참조. 『세전』은 정산의 생전 원고를 열반 후 10여년이 지난 1972년(원기 57년) 12월 『정산종사법어』(원불교정화사 엮음)에 1부 세전, 2부 법어(언행록)로 구성되어 간행된 것이다.

**30** 김팔곤, 앞의 글 431면.

**31** 류성태, 앞의 글 133면 참조.

전』은 '소태산이 교시한 진리적 신앙과 사실적 도덕의 근본정신에 입각하여 성장해가는 각 시기에 따라 근본적으로 갖추어야 할 인격의 기본 요건을 일목요연하게 밝혀놓은 교서'[32]로서 '사람이 한세상 동안 법 받아 밟아 행하여 나아갈 도리'[33]를 밝혀 우리의 일상의 생활과 인생 전반이 법도(法度) 있는 생활이 되도록 안내하고 있다.

정산은 소태산의 『예전(禮典)』(1935)에서 제시된 혁신예법을 계승하면서도 『세전』을 통해 이를 종교규범을 넘어 생활규범의 혁신으로 이어지도록 했다. 이는 현대사회에서 그 기능과 역할이 축소된 유가 전통의 예법과 관습을 일신함과 동시에 현대를 살아가는 누구나 거쳐야 할 인생의 여정을 생애주기에 따른 '도(道)'로서 밝혔다. 이로써 일상과 종교, 일상과 진리가 함께 나아갈 수 있는 길을 제시하고 있으며, 인생의 전반에 걸친 일상이 곧 진리가 되고 개벽이 되도록 하였다.

### 『건국론』—국가의 개벽

1945년 30여년의 일제강점기를 끝마치고 해방을 맞이함으로써 새로운 국가 건설의 과제를 안게 되었다. 하지만 밖으로 주변 강대국들의 입장 차이, 안으로 좌우이념의 대립 등으로 극심한 혼란기를 겪게 되었다. 외세를 향했던 총칼이 동족에게 겨누어졌으며, 결국 분단과 상잔의 비극을 겪고야 말았다. 해방 직후에 정산은 이러한 비극적 상황은 예견이

---

**32** 김팔곤, 앞의 글 431면.

**33** 『정산종사법어』제1부 『세전』제1장 총서. "사람의 영식(靈識)이 모태에 들면서부터 이 세상에 나고 자라서 일생을 살다가 열반에 들기까지에는 반드시 법 받아 행하는 길이 있어야 그 일생이 원만할 것이며 영원한 세상에 또한 원만한 삶을 누리게 되나니라. (…) 사람이 한세상 동안 법 받아 밟아 행하여 나아갈 도리가 실로 한이 없으나 이에 그 모든 도리의 대강을 밝히고 이름을 세전(世典)이라 하노라."

라도 한 듯 새로운 국가를 건설하기 위한 구체적인 제안으로서 『건국론』

(1945.10)을 제시하였다.[34] 『건국론』은 총 8장과 부록으로 구성되어 있으

며, 200자 원고지 50매 분량의 그리 길지 않은 글이다.[35] 이는 해방 직후

에 정치·경제·사회·문화 전반에 대한 체계적이고 종합적인 검토를 하고

있을 뿐 아니라 정치인이 아니라 종교인의 입장에서 시국에 관한 견해를

표명했다는 점에서 독특한 점이 있다.[36] 당시 누구보다 먼저 건국의 방향

과 방법을 제시했다는 것에서뿐 아니라 정치가로서 활동도 하지 않은 작

은 종단의 지도자에 의해 저술되었다는 점에서 더욱 놀랄 일이 아닐 수

없다. 이러한 『건국론』 저술의 배경에는 경북 성주 유림과 야성 송씨 일

가의 일제에 대한 항거와 독립운동의 영향도 무시할 수 없을 것이다. 하

지만 『건국론』은 단지 민족의 독립을 염원했던 애국적 발로에 한정될 수

는 없다. 오히려 새로운 국가 건설의 시기에 특히 정교동심(政敎同心)의

입장에서 종교가의 역할에 충실했다고 보는 편이 더 적절할 것이다.[37]

　소태산은 "천지에는 동남과 서북의 바람이 있고 세상에는 도덕과 법률

---

**34** 백낙청 「통일사상으로서의 송정산의 건국론」(『문명의 대전환과 후천개벽』, 박윤철 엮음, 모시는사람들 2016), 107~24면; 김봉곤 「근대한국 개벽종교의 건국철학과 시민적 공공성」(원광대 원불교사상연구원 엮음 『근대한국 개벽운동을 다시 읽다』, 모시는사람들 2020), 193~225면.

**35** 『건국론』은 1945년 해방 직후 탈고되어 바로 인쇄에 들어가 10월에 프린트판으로 발간되어 당시 정계 요인과 교단 요인동지에게 고루 배부되었다. 탈고 당시 『건국론』은 손글씨로 쓴 국한문혼용체, 교과서 크기로 전체 40면 분량이었다(목차 4면과 본문 36면). 이후 『원불교교고총간 제4권: 초기교서편』(원불교정화사 엮음)의 부록으로 복간되었으며 이공전이 해제를 더하여 1981년 문고판으로도 발행하였다. 김석근 「마음혁명을 통한 독립국가 완성과 국민 만들기: 정산 송규의 『건국론』 독해와 음미」(『원불교사상과 종교문화』 78집, 2018), 176면 참조.

**36** 한종만 「정산종사의 『건국론』고」(원광대 원불교사상연구원 엮음 『정산종사의 사상』, 원불교출판사 1992), 409면 이하.

**37** 김석근, 앞의 글 192면 이하.

의 바람이 있나니, 도덕은 곧 동남풍이요 법률은 곧 서북풍이라, 이 두 바람이 한가지 세상을 다스리는 강령"[38]이 된다고 하였다. 여기서 정치(법률)는 서북풍, 종교(도덕)는 동남풍으로 비유되었는데, 각각은 가정에서 엄부와 자모의 역할처럼 세상을 다스리는 두가지 강령이 된다. 정산은 정교동심의 입장을 견지하면서도 마음과 정신이 근본이 되어야 함으로 강조하고 있다. 즉『건국론』서언에서 "정신으로써 근본을 삼고, 정치와 교육으로써 줄기를 삼고, 국방·건설·경제로써 가지와 잎을 삼고, 진화의 도로써 그 결과를 얻어서 영원한 세상에 뿌리 깊은 국력을 잘 배양하자"[39]라고 밝히고 있으며, "먼저 이 근본 되는 마음 단결이 없고야 어찌 완전한 국가, 강력한 민족을 감히 바랄 수 있으리오"[40]라고 하여 '마음 단결'을 강조하고 있다. 또한『건국론』의 '모든 조항의 요지'를 결론지어서 "어느 계급을 막론하고 평등하게 보호하여 각자의 자유와 생활의 안정을 얻게 하자는 것이요, 외부의 혁명을 하기 전에 먼저 마음의 혁명을 하자는 것이요, 유산자의 자발적 선심으로써 공익기관이 점차 불어나고 그에 따라 국민의 생활이 자연 골라지게 하자는 것이요, 관영과 민영의 사업을 차별하지 아니하여 한가지 건국에 협력하게 하자는 것이요, 생활의 자유를 좀 구속하는 중에도 공로자의 대우를 분명히 하여 공사간 진화의 도를 얻게 하자는 것"[41]이라고 밝히고 있다. 특히 외부의 혁명 이전에 먼저 '마음의 혁명'이 선행되어야 함으로 강조하고 있다. 이처럼 국민과 국가의 발전을 위해서는 안으로 마음 단결, 밖으로 공로자 대우를 통해 공과 사가 함께

---

**38**『대종경』제2 교의품, 37장.
**39**『건국론』(문고판), 원불교출판사 1981, 11면.
**40** 같은 책 12면.
**41**『정산종사법어』제3 국운편, 14장.

진화할 수 있도록 하였다.

정산의 『건국론』은 민족의 뿌리 깊은 문제인 불평등을 민중적 입장에 아파하면서도 좌와 우의 정치이념을 통한 해결방식을 선호하지 않고 개개인의 심성수련을 강조하고 있다는 점에 유의해야 한다.[42] 정산의 정교동심의 입장은 종교(도덕)와 정치가 각자의 본분을 다하되 도덕을 근본으로 하고 마음공부를 강조하고 있다는 점에서 차이가 있다. 즉 "종교 즉 도덕은 정치의 체가 되고 정치는 도덕의 용이 될 뿐이니라. (…) 정치의 근본은 도덕이요 도덕의 근본은 마음이니, 이 마음을 알고 이 마음을 길러 우리의 본성대로 수행하는 것이 우리의 본분이며 소임이니라"[43]라고 한 것에서도 알 수 있다.

이처럼 『건국론』은 새로운 국가를 열어가는 시점에 제시된 글로서 종교가의 본분에서 정교동심을 통해 도덕으로 체를 삼고 정치로 용을 삼아서 근본정신의 확립과 마음의 혁명을 통해 새로운 국가의 건설이 가능하다고 보는 관점을 제시하고 있다. 이러한 관점은 백낙청이 분단체제의 변혁이나 통일에 있어서 '변혁적 중도주의'를 주장하며 마음공부를 강조하는 것과 맥락을 같이한다. 그는 『건국론』에서 '정신'을 근본으로 삼자는 정산의 주장을 단지 종교인의 거룩한 말씀으로 치부해서는 안 된다며, "만약에 좌우합작을 통한 통일국가의 건설이 가능했다면 그 정책은 송정산이 말한 '중도'에서 크게 벗어나지 않는 것이었을 테고 전제조건은 송정산이 강조한 '마음 단결' 등 '정신'을 바로잡는 일이었을 것이라는 추론이 그리 어렵지 않다"[44]라고 평하고 있다. 이처럼 국가사회의 개벽을

---

42 한종만, 앞의 글 413면.
43 『정산종사법어』 제3 국운편, 27장.
44 정현곤 엮음 『변혁적 중도론』, 창비 2016, 87~91면 참조.

주장했던 『건국론』과 전재동포 구호사업 등 적극적인 건국사업의 참여
도 그 근원에서 보면 정신개벽운동의 일환이며, 이를 통해 도덕과 정신을
기반으로 한 새로운 국가의 건설, 즉 국가의 개벽을 그 대안으로 제시하
고자 했음을 짐작할 수 있다.

### 삼동윤리─윤리의 개벽

정산의 개벽사상에서 마지막으로 주목해야 할 것이 바로 삼동윤리(三
同倫理)이다.[45] 삼동윤리는 동원도리(同源道理), 동기연계(同氣連契), 동척
사업(同拓事業)을 말하는 것으로 열반을 한해 앞둔 1961년(원기 46) 4월
발표된 것이다. 정산은 "삼동윤리는 곧 앞으로 세계 인류가 크게 화합할
세가지 대동(大同)의 관계를 밝힌 원리니, 장차 우리 인류가 모든 편견과
편착의 울안에서 벗어나 한 큰 집안과 한 큰 권속과 한 큰살림을 이루고,
평화 안락한 하나의 세계에서 함께 일하고 함께 즐길 기본 강령"[46]이라고
밝히고 있다. 이어서 그는 "지금 시대의 대운을 살펴보면 인지가 더욱 열
리고 국한이 점차 넓어져서 바야흐로 대동 통일의 기운이 천하를 지배할
때에 당하였나니, 이것은 곧 천하의 만국 만민이 하나의 세계 건설에 함
께 일어설 큰 기회라, 오래지 아니하여 세계 사람들이 다 같이 이 삼동윤
리의 정신을 즐겨 받들며, 힘써 체득하며, 이 정신을 함께 실현할 기구를

---

**45** 삼동윤리에 대한 연구성과로는 백준흠 「삼동윤리에서 본 종교다원주의」(『원불교학』 1
집. 1996); 신광철 「삼동윤리사상의 종교학적 재평가」(『원불교학』 4집. 1999); 박광수 「세
계보편윤리와 정산종사의 삼동윤리」(『원불교학』 4집, 1999); 한종만 「『교전』에서 본 삼
동윤리의 근거」(『원불교사상』 26집, 2002); 이소평 「원불교 '삼동윤리'의 보편적 가치」
(『원불교사상과 종교문화』 36집, 2007); 양은용 「정산종사 삼동윤리의 연구사적 검토」
(『원불교사상과 종교문화』 52집, 2012) 등 다수가 있다.
**46** 『정산종사법어』 제13 도운편, 34장.

이룩하여 다 같이 이 정신을 세상에 널리 베풀어서 이 세상에 일대 낙원을 이룩하고야 말 것이니라"[47]라고 전망하였다.

이는 소태산이 개교의 동기에서 정신의 세력을 확장하여 물질의 세력을 항복받아서 파란고해의 일체 생령을 '물질의 노예생활'에서 벗어나 광대무량한 낙원으로 인도하고자 했던 것과 상통한다. 이처럼 삼동윤리는 정신개벽의 과정에서 인류의 대화합을 이끌 세가지 대동(大同)의 관계를 밝힌 원리인 것이다. 유가에서는 '대동(大同) 사회'를 인류가 추구하는 가장 이상적인 사회형태를 상정하는 대동사상을 주장하는데,[48] 정산은 광대무량한 낙원이야말로 대동 사회이며, 이를 위해 인류가 가져야 할 보편윤리로서 세가지 윤리강령인 삼동윤리를 제시하고 있는 것이다.

삼동윤리의 첫째 강령은 동원도리(同源道理)다. 이는 "모든 종교와 교회가 그 근본은 다 같은 한 근원의 도리인 것을 알아서, 서로 대동 화합하자는 것"[49]이다. 그리고 이어서 "모든 종교가 대체에 있어서는 본래 하나인 것이며, 천하의 종교인들이 다같이 이 관계를 깨달아 크게 화합하는 때에는 세계의 모든 교회가 다 한 집안을 이루어 서로 넘나들고 융통하게 될 것"[50]이라고 전망하고, "먼저 우리는 모든 종교의 근본이 되는 일원 대도의 정신을 투철히 체득하여, 우리의 마음 가운데 모든 종교를 하나로 보는 큰 정신을 확립하며, 나아가 이 정신으로써 세계의 모든 종교를 일원으로 통일하는 데 앞장서야 할 것"[51]이라고 밝히고 있다.

---

**47** 같은 책.

**48** 김승동 「한국 근대사상사의 맥락에서 본 정산종사의 회통사상」, 『원불교사상과 종교문화』 22집, 1998, 97면.

**49** 『정산종사법어』 제13 도운편, 35장.

**50** 같은 책.

**51** 같은 책.

앞서 소태산이 모든 종교의 근본이 본래 하나임을 체득케 하고자 했는데, 정산은 동원도리를 통해 안으로 '모든 종교를 하나로 보는 큰 정신'을 확립하고, 밖으로 '세계의 모든 종교를 일원으로 통일'함으로써 이를 계승하고 있다. 이는 근대기 서구의 종교사상이 우월한 지위를 누렸던 데서 벗어나 동서양의 모든 종교사상을 하나로 회통함으로써 모든 종교의 대립과 반목을 종식하고 화합과 공존의 윤리를 제시하자는 것이다.[52]

삼동윤리의 둘째 강령은 동기연계(同氣連契)다. 이는 "모든 인종과 생령이 근본은 다 같은 한 기운으로 연계된 동포인 것을 알아서, 서로 대동화합하자는 것"[53]이다. 천하의 모든 존재들이 서로 '없어서는 살 수 없는' 은혜의 관계에 있음을 깨닫게 된다면, "세계의 모든 인종과 민족들이 다 한 권속을 이루어 서로 친선하고 화목하게 될 것이며, 모든 생령들에게도 그 덕화가 두루 미칠 것"[54]이라고 하며, "우리는 먼저 모든 인류와 생령이 그 근본은 다 한 기운으로 연결된 원리를 체득하여 우리의 마음 가운데 일체의 인류와 생령을 하나로 보는 큰 정신을 확립하며, 나아가서는 이 정신으로써 세계의 인류를 평등으로 통일하는 데 앞장서야 할 것"[55]이라고 밝히고 있다.

앞서 소태산은 사은사상을 통해 인과보응의 이치를 따라 모든 존재가 근본적으로 은혜의 관계에 있음을 파악하고 사은보은의 윤리를 제시하였다. 동기연계는 모든 존재가 없어서는 살 수 없는 은(恩)적 존재이며, 인간과 인간, 인간과 자연, 자연과 자연이 절대적 은의 관계로서 연기적

---

**52** 김승동, 앞의 글 99면.
**53** 『정산종사법어』 제13 도운편, 36장.
**54** 같은 책.
**55** 같은 책.

생명으로 존재함을 말하고 있는 것이다.[56] 정산의 동기연계는 모든 인종과 생령이 한 기운으로 연계된 동포임을 밝힘으로써 특히 동포은을 강조하였다. 윤리는 어디까지나 인간의 행위와 밀접한 관련이 있는 것이다. 인류가 반드시 지켜야 할 행위규범으로서 동기연계를 통해 인간과 인간 혹은 인간과 만물의 관계를 한 기운으로 연계된 상호의존 관계임을 깊이 자각함으로써 근대 이후 확산된 모든 차별의식이나 차별제도를 극복해 가도록 하는 적극적 실천강령이라고 할 수 있다.

삼동윤리의 셋째 강령은 동척사업(同拓事業)이다. 이는 "모든 사업과 주장이 다 같이 세상을 개척하는 데에 힘이 되는 것을 알아서, 서로 대동화합하자는 것"[57]이다. 모든 사람들이 한 개인이나 가정, 한 기관만 위하는 편협한 정신에서 벗어나서 공익적 정신을 갖는 것은 인류 발전을 위해서 무엇보다도 중요하다. 이는 소태산의 공도자 숭배 및 무아봉공에서 강조하였던 바와 같이 공도정신 혹은 공익정신을 계승한 것이라고도 할 수 있다. 즉 "모든 사업이 그 대체에 있어서는 본래 동업인 것이며, 천하의 사업가들이 다 같이 이 관계를 깨달아 서로 이해하고 크게 화합하는 때에는 세계의 모든 사업이 다 한 살림을 이루어 서로 편달하고 병진하다가 마침내 중정(中正)의 길로 귀일하게 될 것"[58]이라고 전망하고, "우리는 먼저 이 중정의 정신을 투철히 체득하여 우리의 마음 가운데 모든 사업을 하나로 보는 큰 정신을 확립하며, 나아가서는 이 정신으로써 세계의 모든 사업을 중정으로 통일하는 데 앞장서야 할 것"[59]이라고 강조하였다. 이는

---

**56** 원영상「근대 한국종교의 '세계'인식과 일원주의 및 삼동윤리의 세계관」,『원불교사상과 종교문화』84집, 2020, 26면.

**57** 『정산종사법어』제13 도운편, 37장.

**58** 같은 책.

**59** 같은 책.

소태산이 「최초법어」 '강자 약자의 진화상요법'에서 강자와 약자가 공진화할 수 있는 길, 상생과 공존의 길로 나아가야 함을 강조하였는데, 정산도 동척사업을 통해 인류의 모든 사업들이 궁극적으로는 인류를 이롭게 하려는 공동 목적을 가지고 있음을 강조하여 인류가 중정(中正)의 길로 나아갈 수 있도록 한 것이다. 이는 소수의 강자가 중심이 되었던 착취와 억압, 차별과 반목 같은 근대사회의 병폐를 근원적으로 해소할 수 있는 보편적인 윤리강령이라 할 수 있다.

이상에서 알 수 있듯이 정산의 삼동개벽은 일원상으로 진리적 근원을 분명히 밝힘과 동시에 구체적으로는 모든 것이 한 근원, 한 기운, 한 살림임을 자각하고 하나의 세계를 열어가자는 것이다.[60] 이는 각각 일원(一圓)의 진리, 은혜의 관계, 중정의 살림을 중심으로 세계 인류가 다 함께 대동사회로 나아가게 하는 세가지 윤리강령으로서 모든 종교와 교회, 모든 인종과 생령, 모든 사업과 주장을 막론하고 다 함께 지켜가야 할 보편윤리라 할 수 있다. 이처럼 원불교의 정신개벽운동은 소태산의 일원개벽, 즉 일원상 진리를 통한 개벽에서 정산의 삼동개벽, 즉 삼동윤리를 통한 개벽으로 심화·발전되고 있는 것이다.

## 4. 나가며

우리는 여전히 근대서구가 제시한(강요한) 보편의 기준 속에 살아가

---

**60** 정산은 1962년 1월 24일 "한 울안 한 이치[同源道理]에 한 집안 한 권속[同氣連契]이 한 일터 한 일꾼[同拓事業]으로서 일원세계 건설하자"를 최후 송으로 남기고 열반하였다. 『정산종사법어』 제13 도운편, 35장.

고 있다. 종교, 사상, 철학은 물론 일상생활이나 국가와 사회의 운영체제 면에서 그럴 뿐 아니라 군사력과 경제력을 앞세운 강대국 중심의 국제질서는 여전히 유효하다. 하지만 소태산은 근대기 오랫동안 축적되었던 지혜의 보고로서 유불도 삼교를 회통하고 서구의 거센 파도를 타고 밀려든 기독교와 과학사상, 그리고 강렬했던 개벽파의 흐름까지 일원상의 진리를 통해 통합하고 활용하고자 했다. 그의 가르침은 정산에게 온전히 계승되고 발전되었다. 정산도 일찍부터 유불도 삼교 및 근대과학사상, 나아가 개벽종교의 흐름까지 아울렀으며, 소태산의 가르침을 통해 내외겸전(內外兼全)의 실력을 갖추었다. 실제 우주와 인간의 진리적 근원을 밝혀 일원사상을 더욱 계승·발전시켰을 뿐 아니라 국가사회에 대한 건국의 비전을 제시하고 구체적인 실천 방안을 제시하였다. 이윽고 세계인이 실천해야 할 보편윤리로서 삼동윤리를 제시하였다. 이러한 일련의 과정은 백낙청이 제시했던 근대적응과 근대극복이라는 이중과제의 해법으로서 중요한 한 사례가 될 것이다. 근대서구의 이성 중심, 과학 중심, 자본 중심의 가치나 문화가 오늘날까지 보편적 기준으로서 전세계에 확장되고 재생산되고 있지만, 그것의 부작용은 세계 양차대전뿐 아니라 너무나 많다. 풍요의 시대를 살아가는 오늘에도 빈부격차는 더욱 심해지고, 전쟁과 테러가 끊이지 않는다. 과학기술의 발달은 무분별한 개발에 의한 자연파괴, 생명의 착취, 생태계의 붕괴, 각종 재난상황의 강화 등을 야기했다. 어쩌면 인류는 역사상 가장 풍요롭게 살아가면서도 그 어느 때보다 불안하고 불만족스럽고 불행한 시대를 겪고 있는지도 모른다.

소태산이 일원상의 진리를 통해 신앙·수행·생활 전반의 일원화, 즉 '일원개벽'을 제시했다면, 정산은 이를 계승·발전시켜 삼동윤리의 세가지 실천강령을 근간으로 '삼동개벽'을 전개하였다. 삼동개벽이 구체적인 전개된 모습을 정산의 주장이나 저술을 중심으로 네가지 측면, 즉 영기질론(영성의 개벽), 『세전』(일상의 개벽), 『건국론』(국가의 개벽), 삼동윤리(윤리의 개벽)으로 나누어보았다. 하지만 자세히 들여다보면 각 측면에 개인의 영성과 일상에서부터 인류 전체가 실천해야 할 국가, 세계의 개벽에 이르기까지 포괄적으로 다루었음을 알 수 있다. 예를 들어 영기질론의 경우, '영'이라 할 때에도 개인적 영성에 국한된 것이 아니고 사회적 영성, 우주적 영성까지 포괄하고 있으며, 일체 생령과 우주 만유를 관통하는 주제로서 영성의 문제를 다루고 있다. 그러므로 영성의 개벽은 곧 인류 모든 분야의 개벽운동의 근본일 뿐 아니라 세계윤리, 지구생태의 문제와도 맞닿아 있는 것이다. 또한 일상의 개벽을 다룬 『세전』의 경우도 그 범위는 일상생활뿐 아니라 사회, 국가, 세계, 인류 전반에 걸쳐 있다. 실제 '인류의 도'에서 삼동윤리의 핵심 내용이 그대로 담겨져 있다. 국가(사회)의 개벽을 위한 새로운 국가건설의 비전을 담은 『건국론』도 마찬가지다. 실제 건국의 출발점에서부터 마음단결의 문제가 근본적으로 중시됨으로 밝히고 있으며, 마음공부가 전제되었을 때 비로소 어느 한편에 치우치지 않는 중도주의의 이념을 제대로 실현할 수 있다. 삼동윤리는 이러한 것들이 집약되어 제시된 보편윤리로서 앞으로 대동화합을 위해 세계 인류가 함께 지켜나가야 할 실천강령으로 제시된 것이다.

소태산의 일원개벽과 이를 계승 발전시킨 정산의 삼동개벽은 근대 서구문명의 성과를 적극 수용함과 동시에 물질문명의 폐해를 극복할 수 있는 새로운 보편을 제시하고 있다. 이처럼 진리적·사상적 토대는 물론 윤리적·실천적 강령까지 두루 갖추고 있다는 점에서 한국적 근대로서의 개벽이 세계적 보편으로서의 개벽으로 나아갈 가능성에 다시 주목할 필요가 있을 것이다.

2부

근대적 국민국가 수립과
그 너머

# 7장
# 도산의 점진혁명론과 그 현재성

강경석

> 내가 말하는 우리의 혁명은 어제의 혁명도 아니요,
> 내일의 혁명도 아니요, 곧 오늘의 혁명을 말함이오.[1]


## 1. 도산 상(像)의 굴절


도산 안창호(島山 安昌浩, 1878~1938)는 우리 독립운동사의 거의 모든 핵심현장에 족적을 남긴 발군의 혁명 지도자이자 예외적 사상가였다. 그는 누구보다 많은 독립운동 단체를 만들고 준비하고 관계한 탁월한 조직가였으며[2] 자신을 앞세우지 않는 노선 갈등의 조정자이자 세심한 실무자이기도 했다. 그러나 그때그때의 변화하는 정세를 반영한 단편적 논설과 연설기록을 제외하면 자신의 사상을 일관된 저술로 체계화한 바 없었고 해방을 보지 못한 채 삶을 마감했기에 그가 전생애에 걸쳐 펼쳐온 특유의

---

1 안창호 「오늘의 우리 혁명」, 『독립』 1926.9.2[이후 모든 인용문의 현대어 표기는 필자]

2 3·1운동 이전까지만 보아도 독립협회 관서지회(1898), 점진학교(1899), 샌프란시스코한인친목회(1903), 미주 공립협회(1905), 신민회(1907), 대성학교(1908), 서북학회(1908), 대한인국민회(1912), 흥사단(1913), 대한민국임시정부(1919) 등이 그의 주도 또는 참여 아래 만들어졌다.

혁명론은 해방 이후의 이념대립과 분단 고착화 가운데 이중으로 왜곡되었다. 공산주의자나 그 세력과도 폭넓게 연대했지만 한번도 공산주의자였던 적이 없는 그는 북에서 민족개량주의자로 평가 절하되었고,[3] 혁명이란 말만 나오면 사회주의혁명부터 떠올렸던 남에서는 실력양성론자 또는 인격수양에 기반을 둔 교육사상가로 순치되어 긴 세월 오해 속에 추앙받았다.

도산을 이른바 준비론자로 격하한 빌미는 신채호(申采浩)의 「조선혁명선언」(1923)에서 제공되었다. 그에 따르면 외교론의 실패가 '조일전쟁'의 필연성을 차츰 강화하는 가운데 대두된 것이 준비론이다. "외세의 침입이 더할수록 우리의 부족한 것이 자꾸 감각되어, 그 준비론의 범위가 전쟁 이외까지 확장되어 교육도 진흥해야겠다, 상공업도 발전해야겠다, 기타 무엇무엇 일체가 모두 준비론의 부분이 되었다. 경술 이후 각 지사들이 혹 서북간도의 삼림을 더듬으며, 혹 시베리아의 찬바람에 배부르며, 혹 남·북경으로 돌아다니며, 혹 미주나 하와이로 돌아가며, 혹 경향(京鄕)에 출몰하여 십여년 내외 각지에서 목이 터질 만치 준비! 준비!를 불렀지만, 그 소득이 몇개 불완전한 학교와 실력이 없는 단체뿐"이었다는 것이다.[4]

---

**3** 북의 공식 평가를 대변하는 것은 김일성이다. 그는 자신의 회고록에서 "안창호의 인품과 실력에 대해서는 한마디로 '대통령감'이라고 표현하는 사람들이 많았는데 이 표현은 크게 과장된 것이 아니었다"면서도 "자강론의 변형인 안창호의 실력양성론(준비론이라고도 함)은 민족개량주의자들이 의거하고 있던 이론적 지탱점이었다"며 "민족해방투쟁의 기본 형태로 되어야 할 폭력투쟁에 대해서는 한마디도 입에 담지 않았다"고 그 한계를 비판한다. 김일성『세기와 더불어』1권, 조선로동당출판사 1992, 261~68면 참조. 그런데 이러한 도산 평가는 춘원의 도산론을 통로로 한 것 같다. 실제로 김일성은 도산과 춘원의 주장을 구별하지 않는다.
**4** 도산은 단재의 저서『乙支文德』(廣學書館 1908)에 서문을 쓰기도 했지만 이승만의 위임통

그러나 내정자치론에 빠진 친일의 과오를 도산의 이름 뒤에 숨어 합리화하려 했던 이광수(李光洙)의 『도산 안창호』(1947)[5]가 등장하기 전까지 준비론자 또는 실력양성론자, 인격수양론자에 국한된 도산 상은 결코 일반적 이해를 대변한 것이었다고 보기 어렵다. 윤봉길 상해의거(1932) 배후로 지목된 도산[6]이 일경에 피체된 지 4개월 만에 한문 수고(手稿)로 작성된 최초의 도산 전기 『도산선생약사』(1932)는 도산을 "40년을 하루처럼 일말의 간단도 없이 한국혁명 사업에 종사한[7] 지도자로 평가하고 있으며 도산의 서거 직후 창사(長沙)의 임시정부에서 같은 저자에 의해 다시 쓰인 전기[8]는 그를 한국혁명의 영수(領袖)로 지칭하고 있다. "도산이 삼군(三軍)을 몰고 나가서 일본을 향하여 전쟁할 것을 몽상하였고 워싱턴과 같이 링컨과 같이 이유(reason)를 위하야 일하려는 인물인 것을 잊어서는" 안 된다며 "제발 도산을 간디 같은 인물로 만들지 말라"[9]던 곽림대(郭臨大)의 고언도 되새길 필요가 있다.[10] 당장의 항일 전면전은 현실적으로

<hr />

치청원사건 이후 단재는 임정을 떠난다.

**5** 이에 대해서는 박만규 「이광수의 안창호 이해와 그 문제점: 『도산 안창호』를 중심으로」, 『역사학연구』 69호, 2018 참조.

**6** 윤봉길 상해의거와 도산의 관련에 대해서는 이태복 『도산 안창호 평전』, 동녘 2012, 개정판 서문 참조.

**7** 車利錫 『島山先生略史: 安昌浩先生被捕情形及其略歷』(1932.8), 도산안창호선생전집편찬위원회 엮음 『도산안창호전집』(제11권), 도산안창호선생기념사업회 2000, 31면. 이하 전집의 인용은 권수와 면수만 밝힘.

**8** 車利錫 『韓國革命領袖 安昌浩先生四十年革命奮鬪史略』(旅湘韓人追悼安島山先生大會籌備處 編印, 1938.4), 전집 11권. 43~59면 수록. 이하 『분투사략』으로 표기.

**9** 곽림대 『안도산』(1968), 전집 11권, 674면.

**10** 여기서 "안창호의 주장에는 어딘가 《자아완성론》에서 표현된 톨스또이의 사고방식이나 자기자신을 개조하고 단련하지 않는 한 인간은 자유를 얻을 수 없다고 본 간디의 견해와 비슷한데가 있다"고 한 김일성의 발언은 곽림대의 그것과 묘한 대조를 이룬다. 김일성, 앞의 책 264면.

승산이 없으니 수시로 유격전을 시도하여 그들의 행정을 교란하고 그럼으로써 국내 동포들의 사기를 진작하며 국제사회에 일본의 무력침탈이 부당함을 호소하되 앞으로 새로운 세계대전이 전개되면 정식 참전을 통해 승전국 지위를 확보하자는 것[11]이 평소 구상이었던 만큼 도산을 안이한 수양론자 또는 준비론자에 매어두기는 곤란하다.

또한 "내가 외교를 중시하는 이유는 독립전쟁의 준비를 위함"이라며 다음과 같이 말한바, 도산은 외교론자에 속박되지 않은 외교론자이기도 했다. "이번 대전(1차대전—인용자)에 영·불 양국이 미국의 각계에 향하여 거의 애걸복걸로 외교하던 양을 보시오. 덕국(독일—인용자)이 토이기(土耳其: 터키) 같은 나라라도 애써 끌어넣은 것을 보시오./ 그러므로 진정한 '독립전쟁'의 의사가 있거든 '외교'는 중시해야 할지니, '군사'에 대하여 지성을 다함과 같이 '외교'에 대해서도 지성을 다해야 하오."[12] 따라서 도산의 독립노선과 혁명사상은 자치론의 비현실성을 배격하되 준비론, 외교론, 무장투쟁론이라는 통상의 삼분법에 구애받지 않는 한층 통합적인 차원이라고 할 수 있지만 1970년대 이후 남한 민중운동의 성장 속에 단재의 위상이 강화되면서 역설적으로 춘원 이래의 왜곡된 도산 상을 바로잡을 기회는 희박해져갔다.

---

**11** 이용설 「도산 선생을 추모함」, 박현환 엮음 『續篇 島山 安昌浩』, 三協文化社 1954, 223~24면 참조.

**12** 안창호 「우리 국민이 단정코 실행할 六大事(2)」, 『독립신문』 1920.1.10. 주요한 편저 『증보판 안도산전서』, 흥사단 2015, 660면.

## 2. 민족혁명의 영수

생존 당시의 일반적 도산상이 어떠했는지를 유추할 수 있게 해주는 문헌으로 위랑 신현중(韋郞 愼弦重, 1910~80)의 『두멧집』[13](이하 면수)이 있다. 이 책은 널리 알려진 수필집은 아니지만 사료적으로는 흥미로운 대목이 없지 않다. 제호의 '두멧집'이 벌써 은인자중의 표상[14]이거니와 위랑은 이른바 성대반제동맹(城大反帝同盟, 1931) 사건의 주모자로, 저명한 시인 백석(白石)의 연적(戀敵)으로 역사와 문단 이면사에 각각 기록된 인물이다. 그런데 이 왕년의 열혈 사회주의 청년이 남긴 유일한 수필집에 도산과의 조우를 회상하고 그 타계를 추모하는 글이 다섯편이나 실려 있다.[15] 위랑이 예의 반제동맹 사건으로 서대문형무소에 수감되었을 때(1932) 조선인 간수부장이 "백발이 성성한 육십노인"(49면)에게 그를 데려가 "이 어른이 도산 안창호 선생님"(50면)이라며 절을 시킨다.[16] 사상범들에게 용수를 씌워 서로를 알아보지 못하게 했던 당시의 규율을 감안하면 이 무명 간수부장의 속뜻이 깊다. "어릴 때 어슬프시 듣던 도산선생님, 감옥 안에서 그 부하(최양옥―인용자)에게 좀 자세히 들은 안창호 선생님, 간도서 묶여온 농부의 입에서도 도산선생의 열변을 간접이나마 직접 듣듯이 열심히 듣던 나의 그 도산선생"과 조우하면서 위랑은 "전신이 찌르르 소름이 끼치도록 형용할 수 없는 큰 감동을"(50면, 구두점―인용자)을 느꼈다고 술

---

**13** 신현중 『두멧집』, 靑羽出版社 1954. 서문은 노산 이은상(鷺山 李殷相)이 썼다.
**14** 그 자신의 고려공산청년회 경력도 그렇지만 소설가 허준의 부인으로 남편을 따라 월북한 여동생 신순영의 존재도 문제가 될 수 있었다. 관련 사실들은 『두멧집』에 암시조차 되지 않는다.
**15** 신현중 「도산 선생 추모기(1~5)」, 앞의 책 48~66면.
**16** 이때 도산은 윤봉길 의사의 상해 의거 배후로 지목되어 4년형을 선고받은 터였다.

회했다.

　일제하 지방관료의 아들로 식민지 엘리트 교육의 수혜자이자 사회주의자였던 위랑은 서북 출신이거나 기독교도도 아니어서 도산과의 접점은 거의 없다고 할 수 있다. 따라서 당대 한반도 현실에서 도산의 지도적 위상을 상대화하기 위해 제기되곤 했던 사회주의와 민족주의, 기호파와 서북 지역주의의 대립 같은 분할구도에 의문을 품어봄 직하다.[17] 위랑의 「추모기(5)」에는 좀더 의미심장한 삽화도 등장한다. 감방동료의 어머니가 찾아와 도산의 갑작스런 타계를 알리며 "중학다리〔中學橋〕께 동십자각(東十字閣)"의 "이층 다락 위에 개가 한 마리 올라가서 총독부를 보고 마구" 짖더라는 항간의 소문을 전한다. 이 일화는 도산에 대한 당대 민중의 신망과 지지가 상당히 두텁게 형성되어 있었음을 실감하게 한다. 도산에 대한 추도행사가 창사의 임시정부뿐 아니라 "조선민족전선연맹의 주최로 1938년 3월 23일 중국 한커우(漢口)에서도 열렸다"는 점, 더구나 "조선민족혁명당·조선민족해방동맹·조선무정부주의자연맹·조선청년전위동맹 등 좌파 계열 4개 독립운동단체가 연합"한 동 연맹(김원봉, 류자명 등 주도)의 "사상과 이념은 아나키즘·사회주의·공산주의 등 다양한 성향"[18]이었다는 사실을 함께 고려하면 그를 특정한 계급, 이념, 노선에 속한 분파지도자의 하나로 분리하기는 쉽지 않은 면이 있다. 앞선 위

---

**17** 이에 대한 도산의 생각을 신용하는 다음과 같이 정리하였다. "혹자는 우리민족은 단결심이 약하고 지방열이 강하여 '통일'하지 못한다고 하는데, 사실이 아니라고 도산은 지적하였다. 도산에 따르면 우리민족은 통일된 단일민족이고, 지방열도 다른 열강에 견주어 훨씬 약하다. 이런 요소로 통일이 안 되는 것이 아니다. 대한민족은 이런 요소로는 이미 통일된 민족이다. 지금 외국 상해에 대한민국 임시정부가 수립되어 활동하는 것도 통일의 성취 아닌가." 신용하 『민족독립혁명가 도산 안창호 평전』, 지식산업사 2021, 257면.
**18** 장석흥 『한국 독립운동의 혁명영수 안창호』, 역사공간 2016, 16면.

랑의 진술 중에 등장하는 감방동료 최양옥(崔養玉)은 온건파이자 준비론자로 일반화된 도산 상을 더욱 균열시킨다. 그는 누구인가.

수많은 의열투쟁 단체 중에서 공명단이 많은 조명을 받아온 것은 아니지만 "경춘가도를 지나는 우편차량을 습격하여 군자금을 마련"하려 했던 '공명단 사건'(1929.4.18)만은 당시 대중의 집중된 관심 속에 수많은 보도를 양산해낸 바 있다.[19] 최양옥은 공명단의 주축으로 체포 수감되었던 것이다. 그런데 공명단의 명칭은 정정되어야 할 듯하다. 당시의 대다수 신문기사와 공판기록 등에 '共鳴團'으로 기록된 탓에 학계의 최근 논의에 이르기까지 이 명칭이 통용되고 있지만 의열투쟁 단체의 이름 치고는 감상적이어서 의문을 일으키는 데다 최양옥의 다음과 같은 발언이 뚜렷하게 남아있다. "경관들의 제지함에도 불구하고 완강히 우뚝 서있어 어렵지 않게 (사진을―인용자) 박게 한 후 늠름한 어조로 "신문기자 제군! 공명단을 몰라서 명자를 '울 명'자를 쓰느냐"고 하며 "매우 섭섭한 일이다. 내가 하고 싶은 말이 많다" 하며 빙글빙글 웃는 낯으로 유유히 호송자동차에"[20](구두점―인용자) 올랐다는 것이다. 공명단의 바른 명칭은 '밝을 명'을 쓴 대한독립공명단(大韓獨立共明團)이다.

그런데 최양옥의 심문조서에는 공명단의 단장이 황해도 출신 50대 안혁명(安革命)이라고 되어 있고 그와 함께 활약한 김정련, 이선구의 심문조서에서도 그것은 일관되어 있다. 최양옥의 생애와 활동을 추적한 박민주는 조규태가 제기한 '안혁명=안창호'설에 무게를 싣는데 최양옥과 함께 복역했던 위랑의 『두멧집』은 해당 설을 뒷받침하는 또다른 근거로 된

---

**19** 최양옥의 생애와 활동, 공명단의 조직에 대해서는 박민주 「崔養玉의 항일비밀결사 참여와 군자금 모금 활동」(충북대 석사논문, 2020)이 상세하다.
**20** 「신문기자 제군 공명단도 모르나」, 『조선일보』 1929.4.21, 1면.

다.[21] 이렇듯 도산의 '얼굴'은 다양하여 어느 한 측면만을 강조하는 방식으로는 그의 생애와 사상에 접근하기 어렵다. 1929년 흥사단 연설에서 그는 분명히 말한다. "왜 우리들은 그 같은 목표(건전한 인격과 신성한 단결을 육성하는—인용자) 아래 굳게 맹약하여 모였을까요? 오로지 우리 한국의 혁명의 원기를 튼튼히 하여 그 역량을 증진시키기 위함입니다. 그러기에 우리 흥사단은 평범한 수양주의로 이루어진 수양 단체가 아니라, 한국 혁명을 중심으로 하고 투사의 자격을 양성코자 하는 혁명훈련 단체입니다."[22] 흥사(興士)의 '사'는 점진노선을 따르는 근대혁명가의 은유였던 셈인데, 그는 1926년 7월 연설에서 자신의 혁명론이 흔히 자치론의 유혹에 빠지곤 하는 단계론과 다른 일종의 중도통합 노선임을 다음과 같이 천명하기도 했다. "오늘날 우리의 혁명이란 무엇인고? 나는 말하기를 민족혁명이라 하오. 그러면 민족혁명이란 무엇인가? 비민족주의자를 민족주의자 되도록 하자는 것인가? 아니오. (…) 우리가 일본을 물리치고 독립하여 세울 국체 정체는 무엇으로 할고. 공산주의로 할까? 민주제를 쓸까? 복벽하여 군주국으로 할까? (…) 그러나 나는 말하기를 지금은 그것을 문제삼아 쟁론할 시기가 아니오."[23] 그가 말하는 민족혁명에서 민족이 민족주의에 속박되지 않는 일종의 상위인지적 차원에 놓인 것이라면 혁명 개념 또한 마찬가지일 수밖에 없다. 복벽(復辟)론까지 예거하는 그의 논법으로 보건대 그것은 서구적 개념의 근대혁명과는 일정한 거리를 지닌 무엇일 것이다. 그러나 그것은 단순히 반서구주의적 관념이 아니라 근대자

---

**21** 물론 공명단사건이 도산의 직접 지휘 아래 이뤄진 것인지는 분명치 않다. 도산의 독립전쟁론에 논리적 기반을 둔 공명단의 독자 행동으로 볼 여지도 없지 않다.

**22** 안창호 「미주에 재류하는 동지 여러분께」, 1929.2.8, 전집 1권 254면.

**23** 안창호 「오늘의 우리 혁명」, 『독립신문』 1926.9.3, 전집 6권 793면.

본주의에 대한 날카로운 통찰에 기반을 둔 것이었다. 일각의 내정자치 노선을 비판하는 도산의 논리를 통해 그 일단을 엿볼 수 있다.

우리의 독립은 순서를 밟아야 한다고 참성이나 자치를 주장하는 자가 있습니다. (…) 나는 자치나 참정이 악하다는 것이 아니라 그 생각이 어리석음을 말함이외다.

만일 우리가 장래에 독립할 수 있을 정도가 될 만한 자치를 얻을 수 있다 하면 그는 그 자치보다 독립을 얻기에 더 용이할 것이외다. 보시오. 지금 일인은 우리에게 자치를 주려 합니다. 왜 자치를 주려 하는고? 그는 우리의 민족을 영멸시키자는 계획이외다. 보시오 경제의 압박이 얼마나 심한가? 상업이나 공업이 우리의 수중에 있는가. 우리는 다만 토지를 근본삼아 농사를 주업으로 하여 오는 민족인데 경상남북도, 전라남북도 어디어디 할 것 없이 육야 천리가 모두 일본놈의 수중에 들어가고 말았습니다. (…) 전국에 있는 부동산이 일본놈의 소유가 되어 있는 까닭에 일인은 아무쪼록 속히 자치를 세우려 합니다. 자치가 되는 때는 경제의 주인 되는 일인이 주장하게 될 것은 정한 이치외다. 그러므로 오늘날 일인의 주장은 한인에게 자치를 주어 가면적으로 한인에게 만족을 주고 내면으로는 자기네의 착취세력을 영원히 보존하자는 것입니다.[24]

요컨대 식민지조선과 제국일본 간 자본의 비대칭이 일정하게 극복되지 않는 한 내정자치를 징검다리로 하는 독립은 불가능하며 만일 그러한 비대칭의 극복이 가능하다면 애초에 내정자치의 단계를 거칠 필요가 없다는 것이다. 『아리랑』의 김산(金山)은 "금강산 승려 출신의 공산주의

---

**24** 안창호 「대혁명당을 조직하자. 임시정부를 유지(1)」, 『신한민보』 1926.10.14.

자인 김충창(金忠昌: 金星淑의 이명 — 인용자)" 이후 자신에게 가장 큰 영향을 끼친 인물로 도산을 꼽기도 했거니와 그는 "손문과 중국 민족주의자들이 중국의 복잡다단한 문제를 해결하기 위하여 마르크스주의로 전향함(제1차 국공합작을 가리킴 — 인용자)과 동시에 안창호는 공산주의 이론과 전술에 관심을 가지게 되었다"고 술회함으로써 도산의 사유가 당시의 동아시아 정세와 긴밀히 연동되어 있을 뿐 아니라 단순한 자본주의근대 따라잡기와는 다른 방향의 것임을 암시하기도 했다. "안창호는 프롤레타리아의 혁명적 역할을 인정한다. (…) 안창호는 결코 공산주의자가 되지는 않았다. 하지만 아직 미숙한 한국공산당을 반대한 적이 한번도 없다."**25**

## 3. 도산 사상의 중도적 성격

혹은 나에게 묻기를 네가 갖는 주의는 무엇이냐 하겠지마는 나의 가진 주의가 무엇인지 나도 무엇이라고 이름지을 수 없습니다. 민족주의도 아니요, 공산주의도 아닙니다. 그러나 나는 사유재산을 공유하자는 데 많이 동감합니다. 왜 그런고 하면 우리 민족은 전부 빈민의 현상을 가지고 있는 까닭에 부자와 자본가의 권리를 깨치지 않고는 빈민의 현상을 바꾸어 놓을 수 없는 연고이외다. 그러나 오늘날 우리의 경제 곤란이 심하다고 단순한 경제 혁명으로만 할 수는 이미 말한 대로 될 수 없으되 우리 민족을 압박하는 일본을 대항하여 나가자는 민족적 현상을 절규함에는 자기의 주의가 무엇이든지 같은 소리로 나갈 수 있습니다. 대한 사람이면 어떤 주의 주장을 물론하고 이 민족혁명에 같이 나갈

---

**25** 님 웨일즈·김산 『아리랑』, 조우화 옮김, 동녘 1984[발췌], 전집 13권 151면.

수 있습니다.[26]

이처럼 도산의 혁명사상이 어디서 어떻게 발원한 것인지를 명료하게 파악하기는 쉽지 않다. 성장기의 유교수업과 만 2년 정도의 신학문 수학 (구세학당)을 제외하면 학업경력도 눈에 띄지 않는다. 그런 만큼 그가 "경험의 학교에서"[27] 많은 것을 공부했으리라는 서재필(徐載弼)의 지적은 예리한 것이었다. 그가 받들었던 최고의 교사는 당대의 구체적 현실과 정세였던 셈이다. 그런데 1925년 도산은 미주 여자애국단 설립 기념식에서 연사로 나선 서재필을 소개하며 다음과 같이 말한다. "서박사는 첫 유신 (갑신정변 ─ 인용자)의 한 사람이요, 낡은 정부를 개혁할 첫 정신을 가지고 일하신 서박사요. (⋯) 그때 서박사의 주의는 낡은 정치를 개혁하고 백성 이 마음대로 복리를 누리도록 국가를 건설함과 탐관오리의 결재를 아니 받고 자주해 살자는 정신을 주장하였소. (⋯) 이 사람도 서박사의 연설로 감동을 많이 받았소. 그래서 서박사가 연설한다면 밥 먹을 시간을 그만 두고라도 따라다녔소. 내가 지금 그전보다 얼마나 변하였다고 할진대, 그 변한 원인은 유길준씨의 『서유견문』이라는 책과 서박사에게 감동을 받 은 결과이외다. 그래서 나는 이 두 어른의 감화를 잊지 못합니다."[28] 이는

---

**26** 안창호, 앞의 글.

**27** 서재필 「역경에서 용감한 위인」, 박현환 엮음, 앞의 책 201면.

**28** "女子愛國團 기념식에서 박사의 연설에 여자계에서 도덕 새문명 발명 운운", 『신한민보』 1925.9.3, 3면. 유길준의 『서유견문』 외에 도산이 중요성을 강조한 당시의 책으로는 양계 초의 『음빙실문집』이 있다. 이는 도산이 설립한 대성학교의 한문교재이기도 했다. "대성 학교의 한문과에는 중국 양계초 저(梁啓超 著) 음빙실문집(飮氷室文集)을 사용하였다. 담 임선생의 R한학자가 결석할 때에는 도산이 대리로 교수하였다. 어떤 점에 있어서는 R씨 보다 훨씬 낫게 강의하며 해석하여 때때로 한학자 R씨로 하여금 경이(驚異) 탄복하게 하 였다."(일문하생 「안도산의 교장시대(일화)」, 박현환 엮음, 앞의 책 239면.) R씨는 아마도

있는 그대로 도산이 독립협회 활동에 참여하게 된 이유를 설명해주거니와 훗날 유길준(兪吉濬)의 '사(士)' 개념을 이어받아 흥사단을 재창립하게 된 경위를 분명하게 전하는 발언이기도 하다. 그런 점에서 도산은 우선개화파의 사상적 전통에 가까웠던 인물이라 할 수 있을지 모른다.

그러나 서구화 또는 '미국화'로서 문명개화를 주장한 서재필에 비해 도산은 "사물의 이치와 근본을 깊이 연구하고 고증하여 그 나라의 시세와 처지에 합당케 하는 실상개화(實狀開化), 곧 문명개화의 '조선적' 컨텍스트를 모색하였던 유길준과 비슷한 문제의식을 갖고 있었다."[29] 말하자면 도산은 당대 조선의 구체적 현실에 밀착된 정세인식을 바탕으로 자신의 혁명사상을 전개해나갔던 경우인데 그것은 갑신정변(1884)을 높이 평가하면서도[30] 갑오동학농민혁명(1894)을 우리 민족운동의 첫머리에 자리매김하는 관점을 통해 잘 드러난다. 상해 삼일당에서 열린 6·10만세운동 보고연설회(동년 7월 16일)에서 그는 이를 명확히한다.

생각하건대 우리들의 운동은 보일보 전진하고 있는데 이 민족운동은 멀리 갑오 동학당에서 발하여 이어 독립협회의 조직이 되었고 다시 3·1운동이 되어 널리 온 전족적으로 전개했고 이번 6·10운동과 같은 것은 전연 자각적으로 되어 나타났다. 고로 이 운동을 한층 유력한 것으로 만들려면 전 민중의 중심이 될 통일기관을 필요로 한다. 더욱이 이의 실현을 위해서는 내부의 쟁투를

---

대성학교 교사로 근무했던 유학자 나일봉(羅一鳳)을 말하는 듯하다.

**29** 장규식 「서재필과 안창호: 서구 시민사회론의 안착과 토착화」, 『도산학연구』 9집, 도산학회 2003.12, 133면.

**30** 같은 글에서 도산은 "첫 유신이라 함은 중국의 속박을 끊고 정치 독립하려고 서박사, 박영효, 김옥균 3씨가 독립운동을 하다가 그만 역적으로 몰린" 사건이라 갑신정변의 성격을 규정한다.

그치고 공동의 적인 일본인과 싸울 준비를 하지 않으면 안 된다.[31]

　그가 말하는 민족운동은 늘 민족혁명운동이었기에 이를 '유신(維新)'과 구별한 것은 의미심장하다. 갑신정변이 "낡은 정부를 개혁할 첫 정신"이긴 하지만 민족혁명의 본류는 갑오농민혁명에서 비롯된다는 인식은 가령 전자를 민족혁명의 기원으로 배치하는 박은식(朴殷植) 등의 논법[32]과 차별화되는 것이기 때문이다. 기독교도였고 유길준, 서재필에 공명했지만 도산은 단순한 개화주의자가 아니었다. 원불교 전신인 불법연구회(佛法研究會)의 소태산 박중빈(朴重彬)과 도산의 만남(1936.2)을 두고 백낙청은 "'개벽을 향해 열린 개화파'와 '개화를 수용한 개벽파'의 상징적 만남"[33]이라 평가한 바 있거니와 이는 과장이 아닐 것이다. 동학농민혁명과 청일전쟁이 접종한 1894년 전후 서당에서 도산과 동문수학한 동지적 선배 필대은(畢大殷, 1875~1902)이 동학당의 참모가 되기도 했다는 사실 또한 시사적이다. 필대은에 관한 기록은 많지 않고 불명확하지만 "안악(安岳) 출신의 한문 잘하고 중국 고전과 중국 당대 신서들을 많이 읽은 박식한 학도"였으며 "선각적 민족의식을 갖고 있던 청년으로 기록되어"[34] 있다. 신용하는 "백정 출신으로 후에 부자가 된 김종옥이 필대은의 정치활

**31** 국회도서관 엮음 『韓國民族運動史料(中國篇)』, 1976, 601~602면. 장석흥, 앞의 책 150면에서 재인용.

**32** 박은식 『한국독립운동지혈사』, 백암박은식선생전집편찬위원회 엮음 『백암박은식전집』 2권, 동방미디어 2002, 428면 참조.

**33** 백낙청 「3·1과 한반도식 나라만들기」, 『창작과비평』 2019년 여름호 317면.

**34** 신용하, 앞의 책 18~19면. 저자의 이러한 판단은 주로 주요한의 『안도산전서』에 의존한 것으로 보이는바 주요한의 해당 언급은 도산의 동지 이강(李剛)의 회고에 근거를 둔 것이다. 우리에게 필(畢)씨는 희성이지만 중국에서는 흔한 성씨다. 아마도 귀화 중국인의 후손이 아닐까 짐작된다.

동을 끝까지 도운 것을 보면, 필대은은 동학의 평등주의와 인본주의에 공감했던 것으로 보인다"[35]고 썼는데 일리가 있다. 도산이 개벽사상을 공유한 한반도 '신종교'에 두루 열려 있었다는 사실 — 오히려 본격적인 기독교 활동은 눈에 띄지 않는 편이다 — 은 대성학교 교장 시절 "그의 거실에는 단군의 초상화와 담배는 없지 못할 것이었다"[36]는 한 제자의 관찰을 통해서도 드러나는바, 평소 수양을 강조했던 도산이 "상해 모이명로(慕爾鳴路)에 단소(團所: 흥사단 상해지부 — 인용자)를 처음 냈을 제 도산은 아침마다 우리들과 더불어 정좌법(靜坐法)을 행하였다"는 주요한의 증언 또한 흥미롭다. "방석 위에 꿇어앉아서 아랫배에 힘을 주고 심호흡을 하면서 정신통일 즉, 무아(無我)의 경(境)에 들어가도록 힘쓰는 것"[37]은 성리학자들의 위좌법(危坐法)에 가까운 것으로 동학의 수심정기(守心正氣) 수련법에 연결되기 때문이다.[38]

도산에게 당면 현실을 발판으로 한 자주와 자치, 자립의 강조는 평생에 걸쳐 일관된 것이었거니와[39] 그가 예의 소태산과의 만남에서 불법연구회를 평가한 지점 또한 같은 맥락이었다. 국내외에서 이른바 이상촌운동을 펼치던 당시 "안창호가 꿈꾸었던 이상적인 농촌과 박중빈이 이루고자 한 공동체는 매우 유사한 점이" 있었다. "자립적인 생활을 하면서 동시에

---

**35** 같은 책 19면. 각주 7 참조. 그러나 이강의 회고에 따르면 필대은은 본래 동학교도가 아니라 동학당에 납치되어 참모 노릇을 강제당한 것으로 되어 있다.

**36** 일문하생(一門下生), 같은 글, 박현환 엮음, 앞의 책 235면.

**37** 주요한 「도산선생의 추억」, 박현환 엮음, 앞의 책 209면.

**38** 성리학과 동학의 정좌수련법에 대해서는 손병욱 「동학과 성리학의 수련법 비교: 수심정기와 경법(敬法)을 중심으로」, 『동학학보』 27호, 동학학회 2013 참조.

**39** "당신은 주인입니까"라고 묻는 1924년의 이른바 갑자논설(「동포에게 고하는 글」)은 도산이 강조하는 자주정신의 요체가 담긴 중요한 문헌이다. 주요한 편저, 앞의 책 514~34면 수록.

종교적 교리를 탐구하는" 불법연구회의 소태산과 "무실역행(務實力行)을 통한 자립적인 경제를 꾸리게 하는 것을 이상적이라고 생각"한 도산은 "농촌에 대한 생각이나 활동 내용이 비슷하였"[40]던 것이다. 따지고 보면 재미 한인사회를 결속하여 공립협회(후에 대한인국민회로 확대)를 조직하고 독립운동 자금을 조달한 도산은 일찍부터 탁월한 재정실무자로 자립에 기초한 물적 토대의 확충을 중요시했다. 3·1운동 직후 상해 임시정부에서 그는 자신의 독립운동 방침을 설하며 다음과 같이 강조할 만큼 실질에 민감했다. "임시정부가 한 일이 무엇이오? 원동(遠東: 동아시아 — 인용자)에 있는 이가 한 일이 무엇이오? 재정 모집과 시위운동 계속이외다. 이것으로 외교와 전쟁과 모든 것이 될 것이오. 내가 며칠 후에는 피 흘리는 이에게 절하겠소마는 오늘은 돈 바치는 이에게 절하겠소."[41] 이러한 무실역행의 자립경제관이 어디서 어떻게 형성된 것인지를 탐색해볼 필요도 있다. 여기서 도산의 원두우학교(구세학당: 경신학교 전신) 관련 이력은 좋은 참고가 된다.

청일전쟁으로 평양성전투가 벌어지던 1894년 9월, 황해도로 피난을 떠났던 도산은 같은 해 10월말 상경하여 스스로 "예수교 장로교원두우(Underwood — 인용자)학교"[42]에 입학한다. 이 학교는 미국 북장로회 선교사 언더우드가 1886년에 세운 것인데 도산은 만 2년 남짓 수학기간 중 1896년부터는 접장(조교)이 되어 급여를 받기도 했다. 1890년부터 언더우드는 중국에서 활약한 네비우스(John L. Nevius)의 선교정책을 수용

---

**40** 김도형「島山 安昌浩의 '佛法研究會' 방문과 그 성격」,『원불교사상과 종교문화』80호, 원광대 원불교사상연구원 2019.6, 54면.

**41** 안창호「독립운동 방침」(1919.6.25), 전집 6권 79면.

**42** 「도산선생 심문기」(1932), 전집 11권 130면.

하고 있었다. "네비우스 제도의 근본사상은 자급의 요소"였다. "자생적인 교회는 어느 나라든지 기독교운동의 성공을 위해 궁극적으로 필요로 하는 것"인바, "한국은 네비우스 방법을 채택해왔고 적용해" "확실한 결과를 빠르게 나타냈다."[43] 물론 당시의 도산이 네비우스 선교정책에 대해 어느 정도의 이해를 지니고 있었는지를 명확히 입증하기는 어렵지만 급여를 받는 접장 역할을 했고 선교조직이 날로 성장세에 있었던 만큼 동향에 둔감할 수 없었을 것이다. 보다 정밀한 논의가 따라야겠지만 자치와 자급을 중심으로 하는 국내외 단체조직에 그것이 일정한 참조가 되었을 여지는 충분하다.

민족이 발 딛고 선 현실을 최우선의 지침으로 삼는 무실역행의 정신은 지금까지 본 것처럼 중도(中道)의 사상으로 통한다. 좌우와 동서의 대립을 가로지르는 중도의 자리에 서되 결국은 시세 편승의 기회주의로 떨어질 기계적 중립을 극복하자면 그 중도가 추구하는 변혁의 과제와 목표를 자기의 현실 가운데 정확히 설정해야 한다. 도산 당대의 변혁 과제가 민족해방과 독립국가 건설이었음은 두말할 나위 없거니와 그 실현을 위한 중도란 당연히 민족역량의 최대결집을 가능하게 하는 자리일 수밖에 없다. 다시 이 절의 맨 앞에서 인용한 「대혁명당을 조직하자」라는 연설로 돌아가 "오늘날 우리의 경제 곤란이 심하다고 단순한 경제 혁명으로만 할 수는 이미 말한 대로 될 수 없으되 우리 민족을 압박하는 일본을 대항하여 나가자는 민족적 현상을 절규함에는 자기의 주의가 무엇이든지 같은 소리로 나갈 수" 있다는 대목에 주목하면 그러한 발상이 좀더 구체적으로 다가온다. '삼일당 연설'에서의 다음 발언 또한 핵심적이다.

---

**43** 해리 로즈 『미국 북장로교 한국 선교회사(1884~1934)』, 최재건 옮김, 연세대출판부 2009, 93~96면 참조.

첫째는 모이는 범위를 넓혀 하자는 생각으로 힘써야 할 것이외다. (…) 조화책을 연구하는 사람이 있다 하면 그도 혁명운동에 소용이 있다고 합니다. 혁명운동이란 그저 들고 나와서 부수는 것이지 조화는 해서 무엇을 하겠느냐, 하지마는 조화하는 자가 없으면 일을 합하여 진행할 수가 없습니다. 그렇다고 조화만 모두 주장하자는 것이 아닙니다. 소용없는 것 같지마는 역시 소용이 있다는 것이외다.

또는 우리 사람은 혁명당을 조직하는 데 성현당을 조직하려 합니다. 누가 조금만 잘되는 것을 보면 목을 베일 놈이라고 합니다. 결백한 자가 아니고는 참가할 수 없으면 그는 성현당일 것이외다. (…) 이와 같이 군중의 정도는 하나같지 않습니다. 한길 되는 이도 있고 한자 되는 이도 있고 최저로 한치 되는 이도 있습니다. 그뿐 아니라 각 사람은 각각 가진 이만큼 정도가 다릅니다. (…) 지금 내가 말한 대로 민족혁명, 이것은 곧 이민족의 압박적 현상을 파괴하고 본 민족의 자유적 현상을 건설하자는 철저한 각오 하에서 일어난 것이므로 정치적 혁명이나 경제혁명이나 종교혁명과 같은 부분적 성질에 있지 않고 우리 민족으로는 누구나 다 같이 어떤 혁명분자나 다 같이 힘쓸 결심을 하여야 할 것이외다.[44]

이를 변혁적 중도주의의 앞선 형태라 할 수 있다면[45] 도산이 1927년을 전후해 제기했던 대공주의(大公主義)의 핵심 또한 변혁적 중도주의에 근

---

**44** 안창호 「대혁명당을 조직하자. 임시정부를 유지(3)」, 『신한민보』 1926.10.28. 주요한 편저, 같은 책 758~61면.
**45** 이는 백낙청의 용어이다. 『어디가 중도며 어째서 변혁인가』, 창비 2009. 특히 「변혁적 중도주의와 소태산의 개벽사상」 중 317~24면 참조.

사한 무엇이 아닐 수 없다.


## 4. 점진혁명론과 변혁적 중도주의

사실 대공주의는 논란 많은 개념이다. 1927년경부터 주장했다고 알려져 있지만 우선은 도산 자신이 체계적인 설명을 내놓은 바 없다. 독립운동 또는 민족혁명운동에 있어 특정한 이념이나 사상의 선차성에 유보적이었던 그가 하필이면 민족대당운동 시기에 접어들어 통합을 저해할 수도 있는 또 하나의 분파를 앞세우려 하지는 않았을 것이다. 따르던 이들의 증언이나 기록을 제외하면 도산이 대공주의를 직접 언급한 문헌으로는 그가 미국 흥사단의 동지 홍언(洪焉)에게 보낸 편지가 유일한 듯하다.

혁명이론 기본원칙에 있어서는 1은 우리는 피압박 민족인 동시에 피압박 계급이므로 민족적 해방과 계급적 해방을 아울러 얻기 위하여 싸우자. 싸움의 대상은 오직 일본제국주의임을 인식하여야 할 것, 2는 우리의 일체 압박을 해방하기 위하여 싸우는 수단은 대중의 소극적 반항운동과 특별한 조직으로 적극적 폭력 파괴를 중심으로 하여 선전조직 훈련 등을 실행하며 실제 투쟁을 간단없이 할 것. 3에는 일본제국주의 압박에서 해방된 뒤에 신국가를 건설함에는 경제와 정치와 교육을 아울러 평등히 하는 기본원칙으로써 민주주의 국가를 실현시킬 것. 4는 일보를 더 나아가 전세계 인류에 대공주의를 실현할 것[46]

---

**46** 안창호 「홍언동지 회람」(1931.11.6), 전집 8권 636~37면.

요컨대 대중의 일상적 저항과 전위대의 간단없는 유격전, 선전 조직 등을 통해 민족해방과 계급해방을 동시에 추구하고 그 기반 아래 평등한 민주주의 국가를 실현함으로써 세계 공영에 이바지한다는 것이다. 그러나 이는 상해 임정의 내무총장 취임 낭시 도산이 내놓았던 1919년의 구상과도 사실상 골자를 같이한다.

우리가 우리 주권만 찾는 것이 아니라, 한반도 위에 모범적 공화국을 세워 이천만으로 하여금 천연의 복락을 누리려 함이오. (…) 그뿐만 아니라 더욱 세계의 항구적 평화를 돕고자 함이오. 우리가 신공화국을 건설하는 날이 동양 평화가 견고하여지는 날이오. 동양 평화가 있어야 세계 평화가 있겠소.[47]

우리의 주권회복과 모범적 공화국 건설이 민족적 요구에 따른 당위일 뿐 아니라 미·중·일·러가 교차하는 한반도를 세력균형의 완충지대로 만듦으로써 '동양평화'의 초석을 놓고 세계평화를 바룬다는 발상[48]은 2차 대전의 서막을 알린 만주사변(1931) 발발 직후 씌어진 앞서의 편지 내용

---

**47** 안창호「내무 총장에 취임하면서」(1919.6.28), 주요한 편저, 앞의 책 627~28면.
**48** "우리가 신공화국을 건설하는 날이 동양 평화가 견고하여지는 날"이라는 도산의 인식에 대해 신채호 또한 유사한 발언을 후일 내놓은 바 있다. 단재는 말한다. "금일 동양의 평화를 말하려면 가장 좋은 방법은 조선의 독립만한 것이 없다. 조선이 독립하면 일본은 방자하게 탐욕스러운 데 이르지 않게 되고 사방을 경영하여 그 힘을 모아 바다와 섬을 보호하게 된다. 러시아의 과격파 또한 약소민족을 돕는다는 평계를 대지 않고 날개를 접어 치타 북쪽에 잦아들어 있을 것이다. 중국 역시 한가히 수습하여 수년의 혁명으로 어지러운 국면을 정돈할 수 있을 것이다. 이것은 진실로 동양평화의 요의이다." 신채호「조선독립과 동양평화」, 최광식 옮김『단재신채호전집』5권, 독립기념관 한국독립운동사연구소 2008. 원문과 번역문은 독립기념관 홈페이지 한국독립운동정보시스템에서 제공하고 있다. 이 글은 원래 단재가 주도한 잡지『천고(天鼓)』창간호(1921.1)에 한문으로 처음 실린 것이다.

에서도 일관된 것이었다. 1931년 시점에서 차이가 있다면 좌우합작과 '평등' 그리고 중국과의 연대를 강조한다는 점 등이다. 1차 국공합작의 붕괴와 코민테른 12월테제(1928)의 원심력이 작용함으로써 국내운동의 좌우분열이 가속되던 당시를 십분 의식한 도산의 대공주의는 따라서 기본적으로는 통일전선적 의미를 지닌 것이지만, 통일전선론이 어디까지나 좌파헤게모니에 의한 중도우파 통합을 뜻하는 한, 대공주의 그 자체일 수는 없다. '대공'의 핵심은 소아(小我)와의 대립이 아니라 소아의 극복에 있다. 따라서 대공주의는 각각의 소아에 해당하는 좌와 우 또는 그 타협형인 좌우합작 등의 갈래를 대공 안에서 해소하는 상위인지적 차원이라고 보아야 합리적이다. 대공주의를 변혁적 중도주의의 선구로 해석하는 것이 유리한 까닭 또한 여기에 있다. 그 또한 특정 이념이나 이론적 당파의 선차성이 아니라 과제의 공통성에 근거한 상위담론이기 때문이다. 변혁적 중도주의에 대한 백낙청의 다음 설명은 대공주의를 이해하는 좋은 참조가 될 것이다. "제가 보기에 비현실적인 이러저러한 급진노선들, 또 다른 한편으로는 변혁의 전망을 배제한 순응주의적 개혁세력, 이 모두를 비판하고 변혁이냐 개혁이냐 하는 식으로 딱 갈라서 보는 이분법을 타파함으로써 시대적 요구에 부응할 다수의 결집을 가능케 해주는 유일한 노선이 변혁적 중도주의입니다."[49]

이렇게 볼 때 도산이 말하는 독립의 쟁취와 한반도 신공화국의 건설은 단지 동양평화, 세계평화로 이어지는 단계론의 첫 단추에 머물지 않는다. 이 세가지 과제는 그 성패가 유기적으로 연결된 하나의 혁명적 과제인 것이다. 그러므로 독립이면 다 독립이고 당장의 분쟁만 없으면 다 동양평화

---

[49] 백낙청, 앞의 책 322면.

인 게 아니라 동양평화의 구조적 지속에 이바지할 수 있는 독립국가의 건설, 세계평화의 중심이 되는 동양평화여야 그 참뜻에 부합하게 된다. 그 과정이 어느 한날 단숨에 이루어지는 구체제의 전복과 같은 좁은 의미의 혁명일 수 없음은 자명하다. 도산의 첫 독자활동은 최초의 남녀공학 초등교육기관인 점진학교(漸進學校)의 설립(1899)이었고 말년의 그가 내다본 세계는 사회주의국가, 그중에서도 "페이비언이 지향하는 그런 사회주의국가"[50]라고 전해져 있다. "파국론자들의 비아냥 속에서 바리케이드에 등을 돌리고 영웅적인 패배보다는 지루한 성공(즉 오랜 시간이 걸리는)을 택하기로 마음먹은"[51] 페이비언(Fabian)사회주의에 대해 도산이 어느 정도 이해를 지니고 있었고 얼마나 공명했는지는 구체적으로 측정할 길이 없으나 그의 강조점은 아마도 페이비언사회주의의 이념 자체라기보다 활동기간 내 일관했던 점진주의에 있었을 것이다. "그때 우리 모두 어떻게 해야 하나, 독립을 해야 하는데 무슨 방법으로 독립을 해야 하나, 이것이 누구에게나 제일 고민이었는데, 도산선생의 말은 힘을 기르는 수밖에는 없다. 먼저 교육을 통해서 우리가 지식을 닦아야 하고 그 다음엔 사업에 힘을 써서 경제력을 양성해야 하고… 더딘 것 같지만 이밖에 어떻게 다른 수가 있겠느냐는 것이야."[52] 도산이 혁명을 괄호 친 실력양성론이나 자력양성을 건너뛴 혁명주의에 비판적이었다는 사실은 더 부연할 필요가 없거니와 그는 자기 시대의 변화하는 역사와 현실, 유동하는 정세 가운데 치열하게 사유하고 실천하며 변혁적 중도의 길을 일관되게 걸었던

---

**50** 길영희·신연철 대담『기러기』, 1987.6, 140~41면 중 길영희의 회고.

**51** 버나드 쇼「1908년판 서문」, 고세훈 옮김『페이비언 사회주의』, 아카넷 2006, 75면. 최원식「동아시아문학 공동의 집」, 『대산문화』2018년 겨울호, 각주 4에서 재인용.

**52** 길영희·신연철, 앞의 대담, 같은 면.

점진혁명론자였던 것이다.

그런 점에서 최근에 올수록 확대되고 있는 '한국혁명의 영수'로서 도산을 기리는 논의[53]에 대해서도 새로운 검토가 요청된다. 그러한 논의들은 민족주의 독립운동가나 인격주의 교육사상가에 그치지 않는 도산의 혁명가적 위상을 강조하지만 정작 그가 말한 혁명의 성격을 충분히 규명하지 않음으로써 그의 논리를 사민주의의 한 계열로 해석하거나 재래의 낭만적 혁명가 이미지에 수렴시키는 또다른 편향을 범한다. 그를 사민주의자로 파악하는 논리는 그가 한반도에서 사회주의혁명이 가능하다고 생각했는지는 모르지만 사회주의사상이 지닌 문제의식에는 수용적이었다는 점, 대공주의의 체계가 경제, 정치, 교육의 평등이라는 기반에 서 있다는 점, 말년의 페이비언사회주의에 관한 발언 등에서 보듯 당사자의 직접적 관심표명이 있었던 데에 주로 근거한다. 그러나 민족혁명의 역사나 자본주의, 제국주의에 대한 이해에 있어 누구보다 '조선적 컨텍스트'를 중시했던 도산을 서구의 난숙한 자본주의사회를 토대로 산출된 사민주의에 재기입하는 것은 그 자체가 서구주의적 편향일 뿐 아니라 '대공'의 상위인지적 차원을 사상하고 그것과 서구 사민주의를 등식화하는 순환 오류에 지나지 않는다. 예의 혁명의 성격에 관한 구체적 해명에 소홀한 채 그를 혁명투사로 낭만화하는 후자는 더 말할 것도 없다. 도산이 국제 정세 변동의 큼직한 계기마다 보여주었던 정확하고 냉정한 통찰들, 가령 1차대전 종전 직후 지식사회의 막연한 기대와 달리 윌슨(T. W. Wilson)

---

**53** 앞서 인용한 장석흥, 이태복, 신용하의 저서를 비롯 이명화『도산 안창호의 독립운동과 통일노선』(경인문화사 2002), 김삼웅『투사와 신사 안창호 평전』(현암사 2013) 등이 여기에 해당한다.

의 민족자결주의에 별로 기대를 걸지 않았다든가,[54] 만주사변이 오히려 일본제국주의 붕괴의 신호탄이 될 것을 날카롭게 투시했던 사실[55]만으로도 그것은 충분히 불식될 수 있을 것이다.

도산 혁명사상의 참된 이해를 위해서는 무엇보다 그가 제시한 과제들이 아직 완성되지 않은 현재진행형이라는 인식이 중요하다. 그가 말한 '독립국가' 건설이 그렇고 동양평화와 세계평화가 그렇다. "한반도 근대의 나라만들기는 단계적으로 진행되어왔고 아직도 미완의 과제로 남아 있다. 단계적 건국이 세계사에 유례가 없는 건 결코 아니다. 하지만 근대 한반도 특유의 역사로 인해 유난히 긴 세월에 걸쳐 유난히 복잡한 경로를 밟게 되었고, 국민국가의 형색을 상당부분 갖춘 두개의 정부가 남과 북에 자리 잡았지만 3·1이 요구한 의미의 '대한독립' '조선독립'에는 여전히

---

**54** "우리가 윌슨 대통령에게 교섭함으로 미국이 박애의 덕으로 아무 다른 이유가 없이 오직 대한의 독립을 위하여 미일 전쟁을 일으키겠는가. (…) 혹은 생각하기를 미국이 우리만 위함이 아니고 동양의 이권상 관계로 불가불 싸움이 되리라 할지라. 나도 생각하기를 미국과 일본 사이에 한번 큰 충돌을 면치 못하리라 하노라마는 (…) 미국이 여간 불만족한 관계가 있더라도 구주에 보내었던 대군을 곧 돌리어 제3국과 싸울 뜻이 없을 터이요 또한 일본은 미국으로 하여금 충돌되는 데까지 이를 만한 불만족한 일은 피하기로 꾀할지니 이 평화 끝에 곧 미일 전쟁이 생기겠다고 예측할 바 아니로다." 안창호 「전쟁 종결과 우리의 할 일」(1918.10), 주요한 편저, 앞의 책 610~11면.

**55** "지금 구미(歐美) 각국이 전대미문의 경제공황과 정치적 불안에 처하여 있어서 극동을 돌볼 겨를이 크게 없다. 일본인들은 이 기회를 타서 그들의 침략정책을 실행하고 있지만 여러 열강들은 자신들의 이익 때문에 일본인들이 극동을 독점하여 국제의 균등한 세력을 파괴하는 것을 앉아서 보고만 있지 않을 것이다. 일본제국주의 내부를 살펴보면 정치적으로나 경제적으로 파멸되고 붕괴할 조짐이 날로 현저해지고 있다." 안창호 「警告中國同胞書」(1932), 전집 1권 218면. 이 글은 중국의 항일투사들을 수신인으로 하는 한문서한이나 피체 또는 기타 상황으로 인해 발송되지는 못한 것으로 보인다. 발신 명의는 도산이지만 필체는 도산의 것이 아닌 듯하다. 인용문의 번역은 독립기념관 홈페이지 한국독립운동사정보시스템에서 제공한 것이다.

도달하지 못하고 있다."⁵⁶ 여기서 "3·1"을 도산으로 바꿔보면 이해가 쉬워진다. 이렇게 볼 때 도산의 사유를 따라 동양평화의 구조적 지속에 이바지할 수 있는 독립국가, 세계평화의 중심이 되는 동양평화를 실현하려면 현재로선 한반도 분단체제의 극복이 당면과제로 되거니와 분단체제를 보다 상위에서 규정하고 있는 자본주의 세계체제와의 상호작용에 대한 입체적 인식은 피할 수 없는 선결조건이 된다. 이 지점에서 도산의 발언을 다시 새겨볼 필요가 있을 것이다. "우리가 신공화국을 건설하는 날이 동양 평화가 견고하여지는 날이오. 동양 평화가 있어야 세계 평화가 있겠소." 2차대전의 마지막 고비에서 연합국 승전의 당당한 일원이 될 기회를 갖지 못함으로써 결정적으로 예의 '신공화국'의 건설은 기약없이 지연되었고 전쟁과 분단을 거쳐 오늘에 이르게 되었다. 도산이 말한 점진혁명으로서의 민족혁명은 갑오농민혁명으로부터 촛불혁명의 오늘에 이르기까지 지속되는 현재진행형인 것이다.

---

**56** 백낙청, 앞의 논문 307면.

# 8장
# 만해 한용운의 님의 형이상학
### 한국사상사의 맥락에서 본 『님의 침묵』

## 조성환

## 1. 개벽파와 토착적 근대

한국사상사에서 '개벽'은 19세기 후반에 '삼정문란'과 '서세동점'이라는 위기상황에서 경주 지방의 재야지식인 수운 최제우가 사회변혁의 사상용어로 재해석한 개념으로 알려져 있다. 당시의 위기상황은 단지 최제우뿐 아니라 한반도 지식인 전체가 공유하고 있던 내우외환이었지만, 이에 대한 대응방식은 크게 세가지로 나뉘었다. 하나는 조선의 예교(禮敎)를 고수하면서 서학의 전래를 배척하는 입장이고, 다른 하나는 유학을 서학으로 대체하자는 입장이다. 학계에서는 전자를 척사파로, 후자를 개화파로 분류하곤 한다. 반면에 양자 사이에서 고민하는 사상가들도 있었는데, 가령 동학농민혁명에도 참여한 적이 있는 호남의 유학자 해학 이기는 전자를 '완고설'로 후자를 '개화설'로 명명하면서 양자 모두 최선은 아니라고 하였다.[1]

〔1896년〕 서양인이 아시아로 왕래한 이후 완고설(頑固說)과 개화설(開化說)
이 성행하여 이 두 설을 서로 견지하면서 해결을 보지 못한 지 수십년이 되었
다. 그러나 내가 볼 때 이것은 모두 지론(至論)은 아니다. 천하의 일은 이치로
처리해야지 기세로 다투어서는 안 된다.[2]

이에 대해 '개벽'을 주창한 개벽파는 한편으로는 동아시아적 가치관
과 세계관을 비판적으로 계승하면서, 다른 한편으로는 서학의 도전에 주
체적으로 대응하려는 입장을 취했다. 그래서 유학도 서학도 아닌 제3의
'학'을 창조하고자 하였는데, '개벽'을 슬로건으로 표방한 동학과 천도교
그리고 원불교가 대표적인 예이다.
　동학을 창시한 수운 최제우는 서학과 동학을 다 같이 '천도(天道)'라고
인정하면서 지역적 특성을 살린 '동학'을 창도하였고(『동경대전』「논학
문」), 그 뒤를 이은 해월 최시형은 당시의 '물질발명'을 인식하면서 '인
심개벽'을 주창하였으며(『해월신사법설』「기타」), 그 뒤를 이은 의암 손
병희는 일본에서 '개화파'와 교류하면서 귀국한 뒤에는 천도교를 창교
하였다. 또한 원불교를 창시한 소태산 박중빈은 "물질이 개벽되니 정신
을 개벽하자"는 슬로건을 개교(開敎) 표어로 삼으면서 "도학과 과학의 병
진"(『대종경』「서품」 8장)을 지향하였고, 그의 아들이자 원광대학교 초대
총장을 지낸 숭산 박길진(崇山 朴吉眞, 1915~1986)은 일본의 동양대학교 철

---

**1** 김선희「근대 전환기 문명의 분리와 중첩: 유인석과 이기를 중심으로」,『온지논총』 43집,
　 2015, 269~70면 참조.
**2** [丙申] 自泰西人通于亞洲也, 頑固與開化之說盛行. 二者互相持難, 不決且數十年矣. 然以余觀之皆
　 非至論也. 夫天下事可以理處, 不可以氣爭. (『李海鶴遺書』卷七,『錄(五)·跋』「杞憂錄引」), 원문과
　 번역은 한국고전종합DB 및 한국사데이터베이스 싸이트에 실려 있다.

학과 졸업논문에서 "쇼펜하우어와 원불교의 대화"를 시도하였다.[3]

이처럼 개벽파는 동아시아 전통과 서구 근대에 대한 비판적 수용과 창조적 융합을 통해 새로운 시대 상황에 대응하고자 하였는데, 이러한 입장을 공자의 "술이부작(述而不作)"을 원용하면 "술이창작(述而創作)"[4]이라고 할 수 있을 것이다. 또는 인도의 독립운동가이자 초대 총리를 역임한 네루의 표현을 빌리면 "자신의 뿌리를 지키면서 새로운 세계를 이해하는 작업"[5]이라고 할 수 있다. 키따지마 기신(北島義信)은 세계사적으로 전개된 이러한 흐름들을 '토착적 근대'(indigenous modernity)라고 명명하면서, 아프리카의 만델라, 인도의 간디, 한국의 동학, 일본의 타나까 쇼오조오(田中正造) 등을 그러한 사례로 들었다.[6]

키따지마 기신이 말하는 '토착'은 네루의 용어로 하면 '뿌리'에 해당한다. 토착적 근대화 운동가들은 토착사상과 언어를 바탕으로 서구의 식민지 지배에 저항하였던 것이다. 가령 간디의 사상에 가장 큰 영향을 끼친 것은 힌두교 성전 『바가바드 기타』였고, 그가 비폭력 평화운동의 슬로건

---

**3** 朴吉眞「実在の研究──ショペンハウエルを主として」(1941). 번역은 원광대 원불교사상연구원의 야규우 마꼬또(柳生眞) 교수의 초역을 참고하였다. 이 논문에서는 '생명철학'을 축으로 쇼펜하우어와 원불교의 대화를 시도하고 있는데, 이에 대해서는 졸고 「쇼펜하우어와 원불교의 대화: 숭산 박길진의 「실재의 연구」(1941)를 중심으로」(『원불교사상과 종교문화』 90호, 2021)를 참고하기 바란다.

**4** 졸고 「새로운 하늘이 열리고 있다」, 조성환·이병한 『개벽파선언』, 모시는사람들 2019, 162면.

**5** "we have to keep to our roots but at the same time (…) understanding what the new world is--the new world of science, technology, etc."(1962.12.28) 이상 Dipesh Chakrabarty, The Climate of History in a Planetary Age, University of Chicago Press, 2021, 111면에서 재인용.

**6** 기타지마 기신 「남아프리카의 비폭력 평화운동과 근대 일본·한국의 과제: 사티아그라하(Satyagraha) 사상과 운동을 중심으로」, 최다울·조성환 옮김, 『한국종교』 45집, 2019.

으로 제창한 사티아그라하(Satyagraha)는 산스크리트어 '사트'(진리)와 '아그라하'(고수하다)를 합친 신조어였다.[7] 마찬가지로 아프리카의 아파르트헤이트 철폐운동의 사상적 토대가 되었던 우분투(ubuntu) 역시 "당신이 있어서 내가 있다"(I am because You are)는 아프리카의 토착적 인간관을 집약한 개념이었다.[8]

그렇다면 한국의 개벽파에게 있어 뿌리와 토착은 무엇일까? 그것은 다름 아닌 한국말과 거기에 담긴 한국적 사상이다. 19세기 말에 동학을 창시한 최제우는 'ᄒᆞᄂᆞᆯ님' 개념을 바탕으로 시천주(侍天主)라고 하는 새로운 인간관을 제창하였고, 그것을 한글 경전 『용담유사』에 담았다.[9] 20세기 전반기의 천도교 사상가 야뢰 이돈화는 『신인철학(新人哲學)』(1931)에서 '한'과 '울'을 조합한 '한울' 개념을 바탕으로 동학사상을 생명철학으로 재해석하면서 '한울철학'을 전개하였다. 이러한 흐름은 반세기 뒤에 동학사상을 토대로 둔 장일순과 김지하의 '한살림운동'으로 이어졌다.

이돈화의 '한울'이나 장일순의 '한살림'은 모두 우리말 한과 울, 한과 살림을 조합한 말로, 마치 간디가 '사티아'와 '그라하'를 합쳐서 '사티아그라하'를 만들었듯이, 새로운 언어를 창조하여 새로운 사상운동을 전개한 사례에 해당한다. 최제우나 최시형도 한글어 'ᄒᆞᄂᆞᆯ님' 개념을 한국사상사에서 처음으로 철학 용어로 사용하고, '새로운 시작'을 의미하는 '다시개벽'과 '후천개벽'이라는 신개념을 제시함으로써, 새로운 시대를 준

---

**7** 같은 논문 101~104면 참고.

**8** 같은 논문 89면; Desmond Tutu, "Ubuntu," *God Is Not a Christian*, HarperOne, 2011, 21~24면.

**9** 1860년~1864년 사이에 최제우가 쓴 『용담유사』에는 'ᄒᆞᄂᆞᆯ님' 개념이 총 22차례 나온다. 이 외에도 '하늘님'과 'ᄒᆞᄂᆞᆯ님'이 한 차례씩 나오고 있다. 이상 김용옥 『도올심득 東經大全 (1)』, 통나무 2004, 150면 참조.

비하고자 하였다.

그런데 이러한 사상적 지향성은, 앞서 소개한 해학 이기의 고민으로부터 알 수 있듯이, 단지 '개벽'을 표방한 자생종교에 한정된 것은 아니었다. 이 글에서 다루고자 하는 만해 한용운(萬海 韓龍雲, 1879~1944)도, 비록 '개벽'이라는 개념은 사용하지 않았지만, 안으로는 불교를 혁신하고 밖으로는 서양을 수용하면서 새로운 불교를 모색하려고 하였다는 점에서 '토착적 근대화' 또는 '주체적 근대화'의 사례로 평가받기도 한다.[10] 또한 그는 불교를 사회주의적으로 해석하면서 '불교사회주의'라는 표현을 사용함으로써 불교라는 전통사상과 사회주의라는 서구사상의 대화 내지는 융합을 시도하기도 하였다.[11] 그런 점에서 한용운은 사상적으로는 척사파나 개화파보다는 '개벽파'에 친화적이라고 할 수 있다. 실제로 그는 손병희와 함께 3·1만세운동에 참여하였고, 1922년 9월에는 그의 옥중시 「무궁화 심으과저」가 천도교에서 발행하는 『개벽』27호에 발표되었으며, 1930년에는 '개벽사' 10주년 축사를 『별건곤』에 싣기도 하였다.[12]

특히 한용운의 대표작으로 알려져 있는 「님의 침묵」은, 마치 최제우와 최시형이 'ᄒᆞᄂᆞᆯ님' 개념을 철학화했듯이, 한국어 '님' 개념을 철학화하여 한국인의 종교적 정서를 탁월하게 표현하고 있다는 점에서, 가깝게는 최제우와 최시형의 'ᄒᆞᄂᆞᆯ님' 개념을 잇고, 멀게는 한국사상사의 한획을 긋고 있다. 이와 관련해서는 일찍이 영문학자 송욱이 다음과 같은 지적을 한 적이 있다.

---

**10** 정혜정 「만해 한용운의 불교유신사상에 나타난 '주체적 근대화'와 마음수양론」, 『불교학연구』 51호, 2017.
**11** 같은 논문 140~42면.
**12** 같은 논문 140면.

우리말을 표현수단으로 삼은 신문학은 한문과 함께 사상과도 그만 작별하고 말았다. 우리 신문학은 **사상이 없는 문학**이 되고 말았다. 오직 한가지 예외가『님의 침묵』이다. 그러므로 이 시집은 장차 이 나라의 문학사뿐만 아니라 **사상사에서도 중요한 위치를 끝내 차지하리라.**[13]

이 글은 1973년에 초판이 나온『한용운전집(1)』의「해제」의 한 대목으로, 여기에서 송욱은『님의 침묵』[14]이 한국문학사는 물론이고 장차 '한국사상사'에서도 중요한 자리를 차지하리라 예견하고 있다. 그러나 이후의 연구사를 일별해보면, 이러한 문제의식을 담은 연구는 그리 많지 않은 것 같다. 만해의 작품에 나오는 '님'의 의미를 둘러싼 연구는 셀 수 없이 많지만, 한국사상사의 맥락에서 고찰한 연구는 두세편 정도에 불과하다.

그중 하나는 1983년에 나온 신상철의『현대시와 님의 연구』(시문학사, 개정판 1989)이다. 이 책에서 저자는 한국의 고대 시가에서 1930년대에 이르는 '님'의 문학들을 통시적으로 고찰하고 있다. 따라서 이 연구에서는『님의 침묵』이 나오기 전까지의 한국문학사에서 '님'을 테마로 한 작품들을 일별할 수 있다는 장점이 있다. 또다른 선구적인 연구는 김지하의

---

**13** 만해 한용운선생 전집간행위원회『한용운전집(1)』, 불교문화연구원 2006(초판은 1973), 25면. 이 글에서 인용하는 만해의 작품은 이 전집에 의하며 강조 표시는 인용자의 것이다. 이하도 마찬가지.
**14**『님의 침묵』은 1926년 5월에 회동서관(匯東書館)에서 간행된 시집으로, 맨 앞에 창작동기를 밝힌「군말」과 맨 뒤에 후기에 해당하는「독자에게」가 붙어 있고, 본문은「님의 침묵」을 비롯하여「알 수 없어요」「자유정조(自由貞操)」「복종」등 모두 88편이 기승전결의 연작시의 형태로 배열되어 있다.

'님론'이다. 김지하는「님」(1995)[15]과「모심과 살림의 미학」(2001)[16] 등에서 동학과 한용운의 님을 논하고 있다. 종래의 연구들이 문학사나 불교학의 테두리에서『님의 침묵』을 논한데 비하면 대단히 독특한 관점이라고 할 수 있나. 특히 한용운의 님을 동학의 '하늘님'과의 연속선상에서 보고 있는 점이 매우 시사적이다.

이 외에도 일본의 한국학 연구자인 오구라 키조오(小倉紀蔵)가『한국은 하나의 철학이다』(1998)에서 피력한 짤막한 '님론'이 있다.[17] 이 님론은 외국인의 시각에서 한국어의 '님'에 담긴 철학적·사회적 의미를 분석하였다는 점에서 주목할 만하다. 예를 들면 "철학적으로는 자신보다 '리(理)'를 더 많이 체현하고 있는 사람"으로 '님'을 정의하고 있는데,[18] 여기에서 '리'는 조선 성리학에서 추구한 '도덕적 진리'를 가리키는 개념이다. 따라서 오구라의 분석은 우리가 일상생활에서 쓰고 있는 '님' 개념에 성리학적 세계관이 투영되어 있음을 보여주고 있다는 점에서 시사적이다. 신상철이 문학의 관점에서, 김지하가 종교의 관점에서 님을 고찰했다면, 오구라는 철학적 관점에서 님을 분석한 것이다.

이하에서는 이상의 세편의 선행 연구를 참고하면서, 한용운의 작품에 나타난 '님'의 의미를 한국사상사, 그중에서도 특히 개벽사상사와의 관련 속에서 고찰해보고자 한다.

---

**15** 김지하『님』, 솔 1995.
**16** 장일순 외『모심侍』, 모심과살림연구소 2005(초판은 2002)에 수록.
**17** 1998년에 일본에서 간행되었고 2017년에 한국어로 번역되었다.
**18** 오구라 기조『한국은 하나의 철학이다』, 조성환 옮김, 모시는사람들 2017, 40면.

## 2. 님의 사상사

적어도 문헌상에서 '님'이라는 말이 등장한 것은 15세기 중엽의 한글 창제 이후가 될 것이다(가령 1527년에 나온 『훈몽자회』에서는 한자어 '主'를 '님 쥬'로 풀이하고 있다[19]). 그러나 그 이전에도, 비록 한문으로 쓰여졌지만 '님'의 의미를 표현하고 있다고 생각되는 문학작품은 얼마든지 찾아볼 수 있다. 가장 오래된 작품으로는 고조선 시대에 공후인(箜篌引)이 썼다고 하는 「공무도하가(公無渡河歌)」를 들 수 있다.

公無渡河  님이여 그 물을 건너지 마오
公竟渡河  님은 그예 물속으로 들어가셨네
墮河而死  원통해라 물속으로 빠져 죽은 님
當奈公何  아아, 저 님은 언제 다시 만날꼬

여기에서 한자어 '公(공)'은, '당신'이나 '여보'로도 번역되지만, 대부분의 연구자들은 '님'으로 옮기고 있다.[20] 그러나 번역어를 무엇으로 택하든지 간에, 그리워하는 대상과의 이별과 만남을 주제로 하고 있다는 점에서는 훗날 한글 작품에 나타난 '님' 개념에 상응한다고 보아도 무방할 것이다. 특히 「공무도하가」에는 훗날 '님'을 노래할 때마다 그림자처럼 따라다니는 이별과 정한의 정서가 잘 표출되고 있다.

이어서 신라시대의 향가 「원왕생가(願往生歌)」에도 '님'에 상응하는 한

---

**19** 최영애 「중국 고대음으로 본 한국어 '무엇' '무당' '곰' '님'의 어원 문제」, 『인문과학』 78집, 1997, 224면.
**20** 신상철 『현대시와 님의 연구』 19면 참조.

자어가 나오고 있다.

> 달이시여 이제 서방까지 가셔서
>
> 무량수불(無量壽佛) 앞에 일러 사뢰옵소서
>
> 다짐 깊으신 **尊(존)**에게 우러러 두손 모아
>
> 원왕생(願往生) 원왕생(願往生)
>
> 그리워하는 **사람〔慕人〕** 있다 사뢰소서
>
> 아아, 이 몸 남겨두고 사십팔대원(四十八大願) 이루실까[21]
>
> (강조는 인용자, 이하 인용문에서도 같음)

이 향가는 아미타불을 그리워하면서 서방정토에 왕생하기를 기원하는 기원가(祈願歌)로, 여러가지 점에서 『님의 침묵』과 비견될 수 있다. 먼저 중간에 나오는 '尊(존)'은 문맥상 '무량수불'을 지칭하고 있기 때문에, 대개 '부처님' 또는 '무량수불님'으로 번역된다.[22] '부처님'에 해당하는 한자어는 원래 佛陀(붓다)나 釋尊(석존)인데, 여기에서는 '釋(석)'을 떼고 존칭 접미사인 '尊'만 단독으로 쓰였음을 알 수 있다. 따라서 '尊'은 훗날의 한글어 '님'에 상응하는 한자어라고 볼 수 있다. 그것도 접미사로서의 님이 아니라 체언으로서의 님이다.

참고로 중국언어학 연구자 최영애에 의하면 한국말 '님'은 중국 남송대(12세기) 이후에 성립한 '您(nin)'에서 유래했다고 한다. 흥미로운 점

---

**21** 번역은 양주동 『양주동전집(1): 고가연구(古歌硏究)』, 동국대출판부 1995, 497~522면 참조.

**22** 신상철은 "무량수 부처님"으로 번역하고 있고(『현대시와 님의 연구』 23면), 김완진은 '부처님'으로 번역하고 있다(박노준 '원왕생가', 한국민족문화대백과사전 홈페이지의 해설에서 재인용).

은 '您'이 20세기 이후의 현대 중국어에서는 단지 '당신'이라는 경칭으로 만 쓰이는 데 반해, 한국어의 '님'은 여전히 본래의 의미가 남아 있어서 애틋한 마음을 실어서 상대를 가리키는 말로도 쓰이고 있다는 지적이다. 이상의 최영애의 연구에 의하면, 체언으로서의 '님'이 먼저 있었고, 그 이후에 접미사로서의 '님'이 생긴 것이고, 「원왕생가」가 씌어진 신라시대에는 아직 '님'이라는 한국말은 없었을 것이다.[23]

다시 「원왕생가」로 돌아오면, 뒷부분에 나오는 '慕人(모인)'은 '사모하는 사람', '그리워하는 사람'이라는 의미로, 그 대상은 '아미타불'이다. 따라서 '모인'은 아미타불을 '님'으로서 그리워하는 화자임을 알 수 있다.[24] 이처럼 「원왕생가」는 불교적 이상세계나 불교의 성인을 '님'으로 그리워하고 있다는 점에서 한용운의 『님의 침묵』과 유사한 점이 많다.

신상철의 분석에 의하면, 신라시대의 '님'은 주로 불교적 맥락에서 사용되었는데, 고려시대와 조선시대에 들어오면 이성 간에 사용되는 용례가 많고, 이 외에도 장군이나 임금을 가리키기도 하였다.[25] 또한 「원왕생가」의 '尊'과 같이 단독으로 쓰인 용례도 보이는데, 고려 예종의 「도이장가(悼二將歌)」가 그것이다. 1120년에 씌어진 이 작품은 고려 제16대 임금 예종이 고려의 공신 신숭겸(申崇謙)과 김락(金樂)을 기리는 추도시로, '님'에 해당하는 한자어 '主'가 사용되고 있다.[26] 앞에서도 서술했듯이, 1527년에 쓰여진 『훈몽자회』에서는 한자어 '主'에 대해 '님'이라는 훈을 달고 있다. 따라서 「도이장가」가 쓰였을 당시에 '主'를 한국어 '님'에 해

---

**23** 최영애, 앞의 논문 221~24면.
**24** 이에 대해서는 신상철의 다음과 같은 말을 참고하였다. "'그리는 사람'(慕人)의 '님'은 아미타불이요, 그리는 세계는 서방정토다." 『현대시와 님의 연구』 24면.
**25** 신상철, 같은 책 25~36면.
**26** 같은 책 26면.

당하는 한자어로 사용했을 가능성도 배제할 수는 없다.

한편 '님'과 관련된 말로 '하ᄂᆞ님'이 있다. 1800년에 간행된 박인로(朴仁老, 1561~1642)의 『노계집』에는 두 차례에 걸쳐 '하ᄂᆞ님'의 용례가 보이고 있다(「태평사(太平司)」와 「노계가(蘆溪歌)」).[27] 따라서 적어도 19세기에는 '하ᄂᆞ님'이라는 말이 사용되고 있었음을 알 수 있다. 이 개념은 무엇보다도 한국인의 종교관을 이해하는 데 중요한 단서를 제공해준다. 종교적 대상을 서구적인 '신(God)'이 아닌 '님'이라고 부르고 있기 때문이다. 따라서 여기에서는 창조주나 초월자 같은 존재론적 의미보다는 공경이나 그리움의 대상이라는 윤리적 의미 또는 정서적 의미가 앞서게 된다. '하ᄂᆞ님'도 임금님이나 부모님과 같은 '님'으로 분류되기 때문이다.

이러한 '하ᄂᆞ님' 또는 'ᄒᆞ늘님' 개념을 사상운동의 차원으로 끌어올린 것이 19세기에 탄생한 동학이다. 동학에서 모심과 공경을 인간이 지켜야 할 최고의 윤리적 덕목으로 제시한 것도 그 사상의 바탕에 '님'의 정서를 담은 하늘님 관념이 있었기 때문이다. 동학을 창시한 수운 최제우는 "하늘님을 모신다"고 하는 시천주(侍天主)의 명제를, 그 뒤를 이은 해월 최시형은 "하늘과 사람과 사물을 공경하라"고 하는 경천(敬天)·경인(敬人)·경물(敬物)의 삼경(三敬)을, 각각 새로운 윤리적 덕목으로 제시하였다. 수운과 해월이 보기에, 당시의 상황은 천지를 모시고 타자를 공경하는 님의 윤리를 상실한 시대에 다름 아니었다. 그래서 님이 부재하고 님이 상실된 시대에 님의 회복과 님의 윤리를 요청하는 님의 철학과 님의 종교를 전개한 것이다. 그런 점에서 동학은 한국사상사상 최초의 '님학'이었다고 평가할 수 있다. 이 점은 우리가 『님의 침묵』을 개벽의 관점에서 이해하는

---

27 옥성득 「『蘆溪集노계집』(1831)에 나오는 하ᄂᆞ님」, (사)기독교윤리실천운동 홈페이지 게시물 https://cemk.org/19128. 2020.11.13.

데 중요한 단서를 제공한다. 동학이 님학의 '선구'였다면 『님의 침묵』은 님학의 '전개'로 볼 수 있기 때문이다.

동학의 '님' 개념에 일찍이 주목한 이는 김지하였다. 그는 동학을 창시한 최제우가 설파한 '시천주(侍天主)'의 '主'를 '님'으로 해석하면서, 그 의미를 다음과 같이 설명하였다.

> 수운 선생은 이 主를 '稱其尊(칭기존)', 즉 '님'이라 불렀습니다. (…) 님이란 무엇일까요? 한용운의 시에 "님만 님이 아니라 기룬 것은 모두 '님'"이라고 나오죠.[28] 이 기룸이라는 말이 묘합니다. 기리다, 그립다, 기른다, 내 마음 안에서 자꾸 생성시킨다, 크게 한다, 기억한다, 이것이 전부 기룸입니다. 그러니 이 물건도 님이 될 수 있습니다. (…) 님, 그 밑에 있는 한(恨), 거기서 자꾸 우러나오는 그리움이 있다는 것입니다. 그런데 이것이 물건에까지도 확대된다는 것이죠. 저는 이것이 만해의 세계고 해월의 세계라고 봅니다. 바로 그 호칭과 '님'은 무한한 생명과 관련이 있다고 봅니다.[29]

여기에서 김지하는 자신의 독창적인 해석을 가미하면서 동학에서의 모심과 님의 의미를 만해의 님과 비교하면서 설명하고 있다. 그것은 한마디로 하면 '생명'과 '모심'과 '살림'으로 요약될 수 있다. 그리고 해월의 말을 인용하면서, 그 생명과 모심과 살림은 인간과 하늘님뿐 아니라 사물에까지 확장된다고 말하고 있다.

---

**28** 『님의 침묵』(1926)의 서문에 해당하는 「군말」에 나온다.
**29** 김지하 「모심과 살림의 미학」, 장일순 외 『모심侍』, 모심과살림연구소 2005(초판은 2002), 40~42면. 강조는 인용자의 것. 이하도 마찬가지.

## 3. 님의 형이상학

동학을 지나서 20세기로 넘어오면 본격적으로 님의 문학이 전개된다. 동학의 '하늘님'에서 '하늘'이 떨어져 나가고 '님'이 단독으로 문학의 주제가 되기 시작한 것이다.[30] 1909년 8월에 육당 최남선은 자신이 창간한 『소년』지에 「우리 님」이라는 시를 발표한다. 이어서 1910년 2월에 쓴 「태백산부(太白山賦)」에서는 "태백아 우리 님아, 나 간다고 슬퍼 마라"고 하면서 조선의 국토(태백)를 '님'으로 표현하고 있다(『소년』 2권).[31] 이어서 이광수, 김소월 등도 '님'을 소재로 한 시들을 발표하는데 만해의 『님의 침묵』도 이러한 분위기에서 나온 작품이었다.

그러나 『님의 침묵』은 여러가지 점에서 당시의 님의 문학과 성격을 달리했다. 첫째 종교적 색채가 짙다는 점, 둘째 불교학자가 님을 노래하였다는 점, 셋째 그럼에도 불구하고 격정적인 사랑을 말하고 있다는 점, 넷째 철학적 성격이 강하다는 점, 다섯째 단행본과 같은 장편의 연작시라는 점 등등. 특히 철학적 성격이 두드러진 점은 『님의 침묵』이 "사상이 담긴 문학"(송욱)임을 말해주는데, 그런 점에서 단순한 '님의 문학'을 넘어서 '님의 철학' 내지는 '님의 형이상학'의 차원으로까지 승화되고 있다고 할 수 있다.

그렇다면 어떻게 이런 전환이 가능했을까? 여기에서는 『님의 침묵』이 발표되기 1년 전에 시조시인 조운(曹雲, 1898~?)이 쓴 「'님'에 대하여」에

---

**30** 조성환·허남진 「인류세 시대의 새로운 존재론의 모색: 애니미즘의 재해석과 이규보의 사물 인식을 중심으로」, 『종교교육학연구』 66권, 2021.7, 67면.

**31** 신상철, 앞의 책 36~37면 참조.

주목하고자 한다.³² 가람 이병기와 더불어 시조운동을 전개한 인물로 알려져 있는 조운은 1925년 4월에 나온 『조선문단』 7호에 총 6면에 걸쳐서 '님'에 관한 자신의 생각을 서술하고 있다. 아마도 역사상 최초의 '님론'이 아닐까 생각한다. 그 논의의 대강을 간략히 소개하면 다음과 같다.

먼저 "님이란 말이 퍽 천(賤)해졌습니다"라는 소감으로 말문을 열면서, "과연 님이라는 말이 어떠한 뜻을 가진 말인가, 무엇을 대표한 말인가를 들추어 볼 필요가 있습니다"는 문제제기를 한 뒤에, "님이라는 말은 이와 같이 접미어로만 쓰는 것이 아니요, 대명사로 그냥 '님'이라고 불렀습니다. 이제 내가 생각하고자 하는 것은 대명사로 쓰는 '님'이 어떠한 뜻을 가졌느냐 하는 것입니다"라는 물음을 던지고서, 조선시대에 '님'을 노래한 8편의 시를 예로 들면서, "님이란 (…) 회모(懷慕)하는 사람을 이름이니, 연애하는 이성만을 부르던 것이 아니라, 그가 군주이든 부모이든 형제나 또는 친구이거나 자기가 극히 애모하는 사람을 님이라 부른 것입니다"라는 답을 도출하고 있다. 마지막으로 님에 대한 자신의 생각을 피력하면서 글을 마무리하고 있다.

나는 또 이 님이라는 말의 뜻을 더 넓히고자 합니다. 아니 넓히고저 하는 것보다 넓어졌다는 것을 말하고자 합니다.

님이란 군주라거나 부모 형제 친구라거나 이성이라거나 그 연모하는 사람 하나에게만 붙여 부를 것이 아니라, 우리의 의식이 넓어진 오늘에 있어서는 **동포**라거나 **전 인류**를 '님'이라고 부를 수도 있을 것이며, 자기 방향의 목표, 이상의 자리, 동경의 초점, 그리워하는 곳, 또 **우주생명의 본체**를 '님'이라 하며 '님'

---

**32** 「님에 대하여」 원문은 이동순 엮음 『조운문학전집』, 소명 2018, 221~26면에 실려 있는 활자본을 참고하였다. 강조는 인용자의 것.

의 품이라 할 것입니다.

원문은 모르되 '아버지여 만일 질기시거든 내게서 이 잔을 떠나게 하소서' 한 예수의 감람산 기도의 일절과 '아버지여 내 영혼을 아버지 손에 부탁하나이다' 한 예수의 최후의 말을 나로 하여금 번역케 한다면, '님이여 만일 질기시거든', '님이여 내 영혼을 님의 손에 부탁하나이다'로 읽겠습니다. 노자의[33] 태상경(太上境)과 석존의 용화와 극락이 님의 나라며 님의 따뜻한 품안일 것이올시다.

이처럼 조운은 '님'을 이성이나 군주 같은 특정 대상을 넘어서, 동포나 인류 같은 보편적 인간으로, 나아가서는 신이나 성인 같은 이상적 인물로, 그리고 그들이 꿈꿨던 이상세계나 우주의 본체 같은 형이상학적 실재로까지 확장하고 있다. 아울러 이러한 정의는 종래에 "자기가 극히 애모하는 사람"을 지칭했던 '님'의 외연을 넓힌 것이라고 밝히고 있다.

여기에서 우리는 '님'의 의미가 철학화되고 형이상학화되고 있음을 알 수 있다. 구체적인 사람에서 나아가 보편적 이상이나 철학적 본체와 같이 추상화되기 시작한 것이다. 아울러 그러한 이상을 체현한 존재도 님으로 지칭되고 있다. 이러한 의미의 '님' 개념은 앞에서 살펴본 신라시대의 향가 「원왕생가」에서도 나온 바 있다. 다만 거기에서는 한글 '님' 대신에 '尊'이 쓰이고 있었을 뿐이다. 따라서 조운의 '님론'은 고대로부터의 님 관념을 발굴하고 되살려서 한 차원 더 확장한 것이라고 볼 수 있다.

조운은 「님에 대하여」를 발표한 두달 뒤인 1925년 6월에 「님께 드릴 선물」이라는 자유시를 발표한다. 이 시는 표면적으로는 님에게 드릴 선물

---

**33** 원문은 '老子'가 아니라 '孝子'로 되어 있는데 의미상 '老子'의 오식인 듯하다.

을 찾으러 서울에 갔다 허탕만 치고 시골로 돌아오는 내용으로 되어 있지만, 우은진은 이 시를 「님에 대하여」의 연장선상에서 독해하여 "자신들의 본래적 정체성(=시골)을 발견하거나 되찾음으로써 행복을 누릴 수 있다"는 해석의 가능성을 제기하고 있다.[34] 즉 「님께 드릴 선물」에서의 '님'은 표면적으로는 이성이나 연인을 말하는 것 같지만, 사실은 동경이나 이상과 같은 궁극적 가치를 가리킨다는 것이다.

아마도 한용운의 『님의 침묵』은 이러한 사상사적 분위기에서 가능했을 것이다. 실제로 그가 『님의 침묵』 서문 「군말」에서 밝힌 "기룬(=그리워하는) 것은 다 님이다" "중생이 석가의 님이라면 철학은 칸트의 님이다"(『한용운전집(1)』 42면)라는 님의 정의는 조운의 '확장된' 정의와 일치한다. 또한 『님의 침묵』에 나타난 '님'은 한편으로는 그리워하는 연인을 가리키는 것 같지만, 다른 한편으로는 추상적 가치나 형이상학적 대상을 지칭하는 것처럼 읽힌다는 점에서도 조운의 님 개념과 상통하고 있다.

그렇다면 『님의 침묵』에서는 확장된 '님'의 세계가 어떻게 표현되고 있을까? 먼저 종교적인 측면에 대해서 살펴보면, 앞에서 언급한 「원왕생가」와 같이 기도문의 성격이 강하다는 점이 특징적이다. 이에 대해서는 『님의 침묵』이 나온 해에 주요한(朱耀翰, 1900~79)이 쓴 서평에서 이미 지적하고 있다. 시인이자 언론인인 주요한은 1926년 6월 22일과 23일자 동아일보에 두 차례에 걸쳐 『님의 침묵』의 독후감을 실었는데, 핵심 부분을 현대어로 번역해서 인용하면 다음과 같다.

"님이 주시는 한숨과 눈물은 아름다운 생의 예술입니다." 『님의 침묵』에 나

---

**34** 우은진 「조운과 1920년대 현대시조의 형성」, 『한국민족문화』 40호, 2011, 101면.

오는 이 구절이 한용운의 최신작 『님의 침묵』의 인생 및 예술에 대한 태도를 나타낸 것이다. 시로는 하이네, 바이런 등의 중역(重譯)이 있기는 하지만, 창작이 부진하여 적막하던 시단(詩壇)에 홀연히 출연한 『님의 침묵』 한권은 우리의 갈증을 축이기에 님음이 있다. (…) 『님의 침묵』 한권은 사랑의 노래다. 님을 읊은, 님에게 보내는 노래다. 그 사랑은 '이별'로 인하여 낭만심(浪漫心)한 종교화한 사랑이다. 사랑의 모든 문제가 — 현실적이거나 이상적이거나 — 한낮의 기도화한 것이다. 사랑의 기도요 기도의 사랑이다. 그 사랑은 이별로서 미화한 사랑이오, 이별에도 희망을 가지는 사랑이다.[35]

여기에서 주요한은 『님의 침묵』의 출간을 "창작이 부진하던 시대에 홀연히 출연한" 단비와 같은 작품이라고 평가하면서, 거기에 담긴 시들을 "인생 및 예술에 대한 태도" "종교화한 사랑" "사랑의 기도" "기도의 사랑"을 노래하고 있다고 소개하고 있다. 다시 말하면 "님에 대한 사랑을 표현한 기도시(祈禱詩)"이자 작가의 인생관과 예술론이 담겨 있는 시집이라는 것이다. 그런 점에서는 멀게는 신라시대의 「원왕생가」를, 가깝게는 이해인(1945~) 수녀의 『작은 기도』 같은 작품을 연상시킨다.

그럼 구체적으로 『님의 침묵』의 어떤 시에서 이러한 경향이 나타나는지 살펴보자.

님이여, 나의 마음을 가져가려거든 마음을 가진 나에게서 가져가세요.
그리하여 나로 하여금 님에게서 하나가 되게 하셔요.
그렇지 아니하거든 나에게 고통만을 주지 마시고 님의 마음을 다 주셔요.

---

[35] 주요한 「愛의 祈禱, 祈禱의 愛(上)」, 동아일보 1926.6.22, 3면.

그리고 마음을 가진 님에게서 나에게 주셔요.

그래서 님으로 하여금 나에게서 하나가 되게 하셔요.

그렇지 아니하거든 나의 마음을 돌려보내 주셔요.

그러고 나에게 고통을 주셔요.

그러면 나는 나의 마음을 가지고 님의 주시는 고통을 사랑하겠습니다.

(「하나가 되어 주셔요」, 『한용운전집(1)』 48~49면)

　이 시에서 화자는 고통을 감수하면서까지 님과 하나가 되고자 하는 간절한 마음을 읊고 있다. 여기에서 '님'을 '사랑하는 연인'으로 이해한다면 애틋한 연애시와 다르지 않을 것이다. 그러나 '님'을, 조운이 제안했듯이, '하나님'이나 '하느님'으로 바꿔 읽는다면 독실한 그리스도교도가 쓴 기도시와 다름없어 보인다. 이것은 한용운의 시에서는 절대자에 대한 사랑과 연인에 대한 사랑이 본질적으로 다르지 않음을 시사한다. 둘 다 상대방의 마음과 사랑을 얻고자 한다는 점에서는, 그래서 상대방과 하나가 되고자 한다는 점에서는 마찬가지이기 때문이다. 그래서 『님의 침묵』에서 연인에 대한 사랑은 신에 대한 사랑처럼 경건하고, 신에 대한 사랑은 연인에 대한 사랑처럼 세속적이다. 마치 동학에서 하늘과 인간의 관계를 "하늘이 사람이고 사람이 하늘이다"(人是天, 天是人)[36]고 했듯이, 한용운에게 있어서도 연인과 절대자는 다 같이 '님'이라는 점에서는 별반 차이가 없다. 바로 여기에 님에 담긴 이중적 의미가 있다. 님은 종교적으로 말하면 성과 속의 양자에 걸쳐 있고, 철학적으로 말하면 하늘과 인간의 두 차원을 넘나든다. 한용운의 시가 한편으로는 세속적인 연애시로, 다른 한

---

**36** 『해월신사법설』「천지부모」

편으로는 종교적인 기도시로 읽힐 수 있는 것은 이러한 이유에서이다. 그것은 조운이 갈파했듯이, 한국어의 '님' 자체에 이중적인 의미가 담겨 있기 때문일 것이다.

한편 『님의 침묵』의 화자는 절대자를 그리워하는 기도자(祈禱者)의 측면뿐만 아니라 해탈을 추구하는 구도자(求道者)의 측면도 지니고 있다. 그런 점에서 『님의 침묵』은 기도시와 구도시의 성격을 겸하고 있다. 「선사의 설법」에는 이러한 측면이 잘 드러나 있다.

> 나는 선사의 설법을 들었습니다.
> "너는 사랑의 쇠사슬에서 묶여서 고통을 받지 말고 사랑의 줄을 끊어라.
> 그러면 너의 마음이 즐거우리라."
> 고 선사는 큰 소리로 말하였습니다.
> 그 선사는 어지간히 어리석습니다.
> 사랑의 줄에 묶인 것이 아프기는 아프지만
> 사랑의 줄을 끊으면 죽는 것보다도 더 아픈 줄을 모르는 말입니다.
> 사랑의 속박은 단단히 얽어매는 것이 풀어주는 것입니다.
> 그러므로 대해탈은 속박에서 얻는 것입니다.
> 님이여, 나를 얽은 님의 사랑의 줄이 약할까 봐서 나의 님을 사랑하는 줄을 곱드렸습니다. (『한용운전집(1)』 61면)

여기에서 우리는 화자가 추구하는 해탈이 일반적으로 불교에서 말하는 그것과 성격을 달리함을 알 수 있다. 그것은 욕망을 끊은 상태에서 도달할 수 있는 금욕의 경지가 아니라, 사랑에 불타오르는 격정에서 얻어지는 **에로스적 해탈**이기 때문이다. 이처럼 화자가 사랑이라는 욕망을 포기할 수 없는 이유는 그에게 있어 사랑은 생명 그 자체에 다름 아니기 때문이다. 생명을 지닌 이상, 님에 대한 사랑은 끊을 수가 없다. 따라서 사랑을 끊는다는 것은 생명을 끊는 것과 마찬가지이다. 사랑과 생명은 동전의 양면이다. 주요한이 이 시를 단순히 '기도'가 아니라 '사랑의 기도'라고 한 이유도 여기에 있다. "사랑을 염원하고 기도하는 시"라는 의미이다.

그렇다고 해서 이 사랑이 어떠한 구속도 거부하는 이른바 '자유연애' 같은 사랑인 것도 아니다. 오히려 상대에 대한 철저한 복종을 지향하는 구속적 사랑이다. 만해가 서 있는 사상사적 지점은 여기에 있다. 그가 추구하는 해탈과 자유는 어떠한 욕망으로부터 벗어난 금욕적 해탈도 아니고, 어떠한 구속으로부터 자유로운 평등한 자유도 아니다. 그의 해탈은 사랑의 절정에서 도달되는 '격정적 해탈'이고, 그의 자유는 님에 대한 순종에서 얻어지는 '복종적 자유'이다. 이처럼 만해는 전통적 불교나 서구적 근대의 관점에서 보면 일견 모순되는 이상을 추구하고 있다. 그런 점에서 만해는 전통과 개화의 '사이'에 서 있다고 할 수 있다. 만해의 언설에서 모순적인 어법이 자주 등장하는 이유 중의 하나도 여기에 있다.

그렇다면 그가 말하는 '구속적 해탈'이란 구체적으로 무엇을 의미하는 것일까? 어떻게 이런 모순된 상태가 가능한 것일까? 여기에는 한용운이 믿고 있는 연기적(緣起的) 세계관이 작용하고 있다. 그는 불교의 연기적 세계관을 표현한 시를 여러편 쓰고 있는데, 『님의 침묵』(1926)에 수록된 「인과율」이나 1931년에 쓴 「우주의 인과율」이 그것이다. 이 외에도 『님의 침묵』에 수록된 「나와 너」나 「알 수 없어요」에도 상호의존적이면서 연기적인 세계관이 표현되고 있다. 그 일부를 소개하면 다음과 같다.

자연인사 즉 천체의 운행, 지리의 변천 (…) 등 모든 자연과학과 국가의 흥망, (…) 인문의 성쇠 등 모든 사회과학의 상호연락의 공간적 관계와 선후 연결의 시간적 관계가 어느 것 하나도 우주적 인과율의 범주 이외에 벗어나는 것이 없다. (「우주의 인과율」, 『한용운전집(2)』 300면)

'나'가 없으면 다른 것이 없다. 마찬가지로 다른 것이 없으면 나도 없다. (…) 나는 다른 것의 모임이요, 다른 것은 나의 흩어짐이다. (「나와 너」, 『불교』 88호, 1931. 『한용운전집(2)』 351면)

바람도 없는 공중에 수직의 파문을 내이며 고요히 떨어지는 **오동잎은 누구의 발자취입니까.** (…) 타고 남은 재가 다시 기름이 됩니다. 그칠 줄을 모르고 타는 나의 가슴은 누구의 밤을 지키는 약한 등불입니까. (「알 수 없어요」, 1926. 『한용운전집(1)』 33면)

여기에서는 이 세상의 그 어떤 것도 다른 것과 독립되어 존재할 수 없다는 '우주적 연기설'과 나와 너는 서로 의존관계에 있다는 '상호의존적' 존재방식이 설파되고 있다. 나는 너의 '모임'이고, 너는 나의 '흩어짐'이다. 공중에서 떨어지는 오동잎도 '연기(緣起)'의 흔적이다. 따라서 이러한 연기적 세계, 의존적 세계를 철저하게 자각하고 받아들임으로써 우리는 해탈을 얻을 수 있다는 것이 한용운의 해탈론이다. 이것을 그는 "님에의 구속"이라고 표현하고 있는 것이다. 따라서 한용운이 말하는 '님'은 우주가 서로 얽혀 있다는 연기적 '진리'를 의인화한 표현, 또는 그것을 설파한 '부처님'을 지칭한 것으로 볼 수 있다.

바로 여기에 님의 형이상학적인 측면이 들어 있다. 님은 단순한 그리움의 대상으로서의 연인을 넘어서, 조운이 "우주생명의 본체"라고 하고 만해가 "칸트의 님은 철학이다"고 했듯이, 형이상학적 진리까지도 함축하고 있는 것이다. 여기에는 진리와 하나되고 싶어하는, 이른바 '천인합일(天人合一)'로 상징되는 동아시아적 진리관 내지는 인간관이 깔려 있다. 궁극적 진리를 사모하고 추구하고 그리워하는 동아시아인들의 마음을 한용운은 '님'이라는 말로 담아내었다.

이와 비슷한 사례로는 김형효(金炯孝, 1940~2018)의 퇴계 해석을 들 수 있다. 김형효는 「퇴계의 사상과 자연신학적 해석」이라는 글에서 퇴계의 '리(理)'를 '님'으로 해석하였다. 그의 해석을 소개하면 다음과 같다.

> 퇴계 성리학은 격물치지의 이론을 통해 실재하는 성리의 존재(物理之極處)를 단지 생각하는 수준이 아니라, 숭고한 도(道)로서의 리(理)를 사유하면서 동시에 거기에 관여하려는 의도를 품고 있다고 보지 않을 수 없다. (…) 그의 철학은 보편적으로 실재하는 리의 존재(物理)를 찾아가는 심(心)의 운동을 중시하고, 그 심(心)의 운동이 물리의 존재를 발견한 뒤에 그 리의 존재를 다시 우리 마음에 지적으로 동화시키는 그런 사유의 행로를 밟고 있다. (…) 여기서 우리는 플라톤적인 표현을 빌려서 퇴계 유학에서 심(心)이 리(理)를 갈망한다고 주장해도 좋으리라. (…) 수양에 의해서 그 리가 현실적으로 흐려지지 않고 내 마음에 '님'으로 거주하게 된다. (…) 그 리를 사랑하고 보존하고자 하는 의지의 갈망은 그 리에 동화되어 그것과 '일체가 되고 싶은 바람'과 같다. (…) 그 리는 마음속에서 만나는 절대적인 님의 현존이 아니고 무엇이겠는가? (…) 그 리는 '님'의 현존, 절대적 '님'의 존재와 다르지 않다.[37]

'님'은 마음이 사랑하는 존재이며, 동시에 마음이 마중하고 경건하게 경배해야 하

---

**37** 김형효 「퇴계의 사상과 자연신학적 해석」, 『원효에서 다산까지』, 청계 2000, 266~68면. 강조는 인용자의 것.

는 가치 자체이기에 퇴계 철학에서 경(敬) 사상이 그토록 중요한 비중을 차지할 수밖에 없었다. 만약 퇴계 성리학에서 '님'에의 헌신과 경배가 없다면, 그의 경 사상과 그 공부는 그의 사상의 핵심부에 자리매김할 수 없었을 것이리라.[38]

여기에서 김형효는 퇴계학의 기본구조를 "리를 (격물치지와 같은 지성적 활동으로서뿐 아니라) 님과 같은 인격적 대상으로서 그리워하는 마음수양학"이라고 자리매김한 뒤에, 퇴계학에서 리가 인격화되고, 그의 수양학에서 경건함(敬)이 중시되는 이유가 여기에 있다고 분석하고 있다. 김형효의 해석에 의하면, 퇴계에서의 리는 단순한 인식 대상이나 분석 대상을 넘어서 동경의 대상이자 합일의 경지로 이해되고 있다. 이것을 그는 "퇴계에서의 리는 님이다"고 말하고 있는 것이다.

"퇴계에서의 리가 님"이라면 "만해에서의 님은 리"라고 할 수 있다. 퇴계가 한국인의 님의 정서를 성리학적인 리 개념으로 표현했다면, 만해는 반대로 님이라는 한국어로 불교적 진리, 생명의 실상을 표현하고 있는 것이다. 양자 상의 차이가 있다면 만해에서는 님에 대한 동경이 '이별'이라는 좌절로 표출되고 있다는 점이다. 그것은 일차적으로 모든 이상(理想)의 이면에 숨어 있는 피할 수 없는 숙명으로 이해될 수 있을 것이다. 이상이란 순간적으로는 도달될 수는 있지만 시간이 지나면 다시 현실로 되돌아오기 마련이기 때문이다. 이러한 구조를 한용운은 만남과 이별의 반복으로 표현하고 있다.

그러나 다른 한편으로는 만해가 처해 있는 시대상황과 무관하지 않을 것이다. 자신이 추구하는 이상을 실현할 마당을 상실한 데에서 오는 좌절

---

**38** 같은 책 351면.

감인 것이다. 그가 그리는 '님'은 사회 속에서밖에 만날 수 없는 존재인데, 그 사회적 조건이 님과의 만남을 허용하고 있지 않기 때문이다. 그래서 님과의 만남과 이별, 님에 대한 동경과 좌절의 구조가 반복되고 있다. 『님의 침묵』에 실린 「참말인가요」라는 시는 이러한 정황을 말해준다.

그것이 참말인가요, 님이여, 속임없이 말씀해 주셔요.

당신을 나에게서 **빼앗아 간 사람들**이 당신을 보고 "그대는 님이 없다"고 하였다지요.

그래서 당신은 남 모르는 곳에서 울다가 남이 보면 울음을 웃음으로 변한다지요.

사람의 우는 것은 견딜 수가 없는 것인데 울기조차 마음대로 못하고 웃음으로 변하는 것은 죽음의 맛보다는 더 쓴 것입니다.

그러면 나는 그것을 변명하지 않고는 견딜 수가 없습니다.

나의 **생명의 꽃가지**를 있는 대로 꺾어서 화환을 만들어 당신의 목에 걸고, "이것이 님의 님이라"고 소리쳐 말하겠습니다.

그것이 참말인가요, 님이여. 속임없이 말씀하여 주셔요.

당신을 나에게서 **빼앗아 간 사람들**이 당신을 보고 "그대의 님은 우리가 구하여 준다"고 하였다지요.

그래서 당신은 "독신 생활을 하겠다"고 하였다지요.

그러면 나는 그들에게 분풀이를 하지 않고는 견딜 수가 없습니다.

많지 않은 나의 피를 더운 눈물에 섞어서 피에 목마른 그들의 칼에 뿌리고 "이것이 님의 님이라"고 울음 섞어서 말하겠습니다. (『한용운전집(1)』 63면)

여기에서 "그대는 님이 없다"가 현실적인 님의 부재를 상징한다면, "이

것이 님의 님이다"는 화자의 마음속의 님을 가리킬 것이다. 문제는 '님의 님'이 무엇을 의미하는가이다. 전자의 님이 잃어버린 조국이라면, 후자의 님은 그것을 되찾기 위해 화자가 바친 생명이자 피라고 말하고 있다. 여기에서 우리는 님의 상위에 있는 또 하나의 님을 발견하게 된다. 마치 노자가 "도는 상제(上帝)보다 앞서 있는 것 같다"(象帝之先.『도덕경』제4장)고 했듯이, 여러 님들 위에 또다른 님이 있는 것이다. 그것은 바로 김지하가 지적한 '생명으로서의 님'이다. 전자의 님이 연인이건 조국이건 붓다이건 진리이건 간에, 그 상위에는 항상 '생명의 님'이 자리잡고 있다. 이것은 조운의 표현을 빌리면 '우주생명의 본체'로서의 님이다.

이에 대해서는 이미 김지하가 지적한 적이 있다. 김지하는 「님」이라는 글에서 만해가 말하는 '님'의 의미를 다음과 같이 설명하였다.

> 님의 속뜻은 기룸에 있고, 기루는 마음이 바로 님이다. (…) 제 자신이 무엇이며 누구인지 잊어버린 지는 이미 오래다. (…) 제 자식이 **신령한 생명을 모신 거룩한 존재**임을 잊은 지는 아주 옛날이다. 제 좋을 대로 이리저리 빚을 수 있는 흙덩어리쯤으로 치부한다. 그러나 흙마저도 생명과 마음이 있는 법. 생명, 이것이 나의 님이요. 마음, 이것이 **생명의 님**이다. 님을 잊었으니 우리는 이미 죽은 것이다.[39]

여기에서는 만해가 말하는 님을 동학적인 "생명의 님"으로 해석하면서 "생명을 그리는 마음이 없으면 살아 있어도 죽은 거나 다름없다"고 말하고 있다. 실제로 만해의 『님의 침묵』(1926)에는 「생명」이라는 시가 실려

---

[39] 김지하 「님」, 『님』, 솔 1995, 60~61면.

있고, 그가 창간한 『유심(惟心)』 2호(1918)에도 「일경초(一莖草)의 생명」이라는 시가 나온다.[40] 2001년에 나온 이선이의 『만해시의 생명사상 연구』(월인)는 생명철학의 관점에서 만해의 시세계를 해석한 선구적인 연구이다. 김지하의 해석은 동학과 불교라는 경계를 넘어서 그 저변에 흐르고 있는 '생명'이라는 공통분모를 포착해내고 있다는 점에서 주목할 만하다. 한국 근대의 저변에 흐르고 있는 사상자원에 '생명'이 있음을 시사하고 있기 때문이다. 1980년대의 '한살림' 운동이나 2000년대부터 전개된 '생명평화' 운동도 이러한 흐름 속에서 이해될 수 있을 것이다.

생명의 님은 모든 님들의 님이자 그들을 님이게 하는 메타적인 〈님〉이다. 생명이 없으면 사랑도 해탈도 기도도 구도도 없기 때문이다. 그래서 모든 님들은 생명의 〈님〉을 갈망하고 그리워한다. 생명은 모든 님들의 공통적인 속성이다. 조국이라는 님도 민중의 생명을 위해 존재하고 진리라는 님도 생명이 있어야 추구할 수 있다. 이런 님들을 지키고 실현하기 위해서는 자신의 생명을 희생할 수밖에 없다. 이것은 생명의 〈님〉의 요청이기도 하다. 생명의 〈님〉은 사랑과 평화를 본질로 하기 때문이다.

> 님이여, 당신은 봄과 광명과 평화를 좋아하십니다.
> 약자의 가슴에 눈물을 뿌리는 자비의 보살이 되옵소서.
> 님이여, 사랑이여, 얼음 바다에 봄바람이여. (「찬송」, 『한용운전집(1)』 64면)

여기에서 봄과 광명은 '생명'을, 자비는 '사랑'을 각각 상징한다. 생명이 '님' 자체라면, 사랑과 평화는 그것의 본질적 속성이다. 화자는 현실에

---

**40** 「생명」은 『한용운전집(1)』 51면에, 「일경초의 생명」은 『한용운전집(2)』 349면에 실려 있다.

서 이러한 님의 가치와 이상이 이루어지기를 간절히 기도하고 있다. 그러나 그것은 동시에 자기 자신에 대한 기도이기도 하다. 이렇게 님과 일체가 되기를 바라는 사이에 어느덧 자신도 님이 되어가는 것이다. 오구라 키조오는 일찍이 한국인의 '상승시향성'을 지석하면서, 한국인의 인생은 "님이 되고자 하는 끊임없는 노력과 극기의 지속이다"고 말한 바 있다.[41] 만해의 님학은 한국인의 이러한 정서를 잘 대변하고 있다. 그러나 동시에 님을 동경함으로써 자신도 님이 될 수 있다는 역설도 보여준다. 퇴계와 해월과 만해는 님을 절실히 그리워하였기에 자신도 남들의 님이 될 수 있었기 때문이다.[42] 님과 일체가 되려고 하였기에 자신도 님으로 남을 수 있었던 것이다. 이것이 한국인들이 님이 되는 방법이다. 남을 누르고 그 위에 올라섬으로써(=상승함으로써) 님으로 등극하는 것이 아니라, 님 앞에서 자신을 낮추고 님을 섬기고 공경함으로써(=하강함으로써[43]) 저절로 님이 되는 것이다.

---

**41** 오구라 기조, 앞의 책 46면.

**42** 만해전집 간행위원장인 최범술은 만해에 대해서 "선생은 우리의 님이다"라고 말하고 있다(『한용운전집(1)』 3면).

**43** 퇴계학자 이원진은 퇴계의 삶을, 오구라 기조의 상승지향성에 대해서 '하강지향성'이라고 평가하였다. 한국학포럼 「한국의 근대화 과정과 영혼 돌봄의 상실」, 『개벽신문』 72호, 2018년 3월 참조.

# 9장
# 경계를 횡단하는 조소앙과 변혁적 중도주의

백영서

## 1. 왜 다시 조소앙을 읽나?

조소앙(趙素昂, 본명 鏞殷, 1887~1958)이 남긴 일차 문헌자료가 아직 완벽하게 정리·간행되지는 않았지만 많은 부분이 이미 출간되었고,[1] 연구성과도 국내에서 적잖이 축적된 편이다. 그에 대한 연구동향의 흐름을 시계열적으로 본다면 남북통일을 위한 사상자원으로 새롭게 주목된 데서 시작해,[2] 민주공화제의 기원[3]으로서의 의의를 강조하거나, 민족 고유사

---

**1** 국학진흥사업추진위원회 엮음 『한국독립운동사자료집: 조소앙편』(1~4권), 한국정신문화연구원 1995 [이하 『자료집』]; 삼균학회 엮음 『素昂先生文集』(상·하), 횃불사 1979[이하 『문집』]; 강만길 엮음 『趙素昂』, 한길사 1982; 김보성·임영길 옮김 『소앙집』, 한국고전번역원 2019. 해방 직후 귀국시 그가 갖고 온 미공개 문건들이 아직 존재하는 것으로 알려진다.

**2** 강만길 엮음 『조소앙』에 실린 편자의 「민족운동·삼균주의·조소앙」; 정용대 「조소앙의 삼균주의와 민족통일노선」, 『한국학』 97호, 한국학중앙연구원 2004.

**3** 강정인·권도혁 「조소앙의 삼균주의의 재해석」, 『한국정치학회보』, 52집 1호, 2018; 신주

222

상이란 특징을 부각하는[4] 경향으로 확산되어왔다.

 필자는 이러한 연구성과를 적극 수용하여 종합하되 한국근현대사상사에서 '변혁적 중도주의'의 계보사를 정리하는 작업의 일환이란 문제의식에 입각해 새로운 조명을 꾀하고자 한다. 변혁적 중도주의란 원래 분단체제 극복운동의 남쪽 실천방안으로 제기된 개념인데, 일제강점기에도 적용되기에 부족함이 없다. 이 글에서는 세계체제가 동아시아에서 작동한 양상인 일본제국 식민지배의 문제점을 철저하게 인식하면서 그에 대해 개량이 아닌 변혁(탈식민과 건국)을 지향하되 양극단을 배제한 '정도(正道)의 중간 길'을 추구한 이념이자 (세력연대의 방법론인) 실천노선을 가리키는 의미로 쓴다.[5] 소앙의 사상을 이 시각에서 다시 본다는 것은 단순히 좌우합작의 이념임을 재강조한다기보다 (후천)개벽사상의 맥락[6]과 연관하여 평가함으로써 근대적응과 근대극복의 이중과제의 동시수행이란 과제가 한국에서 구현된 양태로서의 의미를 검토해보는 일로 이어질 것이다.

---

백「1910년 전후 군주제에서 민주공화정체로 정치이념의 전환: 공화론과 대동론을 중심으로」,『한국민족운동사연구』, 2017.

**4** 김동환「조소앙과 대종교」,『국학연구』 23집, 2019; 정영훈「조소앙의 단군민족주의와 삼균사상」,『단군학연구』 38호, 2018; 정영훈「민족고유사상에서 도출된 통일민족주의: 삼균주의와 신민족주의를 중심으로」,『단군학연구』 40호, 2019.

**5** 독립을 아예 포기한 개량주의나 급진개화파의 한 변형에 가까운 교조적 맑스주의·공산주의 그 어느 쪽에도 치우치지 않는 노선을 가리킨다. 백낙청「3·1과 한반도식 나라만들기」, 백영서 엮음『백년의 변혁: 3·1에서 촛불까지』, 창비 2019, 27~29면. 해방공간의 적용에 대해서는 이 글 각주 51)과 58) 참조.

**6** 필자의 글이 수록된 이 책을 관통하는 주제가 개벽이다. 이를 열쇠말로 삼아 동서고금의 사상을 넘나들며 동학, 원불교, 촛불혁명으로 이어지는 우리 사상의 줄기를 짚는 글로 김용옥·박맹수·백낙청 특별좌담「다시 동학을 찾아 오늘의 길을 묻다」,『창작과비평』 2021년 가을호 참조.

이 작업을 가능하게 하는 바탕은 소앙의 사유방식의 독자성에 있다. 무엇보다 그의 사유체계가 근대 한국의 민족종교(특히 대종교) 교리에 바탕을 두면서도 동서의 사상조류의 경계를 넘나드는 특성이 주목된다. 그의 경계를 넘나드는 융합적 사고는 지리적 경계를 횡단한 그의 이채로운 행적 —— 일본·중국 및 유럽을 두루 다니면서 신조류와 접속하는가 하면, 해방 이후 분단된 조국에서는 남·북한을 모두 살아야만 했던 특이한 이력 —— 의 소산인 동시에 한국사상사를 관통하는 유불선 융합의 사유구조를 내면화한 결과라고 볼 수 있다.[7]

이러한 사유방식에 기반한 변혁사상은 흔히 삼균주의라 일컬어진다. 이는 오랜 역사에서 전제와 불평등에 시달린 한민족 전체가 해방과 행복을 누리기 위해서는 정치권리의 균등, 경제권리의 균등 및 교육권리의 균등이 이뤄지는 혁명의 길을 가야 한다는 것을 골자로 한다. 이 글에서는 먼저 삼균주의의 사상적·역사적 근거를 들어보고, 이어서 그의 사유의 독자성이 삼균주의에 어떻게 녹아 있는지 점검하는 절차를 밟을 것이다. 그 다음으로 삼균주의를 동아시아적 맥락에서 검토함으로써 그의 민족주의가 지역주의나 세계주의에 어느 정도 열려 있는지를 점검하고, 끝으로 (그가 말한 삼균주의 구현의 절차인 복국→건국→치국의 세 단계 중) 복국의 단계에 정립된 삼균주의가 건국 단계 곧 해방공간에서 그 정당성과 실현 가능성을 어느 정도 충족할 수 있었는지를 살펴보려고 한다.

이 작업을 통해 토착적 사유방식에 기반을 둔 그의 삼균주의가 변혁

---

**7** 최치원이 강조한 화랑의 풍류도는 한국사상의 원형이라 할 수 있다. 만교합일(包含三教接化群生)에 드러난 그의 사상은 삼교 등 외래사상이 혼용할 수 있도록 기저를 형성하여, 교파 상호간의 대립이나 갈등을 지양하도록 하는 원동력 구실을 하고 있다. 최영성 「고운 최치원의 동인의식」, 고운국제교류사업회 엮음 『고운 최치원의 철학·종교 사상』, 문사철 2009, 33~53면.

적 중도주의의 계보사에서 중요한 위치를 차지함이 드러날 것으로 기대
한다. 냉전질서가 한반도 차원에서 작동한 한 양상인 분단체제는 식민모
순——일제잔재로 인식된 채——과 중첩된 것이기에 변혁적 중도주의의
연속성은 마땅히 주목되어야 한다.


## 2. 삼균주의의 사상적·역사적 근거 재검토

### 사상적 근거

먼저 전통사상과의 관련에 대해 살펴보자.

소앙은 유불선을 융합한 민족종교를 개창하는 방식으로 새로운 사상
체계를 세우고 그에 근거해 자신의 혁명이념을 풀어보려 했다. 철학적 방
법으로는 『역경』에 나오는 태극설과 변증법을 채택하여 유기설(唯氣說)
에 기반한 새로운 태극도설을 (미완으로 그쳤지만) 체계화하려 했다. 그
의 기설은 기본적으로 조선조 서화담의 주기론을 따르되 그것을 근대과
학의 전자론으로 보충하여 "기(氣)는 전자"로서 생물이나 무생물을 막론
하고 모두 그를 갖고 있으니 "만물의 본체는 기뿐"이라고 설명한다.[8] 이
는 유물과 유심을 모두 포괄하는 것으로 철학상의 모든 대립과 갈등을 해
소할 수 있는 제3의 개념을 창출하겠다는 큰 뜻에서 나왔다. 그러나 임시
정부 요인으로 분주한 여건의 제약 등으로 시도에 그치고 만 것이다.[9]

왜 그는 이런 뜻을 품었을까. 일본 유학생활 중인 1910년 조선이 일본
제국에 의해 강점당한 충격적 상황에서 일본 경찰의 사찰에까지 시달리

---

**8** 「素昻氣說」, 『문집』(상) 341면.
**9** 홍선희 『조소앙의 삼균주의 연구』, 부코 2014, 57면.

던 그는 정신이 극도로 피폐해졌다.[10] 그때 종교와 철학을 본격적으로 탐구해 역사변화의 근원을 찾고 자신의 삶의 의미를 정립하고자 했던 것이 아닐까 싶다. 1910년대 전반기에 종교적·철학적 탐색의 결실로 세계 여섯 성인을 선정해 그 핵심 가르침을 융합한 육성교(六聖敎)를 구상한 특이한 길을 걸었다.

길게 살펴볼 겨를은 없지만 이것이 독립운동의 방략과 실천에 반영되었으니 간략하게라도 정리해두자. 초기에는 단군·부처·공자·소크라테스·예수·무함마드를 아우르는 일신교(一神敎)를 주창했다.[11] 그러다 곧이어 소크라테스와 무함마드를 빼고, 그 대신에 노자와 수운을 여섯 성인에 넣은 대동종교(大同宗敎)에 기반해 사상체계를 세우려 했다. 성인의 일부가 바뀔 뿐 여섯 성인을 융합한 점에서 육성교로 통칭할 수 있는 그의 구상은 유불선 삼교의 진리와 단군의 신교(神敎) 및 조선 후기까지 전래된 민중신앙의 일체성을 강조하기에 이른 것이다. "마치 동학에다가 단군 신앙을 결합시킨 형식"의 종교가 된 셈이다.[12] 여기서 조선왕조가 일본제국에 강제로 병합되어 자국정부가 없는 식민지 조건에서 종교가 사실상 민족의 대변체 구실을 자임한 이례적 특징을 갖게 되었음을 상기해볼 필요가 있다.[13]

일부 유학자들이 유교에서 대종교 등 민족종교로 전향하는 맥락, 즉 유교적 중화사관에서 반유교적 신교사관(神敎史觀)으로의 일대 반전은 자못 흥미롭다. 19세기말 이래 유학자가 유교를 벗어나 귀의할 대상은 기

---

**10** 「東遊略抄」, 1910년 8월 8일, 9일, 25일, 9월 28일자 일기. 『문집』(하) 404~406면.
**11** 「一神敎令」, 『문집』(상) 342~45면. 1914년 1월 집필, 1915년 발표로 추정됨
**12** 김기승 『조소앙이 꿈꾼 세계』, 지영사 2003, 117면, 122~24면.
**13** 장석만 「3·1운동에서 종교는 무엇인가」, 박헌호·류준필 엮음, 『1919년 3월 1일에 묻다』, 성균관대출판부 2009, 211면.

독교와 대종교가 대표적인 것이었다. 후자의 경우, 온건개화파 곧 동도서기적 개화파는 나라가 망하자 "나라는 망했으나 도는 살아 있다"(國亡道存)는 인식에서 그 도를 단군정신에서 구하고 그 구현체인 대종교에 관심을 보였다. 만민공동회에 참여했던 신규식·신채호·김윤식·박은식 등이 대종교에 참여한 것은 대표적 사례라 하겠다.[14] 조소앙이 일본 유학을 마치고 귀국해 잠시 교사로 활동하다가 1913년 중국으로 건너가 체류하던 중 대종교 계열 인사들과 어울리면서 그 역사관에 접속한 것도 그런 맥락에서 이해할 수 있다.

그의 신교사관은 「대동종교 신창립」에 깊이있게 설명되어 있다. '대동'이라는 가치 속에 내재된 '만교합일(萬敎合一)'의 정신지향과 '종교'라는 형식의 핵심인 '신교(神敎)'의 가치가 돋보인다.[15] 이를 통해 육성교 구상의 밑바탕을 이룬 사상적 핵심이 단군 및 그와 관련된 사상임을 분명히 알 수 있다.

그는 단군기년을 매우 중시했다. 그의 일본 체류시기 일기를 보면, 1905~1909년까지는 왕조적인 군권의식이 작용하여 조선황실 기원만을 기록하였으나, 점차 탈피하여 1911년에는 단군기원의 위치가 야소교, 공자 기원 다음에 나타난다. 이어서 1912년에는 맨 처음에 기록되고 있다.[16]

한층 더 중요한 점은, 삼균주의의 이념적 근거도 자연스레 단군의 홍익

---

**14** 그 중심에 있던 김교헌의 사례가 그런 추세를 단적으로 보여준다. 조선조 명문가의 후예로서 대종교 제2대 교주로 취임하여 일제강점기 독립투쟁의 정신적 지주 역할을 담당했다. 김동환 「근대 유교지식인의 인식 변화에 대한 연구: 김교헌, 유교 가치에서 대종교 가치로의 인식 변화를 중심으로」, 『원불교사상과 종교문화』 71집, 2017.

**15** 「대동종교 신창립」, 『자료집』 1권 781~88면. 그의 종교적 성향은 이광수 「나의 고백」, 『이광수전집』 7권, 누리미디어 2011, 240면에 묘사되어 있다.

**16** 「東遊略抄」, 『문집』(하) 417면, 460면.

인간 사상과 단군시대 사관으로 전해지는 『신지비사(神誌秘史)』에서 찾는다는 사실이다. 그와 관련된 유일하다 싶은 사상적 근거가 거기에 나오는 "머리와 꼬리가 균등하면 모든 곳에서 태평이 이뤄진다"(首尾均平位興邦保太平)는 구절이다.[17]

또한, 대종교의 삼일신(三一神, 곧 삼위일체적 신)론 또는 삼일철학이라는 독특한 사유체계의 영향을 받아 삼균 곧 정치권리의 균등, 경제권리의 균등 및 교육권리의 균등이라는 세가지 요소를 나란히 중시한 것으로 보인다. 특히 지식이나 교육의 문제를, 정치·경제적인 문제와 함께 소앙이 중시한 것 역시 삼일신 사상에서 시사받은 것이란 설명도 있다. (그와 마찬가지로 대종교를 자신의 정치사상의 바탕에 둔 안호상이나 안재홍 같은 인물이 제기한 일민주의나 신민족주의 정치이론도 정치·교육·경제의 세 영역에서 처방을 내놓고 있는 데서 그 맥락이 확인된다.) 이처럼 민족 고유의 사상적 자산 속에서 '새시대 창건의 지침'을 찾은 사례로서 돋보인다.[18]

그런데 고유사상을 강조하면서도 국수주의에 빠지지 않은 이유를 간과해서는 안된다. 그 이유는 그가 실제 지리적 경계를 넘나든 경험이 풍부한 덕도 있겠거니와, 한국사상사의 독자성인 융합적 사고에서 연유한 사상적 탄력이 작동한 결과로 보인다. 기(氣)철학이나 (육성교 등에 드러난) 종교융합 같은 발상법이 그 바탕에 있다는 사실이 그 증거이다.

이 특성은, 근대적응과 근대극복의 '이중과제'[19]에 부합하는 복합적 근

---

**17** 「대한민국건국강령」, 『문집』(상) 148면.

**18** 정영훈 「민족고유사상에서 도출된 통일민족주의」 143~44, 151면.

**19** 백낙청 『근대의 이중과제와 한반도식 나라만들기』, 창비 2021, 1장; 이남주 엮음 『이중 과제론』, 창비 2009.

대인식을 보인 것과도 어울린다. 그는 일본 유학시절(1904~12), 근대일본은 한국이 배워야 할 문명부강국의 모델이면서 동시에 한국의 독립과 자신의 자유를 위해 부정되고 극복되어야 할 대상이었음을 날카롭게 꿰뚫었다. 이같은 근대일본의 이중성 때문에 그는 일본 배우기와 일본 비판을 동시에 수행해야 했다.[20]

소앙뿐 아니라 같은 사상계열의 안재홍 등도 고유 사상자원 속에서 통일과 자주·민주주의·정의·복지·인류평화 같은 실천적이면서 보편적인 가치를 추출해내며 좌우 극단에 치우치지 않고 '중도'의 사유를 견지할 수 있었다.[21]

교육을 정치·경제와 나란히 중시한 그이지만, 1930년대 들어 종교에 대한 공개적 언급이 줄어들면서, 교육과 종교의 협력으로 정신적 자각을 이룬 민중 개개인이 공화제도의 정치를 통해 보편적 가치를 실현할 문명사회로 진화해갈 길을 추구하는 사유로까지는 나아가지 못했다. 말하자면 개벽의 관점에 철저하지 못했다고 할 수 있다.[22] 19세기말 이래 종교와 정치의 새로운 결합을 추구한 사상적·종교적 흐름이 지속되어온 자원은 새로운 민주주의를 기대하는 오늘의 상황에서 재평가될 가치가 있다.[23]

---

**20** 김기승 「일본 유학을 통한 조소앙의 근대 체험: 제국주의적 근대 배우기에서 근대극복으로」, 『한국민족운동사연구』 47집, 2006, 76면.

**21** 정영훈, 앞의 글 165~67면.

**22** 이렇게 보는 필자와 달리 소앙이 3·1운동을 거치면서 민족역량에 대한 희망을 자각하고 "초월적 존재로부터 현실을 살아가는 대중에게로" 다가가는 계기가 되었다고 하여 '종교적 사고'에서 '이념적 사고'로 넘어간 것을 적극 평가하는 견해도 있다. 이는 종교와 정치의 분리에 과도하게 기댄 근대주의적 발상의 소산이 아닐까 싶다. 김기승 「대한독립선언서의 사상적 구조」, 『한국민족운동사연구』, 22집, 1999, 160면.

**23** 이 책에 실린 최병헌의 정교상합(政敎相合) 이외에 천도교의 정교쌍전(政敎雙全), 원불

## 역사적 근거

이제 삼민주의의 사상적 근거에 이어 역사적 근거를 살펴볼 차례이다. 소앙은 삼국 초기부터 조선 말기까지 2천년의 역사를 개괄하여 "고대부터 말세에 이르기까지 악독한 전제정치의 착취와 유린을 받아왔다"고 평가한다. 이는 한국 역사에서 인민이 평등한 정치·경제·교육상 권리를 누릴 수 있었는지 여부를 따져본 뒤 내린 결론이다. 한마디로 "불평등했을 뿐만 아니라 박탈과 유린만 있었다"고 판단한다. 따라서 이제 필요한 것은 이를 변혁대상으로 삼아 철저한 혁명 곧 그가 말하는 삼균주의에 입각한 혁명을 수행하는 일이다.[24]

이같은 역사 총괄은 삼균주의 혁명의 역사적 정당성을 정립하기 위한 분석이었다고는 해도 지금의 한국사 인식의 수준에서 보면 자국사에 대한 지나치게 비관적인 견해라 지적하지 않을 수 없다. 물론 고려 말기 이성계와 조준 등이 토지혁명을 실행해 전시제를 부활하였고, 조선 왕조 초기 한때 이 제도가 지켜진 사실의 중요성이 인정되기는 한다. 그러나 조선왕조에 대한 평가는 아래 인용문에서 드러나듯이 매우 혹독하다.

"씨족이 자신을 높이는 풍조는 신라 고려 시대에 비해 쇠퇴했지만, 인민의 권리가 침탈당하는 일은 옛 시대에 비해 더욱 심해졌다. 이 때문에 500년 동안 조선 정치의 최대 병폐는 오직 평민을 억압하고 그들의 권리를 박탈한 것뿐이었다."(104면)

일본제국에 강제병합 당한 망국의 일차적 책임을 져야 할 조선왕조와

---

교의 정교동심(政敎同心) 등의 사상자원도 그 증거이다.

**24** 「한국혁명의 역사적 토대」, 『소앙집』 101~102면. 이하 관련된 인용은 본문에 면수만 표시.

그 사상기반인 유학을 대표로 한 중세 지배문화에 공격의 초점이 맞춰지던 당시 '반전통' 풍조는 이해 못할 바가 아니다.[25] 사실 이런 정서와 인식은 그만의 것이 아니라 널리 퍼져 있던 현상이라 하겠다. 당시 주자학적 중세 전통을 비판하면서 고대 전통(예컨대 단군사상)을 당대적 가치로 삼으려는 조류가 있었다.

그렇다면 삼균주의 혁명을 직접 가능케 한 역사동력을 소앙은 어디에서 찾는 것일까. 그는 19세기 후반부터 진행된 다섯차례의 혁명에 주목한다. 즉 1863년 대원군 이하응의 '황족혁명'(제1기 혁명), 1887년 갑신정변이라 불리는 귀족청년의 '청년혁명' 또는 '벌열혁명'(제2기 혁명), 1894년 동학당의 '평민혁명'(제3기 혁명), 1896년 독립협회의 '민권혁명'(제4기 혁명) 그리고 1919년 3·1운동 곧 '민족혁명'(제5기 혁명)이 혁명사의 줄기를 이룬다. 이런 흐름을 타고, "한국 혁명은 황족에서 시작하여 귀족, 문벌 같은 지식계급과 민중, 청년 남녀학생을 거쳐 노동, 농민 계급에서도 만연해진 후에야 성공을 거두어 이제는 노동 농민 계급의 조직적 운동 단계에 진입하였다"고 정리된다. 그리하여 혁명의 방향이 "처음에는 텅 비어 정해지지 않았는데 민주입헌의 신앙을 계승하여 이제는 한국 신사회주의에 적합한 계획으로 기울고 있다"(141면)고 판단 내린다. 이는 역사의 주체가 저변 확대하는 양상에 주목한 민중사관으로 오늘날 분류됨직한 역사인식이다.[26]

좀더 세부적으로 들어가보면 동학혁명에 대해, "이 혁명으로 정부를 스스로 세워 정사를 펼치진 못했지만" 이로 인해 청일전쟁이 일어났고 그 후과로 갑오개혁이 이뤄졌으니 이는 갑오 평민혁명으로 "피흘려

---

**25** 한기형 「배제된 전통론과 조선인식의 당대성」, 『상허학보』 36호, 2012, 311면.
**26** 김보성 「해제 문필 혁명가의 자화상」, 『소앙집』 33면.

서 거둔 정치적 성과"라고 평가한다.(137면) 또한 제4기 민권혁명에 대해서는, "독립협회도 근본적으로 개혁하지는 못했으나" 정부가 그 제안을 채용했으니 "결국 독립협회가 추진했다고 하지 않을 수 없다"고 해석한다.(138~39면) 그가 다섯차례의 혁명 중 가장 중시하는 것은 제5기 민족혁명인 3·1운동이다. 물론 "3·1혁명은 근본적으로는 완전히 실패했지만, 단 이러한 실패를 계기로 혁명운동 조직의 정리, 이론 방면의 발전 및 투쟁방식의 다방면 혁신이 비교적 충분히 전개될 수 있었다"고 적극 평가한다.(140면)

이렇게 혁명의 동력을 다섯차례의 혁명, 특히 3·1운동에서 찾는다. "저윽이 우리 민족의 단결성의 결여를 개탄하고 실망"한 자신이 "조계(弔計)이며 오산"한 것임을 깨달은 계기가 3·1운동이었다고 술회된다.[27] 이에 비해 동학혁명을 평민혁명으로 간주하면서도 그 자체보다는 그 영향으로 갑오개혁을 중시할 뿐, 동학농민의 역할에 대해서는 별로 주목하지 않는다. 이는 그의 계급적 한계 탓이라기보다 임시정부 요인으로서 복국에 이어 건국의 과제에 몰두하면서 '정교일치'에 대한 문제의식이 흐려진 결과라고 지금으로서는 평가할 수 있을 것 같다. 종교융합에 집중했을 때 동학과 단군신앙을 결합한 그였음을 상기하면, 탈제도적 종교의 변혁적 역할(예컨대 개벽사상)에 더 깊이 들어가지 못한 점이 눈에 걸린다.[28]

---

**27** 「3·1운동과 나」, 『문집』(하) 67면.

**28** 이에 비교할 때, 불교에 기반해 국가와 민족을 넘어선 만유(萬有) 전생명의 우주혁명과 마음수양에 주목한 한용운의 독특한 사유체계가 주목에 값한다. 정혜정 「만해 한용운의 불교유신사상에 나타난 '주체적 근대화'와 마음수양론」, 『불교학연구』 51호, 2017.

## 3. 변혁적 중도주의의 시각에서 다시 보는 삼균주의

소앙 자신의 회고에 따르면, 삼균주의는 1918년 중국 지린성(吉林省)에 제류하면서 대동당 계열의 독립운동가들과 협의하여 「대한독립선언서」를 기초했을 때 이미 '배태'되었다.[29] 이 문건에는 육성교적 사고가 반영되어 있으면서도 삼균주의의 싹 — 예컨대 평등주의, 그리고 독립을 복국, 건국 등으로 세분하는 단계론적 사고 — 이 드러난 것, 곧 삼균주의로 발전해가는 과도적 특징이 두드러진다.[30] 삼균주의란 용어가 개념화한 것은 1930년 무렵이고, 그 이전에는 삼균제도의 시행이라는 형태로 독립운동 정당의 이념에 반영되었다. 1930년부터 한국독립당의 지도이념으로 삼균주의가 채택되었고, 이어서 1941년 대한민국임시정부의 「건국강령」에 (삼균주의가 아닌) 삼균제도라는 용어로 일정 정도 반영되었다.[31]

이제 삼균주의의 골격을 검토해보자.

소앙은 한민족이 고래로부터 겪어온 3대 불평등을 해소하는 동시에 일제로부터 독립하는 것이 '한국혁명' 곧 삼균주의혁명이라고 본다. 이로써 전체 민족의 행복을 얻을 수 있다면서, 구체적으로 그것은 정치권리의 균등, 생활권리의 균등 및 교육권리의 균등이라고 말한다. 정치균등이란 국민의 균등한 기본권을 기초로 하여 보통선거제와 국민개병제를 채택한 민주공화국을 추구하는 것이다. 경제균등은 토지국유와 대생산기관에 대한 국유정책을 기본원칙으로 하여 국민적 복지를 높이는 것이다. 교

---

**29** 「40년의 풍상기(한국독립당 간부 조소앙편): 瑞西로 社會黨 代表로 갓다가」, 『三千里續刊』 3호, 1948.7.1.

**30** 김기승, 앞의 책 146, 175, 186면.

**31** 같은 책 223, 235~37면.

육균등은 국비부담에 의한 의무교육 실시와 교육기관의 양적 확충 등과 같은 정책안들을 포함한다.

이 정치·경제·교육 균등은 협의의 삼균론이다. 그의 삼균사상은 균권·균부·균학론에 한정되지 않고, 개인과 개인, 국가와 국가, 민족과 민족의 세 차원에서도 균등이 실천되는 좀더 넓은 의미로 확장된다. 이것이 광의의 삼균론이다. 협의의 삼균론이 국내적 차원의 정의와 통합을 위한 처방이라면, 광의의 삼균론은 국제적 차원이나 인류사회 차원의 평화와 대동을 위한 처방인 셈이다. 협의의 삼균론은 특히 (광의의 삼균론 중) '개인과 개인의 균등'을 실현하기 위한 지침이라는 의미를 가진다. 그리고 광의의 삼균론 중 민족간의 균등을 위해서는, 민족자결권에 기초하여 각 민족이 국토와 주권을 광복하고 보위하며, 고유의 역사와 문화 및 민족의식을 발양하고, 평등호혜적 민족의 연합을 이룩해야 한다는 원칙이 천명된다. 그리고 국가간 균등을 위해서는 국가간에 침략을 반대하고 국제도덕을 존중하며, 연합국기구를 옹호해야 한다는 등의 실현방안이 제시된다. 민족과 세계를 한눈에 사유한 예로서 돋보인다.

이와 같이 동심원적으로 안에서 밖으로 확장되는 삼균사상을 그 자신이 만든 도표로 표현하면 〈그림 1〉과 같다.

이 삼권의 균등을 기초로 신민주국 즉 "'뉴 데모크라시'의 국가를 건설하는 것"이 목표이다. 이때의 '신민주'는 "민중을 우롱하는 '자본주의 데모크라시'도 아니며 무산자 독재를 표방하는 사회주의 데모크라시도 아니다. 더 말할 나위도 없이 범한민족을 지반으로 하고 범한국 국민을 단위로 한 전민적 데모크라시"이다.[32]

---

32 「한국독립당 당의해석」, 『趙素昻』 204면.

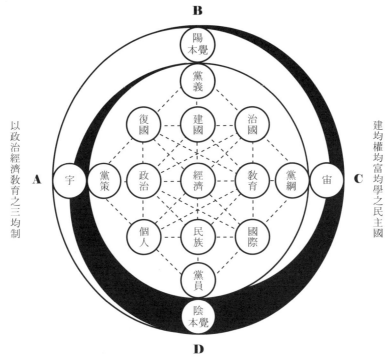

〈그림 1〉당의도설 내방도(黨義圖說 內方圖). 이 표에서 바깥 원은 당의의 근원을 동양철학의 우주관으로 표현하고, 안쪽 원에 당의 실현의 순서와 형식, 내용과 실질 그리고 집행 주체이자 적용 대상을 차례로 도해한 것이다(「한국독립당 당의 연구 방법」, 『문집』(상) 198면).

지금의 우리는 '신민주주의'란 어휘를 들으면 바로 중국공산당의 '신민주주의'를 떠올리기 십상이다. 그러나 1차대전 이후 정당 중심의 지역대표제와 의회정치의 한계를 지켜보면서 이를 혁신할 대안으로 세계 여러 곳에서 모색한 여러 유형의 시도를 가리키는 총칭이다. 마오쩌둥의 신민주주의는 그 하나이다.[33] 따라서 소앙의 삼균주의에 기반한 '신민주'는

──────────
**33** 유용태『동아시아사를 보는 눈』, 서울대출판문화원 2017, 288~89면.

당시의 세계 사조와 호응하는 동시성을 가지면서 식민지 상태의 '잠재적 주권국가'라는 단계의 특수성이 감안된 구상이라 하겠다.

그러나 그 개인의 구상에 그친 것이 아니라, 일제강점기 대한민국임시 정부와 그 집권당인 한국독립당의 공식적인 강령으로 위치를 가졌다. 잠 재적 주권국가를 상징하는 임시정부이다 보니 시간상으로 복국→건국→ 치국의 세 단계를 분별하여 일종의 순차를 정하는 등 그 실현 가능성도 고려한 구상이다. 그렇다고 해서 결코 각 단계를 기계적으로 고정하는 것 이 아니고, 한 단계에서 다음 단계를 미리 예비하는 식으로 상호연관을 의식하면서 각 단계가 점차 "연결되게 질서정연한 계획적 활동"을 추진 하도록 배분하였다. 이로써 한민족의 사업이되 동시에 인류에 기여할 수 있으리라 기대했다.[34] 삼권의 균등제도는 "복·건·치 3단계의 공통한 필 수과목이며 중심공작이며 기초적 본질을 가진 것"이란 의미를 갖는다.[35]

이를 추진하는 핵심동력은 (그가 이끄는) 한국독립당이다. 이는 운동 방식에서 '자유연합'을 배격하고 민주주의 중앙집권제를 채용하여 소수 는 다수에, 하급은 상급에, 개인은 조직에 복종하도록 규정한다. 이 말은 한국독립당이 '무치주의' 곧 무정부의주의와는 다름을 부각한 것이고, 중앙집중제를 취한다 해도 (소련 같은) 큰 국가에 종속되는 공산주의와 도 구별됨을 역설한 것이다.[36]

과연 그가 말하듯이 삼균주의가 고대 민주주의, 자본적 민주주의, 공산 주의라는 세 이념의 절충이 아닌 '독립적이고 창의적인' 이론인가. 이를 따져묻기 위해, 그의 핵심개념인 균등으로 더 들어가 살펴보자.

---

**34** 「한국독립당의 본령과 책략」, 『趙素昂』 213면.
**35** 「한국독립당 당의 연구방법」, 같은 책 189면.
**36** 「한국독립당의 본령과 책략」, 같은 책 215면.

여기서 조소앙의 균등에 대한 강정인의 새로운 해석이 크게 도움이 된다.[37] 그에 따르면, 삼균사상의 균등 개념에는 세 차원의 의미가 중첩되어 있다. 첫째, 전제(專制)에 대한 반대의 차원이다. (앞절에서 본대로 한민족이 고래로부터 겪어온 3대 불평등이라는 전제와 이에 겹쳐진 일제의 전제로부터 해방하는 의미를 갖는 한국 혁명의 대상으로서의 전제를 말한다.) 둘째, 평등한 기회의 부여를 통한 안정적 수혜의 차원이다. 셋째, 주체 및 행위자들 사이에 힘의 균형이 이뤄지는 차원이다. 달리 말하면, 균등은 그저 기회를 고루 준다는 단순한 의미가 아니라, 전제로부터의 해방과 평등한 기회의 부여를 통해 어떠한 혜택이나 이익을 '응능응분(應能應分)'의 몫만큼 실질적으로 수혜하는 상태가 함께 결합된 것이다. 바로 이 '응능응분'이란 발상이 그의 균등관에 독창성을 부여한다. '응분'은 글자 뜻 그대로 마땅히 누려야 할 몫, 곧 권리와 기회를 말한다. '응능'은 능력에 상응한다는 뜻으로 이미 갖춰진 능력을 방해받지 않고 발휘할 자격을 말한다. 독립적으로 자기의 일이나 문제를 결정할 수 있는 능력으로서 독립성 ― 필자가 보기에 주체성 ― 이다. 예컨대 한국이 독립을 보장받아야 할 당위적 몫과 동시에 그러할 능력이 이미 충분히 있을 때 그것을 방해받지 않고 발휘할 자격이라는 두 측면이 있는 것이고 이것들은 서로 불가분의 관계이다. 요컨대 균등은 기회나 권리의 부여에만 그치지 않고 어느정도 결과의 평등을 중시했다는 뜻이다. 이는 그간 흔히 이해해왔듯이 "균등이 단지 기회의 평등도 아니요 무차별한 완전 평등도 아니"라, "오히려 그 두 극단 사이의 하나"라는 뜻이다.[38]

---

**37** 일차사료의 내용을 그대로 재서술하는 기존 연구에서 벗어나 텍스트의 심층분석에 공들인 강정인·권도혁 「조소앙의 삼균주의의 재해석」,『한국정치학회보』52집 1호, 2018.
**38** 강정인·권도현, 같은 글 264, 268면.

이렇게 해석될 수 있는 소앙의 독창적인 균등관은 해방 후 좌우가 대립하고 이어서 냉전질서의 한반도적 양태인 분단체제가 작동하는 상황에서 단순히 좌우합작의 당위를 강조하기 위해서가 아니라 식민잔재가 분단체제와 중첩된 복합모순을 변혁하는 변혁적 중도주의의 사상 자원으로 삼을 만하다. 삼균주의가 일제강점기 좌우파를 막론하고 상대적으로 두루 인정되고 수용된 것은 그 의의를 뒷받침해준다.

## 4. 경계에 선 삼균주의: 한중연대의 이념과 실제

이제 시야를 동아시아로 넓혀 '연동하는 동아시아'의 맥락에서 삼균주의를 검토해보자. 이 시각에서 볼 때 '경계에 선 삼균주의'의 특성이 한눈에 들어온다. 여기서 '경계'란 한민족과 한반도라는 민족적·지리적 경계이자, 소앙의 이념과 실천의 경계라는 이중의 의미를 갖는다. 전자는 그의 사상이 제국주의에 저항하되 민족주의에 한정되지 않고 지역주의와 결합하였는지, 바꿔 말하면 민족주의와 탈민족주의의 장력이라는 시각에서 그의 사상을 깊이 따져보는 데 유용하다. 후자는 삼균사상을 제출한 사상가이자 (임시정부 국무위원이라는 직무를 수행하는) 실천가·경세가라는 정체성에 주목해 이 두가지 역할의 경계가 한중연대에 어떤 영향을 미쳤는지를 묻게 한다.

### 사상적 연동: 한살림운동, 삼민주의와 삼균주의의 연쇄

이 글에서 자세히 다룰 수 없지만, 소앙이 보여준 국경을 넘나드는 연대활동은 일본 제국주의에 대항하는 민족주의와 지역주의가 결합하는

데 필요한 인적·물적 기반을 제공한 의의를 갖는다. 즉 양자의 경계, 곧 민족주의와 탈민족주의의 자장 속에 있었다고 말할 수 있다.

이러한 한중연대운동(내지 아시아연대운동)의 이념적 기반은 초기에는 20세기초 동아시아에서 일종의 '시대적 무드'처럼 풍미한 아나키즘이었다. 소앙도 그 자장 속에 있었다. 그는 1922년에는 상하이에서 무정부주의 단체 "한살림(韓薩任)"당 (중국어로는 大同黨)이란 비밀결사를 조직하고 직접 이 조직의 강령도 집필한 바 있다. 한살림은 일가(一家)·공생(共生)·공산(共産, 公産) 등을 번역한 순수 우리말이다. 한살림당은 실제로 중국혁명가와의 항일연대를 축으로 피압박민족의 국제연대를 추구하였고, 궁극적으로 '국제 제국주의 세력의 타도'를 이룩할 한살림 곧 공생을 지향한다. 독립전쟁을 출발점으로 계급혁명(共生)을 거쳐 최종적으로 세계 차원의 공생과 무치(無治)의 단계에 도달할 것으로 전망한다.

'한살림' 강령에서 해당 부분을 직접 인용해보자.

"제1보를 달성하기 위해서는 독립전쟁을 해야 한다. (…) 제2보를 달성하기 위해서는 계급전쟁을 해야 한다. (…) 제3보를 달성하기 위해서는 세계 한살림을 예비한다. 먼저 아시아에서 사유재산제도를 없애고 공유제를 채택하고 국가를 한가족으로 만들어 아시아 한살림을 조직한다. 나아가 천하를 바꾸어 한살림으로 완성한다. 그리하여 전쟁이 없고 정부가 없는 무치로 돌아가니 가히 극락세계라 할 만하다."[39]

이는 같은 시기 천도교 계열의 '한살림운동'과 일정 부분 공유하는 현상이어서 눈길을 끈다.[40] 그런데 1920년대 이후 동아시아에서 아나키즘

---

**39** 「韓薩任要領」, 『자료집』(1) 22면.
**40** 이창림 같은 천도교 인사는 한살림의 기조를 인내천 자각을 통한 근원적 우주 자아에 두었으나, 조소앙의 한살림은 그 바탕이 명확하지 않은 차이가 있다고 정혜정은 주장한

에 심취했던 사람들이 이념적으로 분화했고, 그 일부는 맑스주의로 기울었다. 소양의 경우도 무정부주의의 색채가 바래져갔다. 임시정부의 요인이 되면서 정부와 국가의 역할에 무게를 둔 때문으로 보인다. 삼균주의는 이러한 변화를 거친 그가 1930년대에 거둔 결실이라 하겠다.

여기서 삼균주의와 삼민주의의 관계를 검토하지 않을 수 없다. 그것은 동아시아적 맥락에서 사상적 연동을 어떻게 볼 것인가라는 문제와 관련해 의미 깊은 사례가 된다.

삼균주의가 제기된 그 무렵 중국 국민당계 인사들은 삼균주의를 삼민주의의 '모방품'으로 보는 경향이 강했지만, 일부는 조소앙의 균권과 균부는 삼민주의의 민권과 민생에 대응하더라도 균학만은 특이한 것임을 인정했다.[41] 그러나 오늘날의 한국 연구자들은 그같은 중국측의 견해를 인정하지 않고 삼균주의의 독자성을 강조하면서 특히 (위에서 본대로) 토착사상·종교, 특히 대종교의 영향을 강조하는 편이다. 그러나 필자가 보기에, 양자 모두 일국의 경계에 갇힌 견해이지 싶다. 이러한 경향과 달리, 삼균주의와 삼민주의가 보여주고 있는 유사성, 그리고 삼균주의 속에서 확인할 수 있는 삼민주의의 영향을 인정하되, 그것을 "중국에 대한 한국의 의존성 내지 종속성의 측면"으로 이해하지 않고 20세기초 동아시아가 '역사공동체'로서 존재했음을 증명하는 근거로 해석하는 견해는 중요

---

다. 정혜정 「동학의 신문화운동과 공동체론」, 김용해 외 『동학의 재해석과 신문명의 모색』, 모시는사람들 2021, 169면. 그러나 정혜정 자신도 1910년대의 육성교와 대동교에 보인 조소앙의 "영각의 사유에서 제도적 차원으로 발전한 것"이 한살림당의 결성이라고 본만큼(같은 글 163면) 그 사상적(혹은 종교적) 기조는 앞으로 좀더 세심하게 규명해볼 필요가 있다.

**41** 『자료집』1권 100~102면 및 2권 68~69면.

한 시사를 준다.[42] 필자는 이를 단서로 좀더 나아가, 삼균주의를 동아시아 차원에서 이뤄진 사상적 연동의 자장 속에서 생성되었으되, 소앙의 한국인으로서의 경험세계, 특히 사유체계의 독자성 —— 그 바탕을 이루는 한국 전통사상의 융합성 —— 에 의해 숙성된 것으로 보고 싶다. 달리 말하면 경계에 서되 그것을 횡단한 사상이란 뜻이다. 이 역시 인적 네트워크와 더불어 민족주의와 탈민족주의의 자장 속에 있음을 말해준다.

### 한중연대의 위기와 그 대응: 배화사건에 대한 조사와 대응책

경계에 선 소앙의 다른 하나의 면모는 한중연대를 한때 위기로 몰고간 만보산사건에 대처하는 과정에서 집중적으로 드러난다.

일제강점기 한국의 독립운동가들이 국가간체계(inter-state system) 속에서 국가간 경계의 엄혹함을 확인하고 민족주의를 견지하면서도 폐쇄적 배타주의로 귀결되지 않는 길의 하나로 선택할 수 것은 경계를 넘나드는 민중의 연대일 수 있다.[43] 그러나 1922년 대한민국 임시정부의 외무총장을 시작으로 여러 차례 외교책임자직을 역임한 소앙으로서는 일차적으로 외교관의 정체성을 견지하면서 국가간체계의 현실과 힘겹게 씨름해야 했다.

만보산사건은 1931년 7월 2일 중국 지린성 창춘현(長春縣) 만보산(萬寶山) 지역에서 그곳을 개간하던 한인 농민과 토착 중국인 농민 사이에 토지계약과 수로이용 문제를 둘러싸고 벌어진 유혈충돌을 말한다. 그 일차

---

[42] 배경한 「1910-40년대 한국인들의 쑨원, 삼민주의 이해」, 『역사학보』 232집, 2016, 379~80면.

[43] 신채호 등의 활동이 그런 류에 속할 것이다. 박정심 『한국근대사상사』, 천년의상상 2016, 336면.

적 원인은 중국 지방당국이 재만한인을 쫓아내려는 데 있었지만 한인 농민 대 중국 관헌 사이의 문제에 일본군이 개입함으로써 중일 양국의 군사 충돌로도 번졌다. 게다가 이 사건이 국내에 알려지자 그에 반발한 민중들이 화교배척사건을 벌였고, 이 소식이 다시 중국에 전해져 만주에서의 한인 문제를 더 악화시켜 국제문제로 비화했다.

임시정부가 정부기구인 한 이 사건 처리에 개입하는 것은 당연했다. 더욱이 한반도와 떨어져 있는 임시정부로서는 만주 거주 한인이 인적·물적 기반인지라 중시하지 않을 수 없었다. 임시정부의 입장은 그들이 발표한 성명서 등에 집약되어 있다. 즉 이 사건은 중국 내 한인이민자와 현지 농민 사이의 문제가 아니라, 일본제국의 동아시아 침략의 장기 프로젝트의 부산물이므로 한중 양국이 제국주의 일본에 공동 대처하자는 것이 골자이다. 그리고 조선에서의 화교배척사건도 일본이 사주한 것일 뿐이란 입장을 표명했다.[44]

만보산사건과 그로부터 파생된 중국인배척사건의 처리 문제는 임시정부의 존립 자체를 위협할 수 있는 폭발력 큰 요소였다. 소앙도 이 점을 예민하게 인식하고 있었다. 그는 중국인배척사건과 관련해, 중국 국민정부와 중국인에게 "우방의 교민이 한국 내에서 무고하게 죽음을 당한 것을 사전에 막지 못하여 마음속으로 우방에게 미안하게 생각"한다고 유감을 표하면서, 중국 국민이 이 사건을 초래한 일본제국의 "간교한 계책을 간파하기를" 요청한다.[45] 이렇듯이 이 사건을 "근본적으로 만들어낸 것은

**44** 김주용 「대한민국임시정부의 만보산사건 인식과 대응: 혐오와 차별의 공간적 팽창」, 『만보산사건 조선화교 배척사건 90주년 국제웨비나 발표 자료집』(인천대 중국·화교문화연구소 2021.8.5) 100면.
**45** 「한국 내 화교 사상사 발생 사건에 대한 선언」(1931), 『소앙집』 222면.

오직 일본제국주의"임을 명확히 전제하면서도, "일부 직접적인 원인의 경우는 또한 한국 교민에 대한 동삼성 당국의 실책"이라는 점 또한 날카롭게 지적한다. 이 진단에 따라, 첫째 중국 정부와 민중 전체가 하나 되어 반일연대에 힘쓸 것, 둘째 중국 국민정부와 동삼성의 관리와 인민이 한국 교민에 대한 추방을 완화할 것, 셋째 중국 언론계가 공평한 태도를 견지하여 양국의 오해를 종식할 것을 직접 호소한다.[46]

정리하자면 소앙은 임시정부 외교책임자로서 그리고 한국독립당 명의로 성명서나 선언 등 문건의 형식을 빌려 여러 나라 언어로 만보산사건의 본질을 널리 알려 공동 항일투쟁의 전선을 구축하는 동시에 임시정부의 기반인 재만한인의 지위와 이익을 지키기 위해 애썼다. 여기서 특히 눈길을 끄는 것은 깊이있는 보고서를[47] 작성했다는 사실이다.

만보산사건과 한반도의 화교배척운동의 연동은 세계자본주의체제가 당시 동아시아에서 작동한 방식으로서 여러 층의 위계질서의 모순들이 응결된 사태임을 단적으로 보여준다. 이 맥락을 간파한 소앙은 '수수께끼의 매듭'이라고 함축적으로 표현한다.[48] 즉 한국 교민이라는 동일한 이름에 상충되는 모순들이 포함되어 있고, 그들을 둘러싸고 중국정부, 임시정부, 일본정부 등이 각축하고 있음을 지적한 것이다. 특히 동삼성의 한국 교민 150만명 가운데 140만명의 '건전한 구성원'과 '소수의 창귀와 앞잡이'가 존재한다는 사실도 인정한다. 지금의 시각에서 보면, 일본과 중국의 "틈새에 끼어 있는" 한인의 이중적인 심리구조, 즉 "피압박민

---

**46** 「화교 사상자 발생 사건에 대한 한국 임시정부 외무장의 성명서」(1931), 같은 책 212면.
**47** 「동삼성의 한국 교민 문제」(1931) 같은 책 230~77면. 역사적 연원과 현황을 다루고, 『조선일보』 관련기사들을 번역하고 초록해 첨부했다. 이하는 본문에 면수만 밝힘.
**48** 「한국 내 화교 사상사 발생 사건에 대한 선언」(1931), 같은 책 215면.

족으로서 중국인에 대한 동조의식과 제2공민(第二公民)으로서 일본의 대륙침략에 편승하려는 의식"이 혼재한다는 사실을[49] 그가 지적한 것이다. 단, 그 구조적 조건을 멀리서 평평하게 설명하는 것이 아니라 당시의 '이중적 심리구조'의 생생한 현장에 밀착해 분석한 것이다. 더 나아가 중국정부에 삼민주의 및 현행 국제법에 의거해 한국 교민에게 "입적(入籍) 조건의 유무에 따라" 차별하지 말고 평등하게 처리할 것(251면)을 대응책으로 제안한다. 결국 "한국교민의 지위"는 "삼민주의의 실행 여부에 따라 그 높이가 결정될 것"이기 때문이다.(274면) 또한 입적(곧 귀화)하지 않은 일반 한국 교민에 대해 "한국과 중국의 관계와 한국 독립운동의 과도기라는 특수한 정세를 참작하며, 명백하게 원수와 내통하여 중국에 위해를 가한 사람을 제외하고는 대체로 한국인임을 인정하고 일본인으로 대우하지" 말 것을 요청하였다.(277면) 한중관계를 중장기적 전망과 연결해 일관되게 파악하면서도 단기적 과제를 적절히 배분하는 안목이 단연 돋보인다.

물론 지금의 시각에서 보면 아쉬움도 가질 수 있다. 한반도에서 발생한 화교배척사건에 대해서도 '수수께끼의 매듭'이라는 관점을 적용하여 그것이 조선사회 내에서 민족 갈등과 계급문제가 중첩된 결과이고 하층 노동인력시장에서 화교노동자가 조선인노동자의 경쟁자로 부상함으로써 불거진 복합적 갈등임을 밝히지 못한 점 등이 그렇다.[50] 게다가 남경정부

---

**49** 강진아 「영국 외교문서로 재구성한 1931년 만보산사건과 조선 반중폭동」, 『동양사학연구』 156호, 2021, 184면.

**50** 졸저 『동아시아의 귀환』, 창비 2000, 155~61면에서 위와 같은 논점을 제기한 바 있다. 그후 이 방향으로 더 깊이있는 연구가 국내에서 이어지고 있다. 앞에 나온 강진아의 논문이 그 하나의 예이다.

가 임시정부를 공식 승인하고 또 그로부터 지원을 얻는 것이 당면 과제인 임시정부 외교책임자로서 외교적으로 간여할 수 있는 폭이 제안된 고충도 있었다. '경계에 선 삼균주의'의 모습이 약여하다.


## 5. 결어: 좌절된 가능성의 현재적 의미


이제 이 글을 마무리하기 전에 까다롭지만 피할 수 없는 문제를 다룰 차례가 되었다. 해방정국에서의 삼균주의의 변화와 그 운명, 그리고 납북 이후의 행적이다. 이 역시 전기적 서술보다는 변혁적 중도주의의 시각에서 비평하는 방식을 취하겠다.[51]

해방 직후인 1945년 12월, 다른 임정 요인들과 마찬가지로 소앙도 개인 자격으로 귀국했다. 이 사실은 온전히 자력으로 '복국'을 달성하지 못한 채 곧 '건국'으로 중심을 옮길 수밖에 없는 과제의 어려움에 그가 직면함을 예고한다. 그는 처음에 해방 정국을 (아직도 주권과 국토가 완전히 광복되지 않은) '복국'의 단계로 규정하였다.[52] 미국과 소련의 신탁통치에 반대하는 운동을 독립운동으로 파악한 것도 같은 인식의 소산이다. 그

---

**51** 해방기 중립 성향을 지칭하는 표현으로 중간파, 중도파, 협상파, 합작파 등이 학계에서 혼용된다. 그런데 해방기 신문에서는 '중도파'라는 말이 거의 쓰이지 않았다고 한다. '중간파'는 협의의 의미로는 주로 좌우합작노선을 추진한 세력을 지시하는 당시의 용어라고 볼 수 있다. 조은정 「해방 이후(1945-1950) '전향'과 '냉전 국민'의 형성」, 성균관대 박사논문, 2018, 137면; 서중석 「역사용어 바로 쓰기: 중간파인가 중도파인가 합작파인가」, 『역사용어 바로쓰기』, 역사비평사 2005, 73면. 그런데 '백년의 변혁'을 시야에 넣고 그 연속성까지 고려할 경우 중도주의, 좀더 분명하게 말해 이 글에서 강조되는 '변혁적 중도주의'가 좀더 적합하다고 본다.

**52** 「삼균의 대로」(1946.4.21), 『문집』(하) 71~74면.

래서 정치·경제·교육에서의 균등을 실현하기 위해서는 기존 체제에 대한 파괴적 전복이 필요하다고 보고, 건국 단계의 삼균주의 혁명을 구상했던 것이다.

그런데 그 구상을 구현하기 위해서는 열강의 이해관계 ─ 특히 미소 양군의 분할 점령, 미군정의 임정 불승인, 한국의 신탁통치에 대한 미소의 합의 등 ─ 의 조정과 남북 분단의 위험과 씨름해야 했다. 그는 통일독립국가 건설이란 과제와 관련해 반탁노선을 취하고, 미군정과 미군 철수 문제에 대해서도 민족의 독립 문제로 간주하고 혁명적 방법을 추구하는 원칙적 입장을 견지했다. 그래서 1946년 12월 주로 빈민청년을 대상으로 한 삼균주의청년동맹, 1948년 3월 삼균주의학생동맹을 결성하여 삼균주의혁명의 전위대로 삼고자 했다. 그런데 점차 국제연합에 대한 외교의 중요성을 강조하는 편으로 기울게 된다. 국제연합에서 한반도 문제가 논의되는 것을 계기로 좌우는 물론 남북간의 협상을 통해 통일임시정부를 구성할 수 있는 길이 열렸다고 생각했던 것이다. (그런데 그가 추진한 중도파와의 협력과 유엔을 통한 남북통일운동은 좌우합작에 의한 통일정부를 구성하기 위해 남북협상을 시도한 김구 측의 반대에 부딪쳤다.)

그의 바람과 달리 1948년에 들어와 남북에 각각의 정부 ─ 8월 대한민국 정부, 9월 조선민주주의인민공화국 정부 ─ 가 수립되었다. 이런 정세 변화 속에서, 그는 대한민국 정부를 지지하는 관점에서 새로운 통일 방법을 모색했다. 자신의 통일론은 남북한의 당국과 유엔을 통한 화평통일이라고 하면서 삼균주의 통일 원칙을 제시했다. 또한 여전히 통일의 구체적 방법으로서 유엔과의 외교협상의 중요성을 강조했다. 임시정부 외무책임자로서의 오랜 경륜이 작용한 것으로 볼 수 있겠다.

이와 더불어 통일운동에서 남한 당국, 정당사회단체, 유엔이란 세 주체의 협의를 특히 중시했다. 그는 북한 당국자와의 회담을 언급하면서도 북한을 공산독재라고 비판했다. 북한에서의 통일 협의 대상은 주로 북한 민중을 고려한 것으로 보인다. (이 점에서 남북한의 단정에 대해 모두 비판적인 김구나 김규식과 달랐고, 그래서 그들 중심의 통일독립촉진회 활동에 참여하지 않았다.)

그가 대한민국 정부가 이미 수립된 현실을 중시한 점을 우리는 음미해볼 필요가 있다. 그는 대한민국 정부가 임시정부를 계승한 정통성을 갖고 있고, 주권과 영토가 완정하지 못하지만 통일국가 수립을 향한 첫걸음이라고 평가했다. 이것을 삼균주의 실현 단계에서 보면 이미 복국 단계를 지나 불완전하나마 건국 단계에 진입한 것으로 이해된다. 따라서 삼균사회의 실현 방법이 복국 단계의 혁명적 방법이 아닌 다른 방법, 즉 건국 단계에서는 의회주의로 방향을 전환했다고 볼 수 있다. 국제연합에 의해 일부나마 주권을 행사할 수 있는 독립정부를 수립할 수 있다는 전망을 갖게 되면서 한층 더 온건하고 평화적이며 점진적인 해결 방식을 택하였다.[53]

그가 통일문제 해결 방식에도 유엔에 의한 평화적인 방법을 선호하고 삼균주의의 구현을 중장기적으로 지향하되 단기적으로 혁명적 방법이 아니라 점진적 개혁노선을 추구한 것을 어떻게 볼지는 논쟁거리이다. 그런데 세계적으로 냉전질서가 확산되고는 있었지만 한국전쟁으로 한반도에 분단체제가 고착되기 직전의 유동적인 국면이었음을 감안할 필요가 있다. 그가 두 개 국가가 건설 중이라는 분단 현실을 인정하되 그것을 넘어서기 위해 취한 현실주의적 입장을 변혁적 중도주의의 시각에서 다시

---

**53** 이상의 서술은 김기승 「해방 후 조소앙의 국가건설운동」, 『한국민족운동사연구』 39호, 2004, 71, 78, 79, 84, 88면. 그밖에 김기승 『조소앙이 꿈꾼 세계』 6장도 참조.

보면, 분단을 극복하고 (전쟁을 초래할 수밖에 없는 무력통일이 아닌[54]) 평화통일을 지향하고 그에 상응한 남쪽의 개혁을 추구했다는 점에서 '변혁적'이면서 '중도주의적'임은 분명하다.

이런 노선이 세계적으로도 실현되고 있는 상황이라고 낙관하면서,[55] 이를 구현하기 위해 대한민국 의회에도 진출했지만, 건국과 치국 단계에서 뜻을 미처 펴지 못한 채 한국전쟁 기간 납북되고 말았다. 납북된 후의 행적에서 그가 다른 납북인사들과 더불어 주도한 '재북평화통일촉진협의회'(1956.7.2. 창립)의 3인의 최고위원의 하나로서 벌인 짧은 기간의 활동은 눈여겨볼 가치가 있다.

1956년 남쪽의 3대 대통령선거에 후보(진보당)로 참여한 조봉암이 '평화통일론'을 들고 나오자, 이에 호응하려는 북한당국의 알선으로 구성된 위의 단체는 "통일 민주자주 연합정부 수립"을 선언했다. 남북협상에 의해 전국적 총선거를 실시하여 통일정부를 구성하고 중립국으로서 사회주의도 자본주의도 아닌 '진보적 민주주의 사회 건설'이 추구되었다. 이 선언의 골자는 그의 평소 지론이라 하겠다. 그러나 극히 짧은 기간 '상대적 독자성'을 가졌던 이 기구가 북한 지도부의 권력투쟁이 1958년 들어 심각해지면서 위축되고 말았다. 그해 9월 조소앙은 자살로 삶을 마감했다고 전해진다.[56]

---

**54** 이승만은 1954년 7월 26일부터 방미하여 수차례에 걸쳐 미국정부 요인과 회담을 했지만, 처음부터 아시아와 한반도에서의 군사적 '반격'을 주장하는 이승만과 '평화통일'을 강조하는 미국 측이 격렬히 대립하다가 끝내 3일째인 29일 한일관계가 주요 의제로 오르자 회담은 사실상 결렬되고 말았다. 李鍾元「韓日会談とアメリカ: '不介入政策'の成立を中心に」,『国際政治』105호, 1994, 174~75면.

**55** 그렇게 정세를 판단한 근거는 영국과 중국 사례이다. 이에 입각해 삼균주의가 보편적 이념이 되고 있다고 보았다.「삼균주의가 본 세계」(1949.3.24),『문집』(하) 122~24면.

**56** 기광서「한국전쟁 개시 이후 남한 정계인사들의 월북·납북에 관한 고찰」,『통일문제연

248

해방 직후의 이러한 행적에 압도당한다면, 그의 사상은 분단의 경계에서 좌절하고 만 가능성에 불과하다. 그렇게 된 이유로 오랜 망명생활 뒤국내 조직기반이 약했다든가, 냉전질서의 규정성을 제대로 인식하지 못한 점 등이 지적될 수 있다. 또한 자신의 이념·사상에 투철한 나머지 다른 사상이나 노선에 대한 — 일시적인 타협을 포함해 — 포용성이 부족한 '지식인형 정치인'으로서의 면모를 그의 '장점이자 한계'로 돌릴 수도 있다.[57]

그런데 그 개인 차원이 아니라 당시 격동하던 정세에서 중도주의가 갖는 의미로 넓혀보면 더 깊은 이해가 가능해진다. 서론에서 제기한 '정당성'과 '실현 가능성'의 기준에서 다시 본다면, 정당성은 선명히 확인된다. 그 근거는 당시 시행된 몇종의 여론조사의 결과, 즉 일반인과 지식인 다수가 중립성향을 지지했다는 사실이다. 자주적 민족국가 수립, 친일파 청산, 토지개혁 등이 시대의 3대 과제로 부각된 국면에서, 중도노선은 이에 부응해 식민주의 유제를 청산하기 위해 사회주의적 제도를 선호하고, 민족 분단이 아닌 통일국가를 원하고 있었기 때문이다. 그래서 중도파가 민심의 폭넓은 지지로부터 '힘'을 얻었지만, 자본과 조직 등 물리적인 힘에서 열세이다보니 극렬한 좌우대립 속에서 무력화되어갔다. 이 점을 중시한다면 실현 가능성 또한 처음부터 없었던 것은 아니다. 극좌·극우 세력이 냉전체제의 형성과정에서 적대적 공생관계를 구축하고 외세에 의지한 '힘'을 동원해 중도파를 무력화함으로써 정치적 양극화(곧 '極中 대립')를 가속화한 결과 좌절되고 만 것이다.[58]

---

『구』31권 1호, 2019, 21~22면.

**57** 김기승, 앞의 글(2004) 96면.

**58** 조은정, 앞의 글 119, 136~38면. 그는 해방공간의 정치·사상적 지형에 '좌우 대립'만이

시대적 과제에 대한 사회적 합의를 동력으로 삼아 좌우연대를 축으로 사회적·민족적 통합을 추구한 '시중(時中)'의 노선이라 부를 만한 변혁적 중도주의는 단기적으로 보면 좌절되었다. 그러나 역사를 열려 있는 미완의 유동체로 본다면 '좌절된 가능성'은 현실변혁적 역사인식의 값진 자원이 된다. 뿐만 아니라 선언에 그친 그의 사상적 노작이 "미미하지만 '유의미한' 발동의 잠재력을 지닌 '선언'의 '힘'"으로 살아 있을 수 있다. 삼균주의적 지향을 실천하겠다고 다짐한다면 그에 충실하려는 이들에게 '역동적 잠재력'으로 발동하기 때문이다. 이는 "공동의 약속이 새로운 정치적 공간에 기입되는" 순간이다.[59] 남북의 경계에서 자살을 택한 그의 행위조차 일종의 온몸으로 쓴 '선언'으로 볼 수 있지 않을까.[60]

---

아니라 '극중(極中) 대립' 곧 중도와 대 '극좌/우'의 대립이 존재한다는 해석을 설득력있게 제시한다.

**59** 황호덕 「정체(政體)와 문체(文體), 대한민국임시정부의 언어정치학과 조소앙(趙素昻): 한문자(漢文字)의 맹서(盟誓), 조소앙의 선언·성명·강령 집필과 『한국문원(韓國文苑)』을 중심으로」, 『사림』 45호, 2013, 60, 62면.

**60** 북한에서는 그의 유해를 1970년대 애국열사릉에 모셨고, 1990년에 조국통일상을 수여하였다. 대한민국 정부는 1989년에 건국훈장 대한민국장을 추서하였다. 양측이 함께 기리는 공유자산인 셈이다.

# 10장
# 함석헌 사상 속의 비판적 쟁점들
### 개벽, 소위 토발적 시각에서 살피다[1]

### 이정배

## 1. 들어가는 글

주지하듯 함석헌(咸錫憲, 1901~89)은 해방 후 대한민국을 설계한 사람들 반열에 서 있다. 직접 정치를 한 적은 없었으나 일제강점기, 해방 후 군부독재 시기, 그리고 민주화 과정에서 사상적 영향력을 미쳤기 때문이다. 김건우의 『대한민국 설계자들』(느티나무책방 2017) 속에 언급된 인물들 중에서 함석헌에 대한 지면이 직간접적으로 가장 많다. 해방 전에는 일제에 맞서 한국 역사를 세웠고 해방 후 공간에서 국가주의와 투쟁했으며 이후 '씨올' 사상을 통해 민주주의 지평을 확대한 까닭이다. 서북지역에서 수용한 기독교가 김교신(金教臣)의 『성서조선』을 통해 개화되었고 장준하

---

[1] 토발(土發)은 토착(土着)과 변별된 개념으로서 후자가 서구서 유입된 것이 이 땅에 뿌리내리는 것이라면 전자는 내적 시공간에서 자생적으로 생기한 것으로 보편화될 수 있는 여지를 적시한다.

(張俊河)의 『사상계』와 만나 정치화되었으며 1970년대 이후 자신이 만든 『씨올의 소리』에 터해 한국을 대표하는 종교사상으로 확장된 결과였다. 2008년 세계철학자 대회에서 함석헌은 그의 스승 다석 유영모(多夕 柳永模, 1890~1981)와 함께 불교계의 원효와 지눌, 조선 유학의 대가 퇴계나 율곡과 견줄 수 있는 한국적인 기독교 사상가로 공인되었다.

지금껏 필자는 그의 생각에 매료되고 심취한 상태로 몇편의 글을 썼다.[2] 여전히 그의 종교사상의 폭과 깊이 그리고 문학적 표현에 깊이 감동하며 평가함에 있어 인색함이 없다. 하지만 필자는 본 글에서 그리스도를 '글이 서도록 하는 것'[3]으로 풀었던 다석의 말을 기억하며 함석헌 자신의 이율배반적 모습에도 주목할 것이다. 한국 근대사와 기독교계에 미친 그의 공이 너무도 컸기에 우리는 그의 탄식과 회한에 관대한 측면이 있었다. 필자는 그의 후회를 비난키 위함이 아니라 그를 한계로 여겨 사상적으로 토론, 보완할 목적에서 용기를 냈다. 이런 비판은 보다 근본적으로 토발적인 개벽사상의 차원에서 이뤄질 것이다.

몇해 전 우리는 3·1선언 100주년을 경험했다. 함석헌은 당시 동학사상의 역할을 과소평가했으나[4] 동학, 천도교는 '개벽적 근대'[5]를 말하며 탈서구적 주체성에 힘을 실어 기독교 중심 역사에 이의를 제기했다. 함석헌의 경우 기독교적 시각에 편중되었고 서구 합리성(과학주의)에 경도된

---

**2** 졸고 「『뜻으로 본 한국역사』에 나타난 '민족' 개념의 신학적 성찰」, 『씨올, 생명, 평화』, 한길사 2007, 287~318면; 「인류 평화를 위한 함석헌의 혜안」, 『토착화와 세계화: 한국적 신학의 두 과제』, 한들 2007, 25~35면; 「저항적 민족주의에서 문화적 민족주의로」, 같은 책 67~97면.
**3** 졸저 『유영모의 귀일신학』, 밀알북스 2020, 40강(435~66면) 참조.
**4** 함석헌저작집 5 『생각하는 백성이라야 산다』, 한길사 2009, 34면.
**5** 이병한·조성환 『개벽과 선언: 다른 백년, 다시 개벽』, 모시는사람들 2019.

측면이 있었으며 '좌우합작론'[6]의 역사적 선례가 있었음에도 사회주의에 대한 부정적 시각으로 일관했기 때문이다. 이로써 함석헌은 용공주의자로 몰린 적도 있었지만 기독교를 근간으로 우익가치에 우선성을 둔 사상가로 평가된다.[7] 토발적 종교인 동학 안에서 함석헌의 사회주의 이해는 물론 서구 합리주의와 변별된 다른 견해를 발견할 필요가 있을 것이다. 사실 함석헌의 씨올 사상이 동학의 시천주(侍天主) 사상과 흡사함에도 상호관계성을 언급 못한 것은 시대적 한계 이전에 편중된 기독교적 시각 탓으로 보는 것이 옳다. 동일선상에서 필자는 함석헌의 여성 이해가 자신이 비판했던 동학과 천도교의 그것에 못 미치는 점도 적시할 생각이다.


## 2. 단재 신채호에 맞세워본 함석헌의 고난사관

오산학교 역사선생 시절 함석헌은 김교신의 『성서조선』을 통해[8] 당시 나라 잃은 젊은이들에게 조선의 존재 의미를 각성시키고자 역사를 달리 해석해 가르쳤다. 일본이 주입한 조선 열등사관은 물론 그를 뒤집어 부정하는 민족주의자들의 영웅사관과도 거리를 두고자 한 것이다. 무교회주의에 심취했던 당시 함석헌은 민족고난을 기독교적 섭리사관을 갖고 풀었고 고난의 세계사적 의미를 찾았다, '역사란 처음이 있어 마지막이 있

---

**6** 이것은 해방 전후로 여운형, 김규식 등이 주도한 통일방안이었다. 하지만 함석헌은 이들보다 기독교인 남강 이승훈의 생각을 우선시했다. 기독교와 사회주의를 적대적으로 볼 이유가 없음을 적시하는 다음 책을 보라. 카를 카우츠키 『새로운 사회주의 선구자들』, 이승무 옮김, 동연 2018.

**7** 김건우, 앞의 책 160면 이하.

**8** 1934년부터 함석헌의 역사강의 연재가 시작되었다.

는 것이 아니라 마지막이 있어 처음이 있는 법'⁹이라는 희망을 선언한 것이다. 이는 고통 후 영광이라는 십자가 신앙원리를 한국역사에 적용한 결과였다. 이 시기 조선의 지리(地文)와 사람의 성품(人文)을 관계시킨 초기 몇편 그의 글에서 지리교사였던 김교신의 영향 또한 감지된다. 명저『뜻으로 본 한국역사』(1961)는 그때 발표된 글들을 묶은『성서적 입장에서 본 조선역사』(1950)의 개정 증보판인바 양자의 내용은 함석헌 스스로 밝혔듯이 크게 다르지 않았다. 책제목이 바뀐 것은 '성서적'이란 의미를 좀더 보편적으로 풀어내려는 저자 의도의 한 표현이었다. 하지만 10여년이란 시간차를 두고 달라진 제목 속에서 우리는 초기와 변별된 ─ 배타적 계시 종교의 틀을 벗어난 ─ 함석헌의 기독교 이해를 엿볼 수 있다. 스승 유영모가 그랬듯이 동양고전의 영향력이 점차 그의 삶에 짙게 밴 결과였다. "고난의 역사라는 근본 생각은 변할 리 없지만 내게는 이제 기독교가 유일의 참 종교도 아니요 성경만 완전한 진리가 아니다. 모든 종교는 결국 하나요, 역사철학은 성경 속에만 있는 것이 아니라 나타나는 그 형식은 민족과 시대를 따라 가지가지요, 그 밝히는 정도의 차이는 있으나 그 알짬 되는 참에 있어서는 다를 바 없다."¹⁰ 그럼에도 뜻은 항시 목적사관의 빛에서 해석되었기에 기독교적 색채는 함석헌의 경우 소멸되지 않았고 기독교 세계관과 결코 무관할 수 없었다. 유영모의 '바탈' 개념을 '뜻'으로 역사화하는 과정에서 스승에게 없었던 목적사관을 이에 접목한 까닭

---

**9**『뜻으로 본 한국역사』, 한길사 2005(1판 6쇄), 162면; 함석헌저작집 25『함석헌과의 대화』, 한길사 2009, 260면 이하 내용.

**10**『뜻으로 본 한국역사』18면. 이 말은『성서적 입장에서 본 조선역사』머리말 내용(12면)과 비교할 때 차이가 있다. "역사는 시간을 인격으로 보는 성경의 자리에서만 가능하다." 한마디로 역사철학은 기독교에만 있다고 보았던 것이다. 이후 함석헌은 여타 종교에도 '뜻'이 있다고 인정했지만 여전히 기독교 중심사관을 견지했다.

이다.[11] 영광을 보장하는 고난, 섭리적 목적사관은 사실 진부할 수도 있었다. 보수 기독교인들이 문자적으로 선호하는 신앙관인 탓이다. 하지만 함석헌은 고난주체의 능동성, 곧 고난의 뜻을 묻고 사유하는 '씨ᄋᆞᆯ'을 강조했기에 인습화된 교회신앙과 충분히 변별될 수 있었다. 예수 개인의 고난(십자가)을 절대화하는 대신 우리 역사 자체를 고난사로 해석하여 씨ᄋᆞᆯ 민중에게 역사의 마지막을 세우는 주체가 될 것을 기대했던 것이다. 십자가 후 부활 있듯이 어느 순간 나라 뺏긴 고난 역사의 세계사적 의미가 밝혀질 것을 확신했다. 무의미한 고난이란 존재치 않는다는 것이 기독교를 수용한 그의 확고한 지론이었다. 하지만 여기서 필자는 함석헌의 '고난'을 단재 신채호의 '투쟁'과 다소 의도적이겠으나 맞세워볼 작정이다. 평화를 위해 '저항적'이란 한정사가 붙은 일체 민족주의에 대한 함석헌의 부정적 평가에 대한 반문 차원에서다.

주지하듯 단재 신채호는 조선의 고대사 연구에 족적을 남긴 대 사상가였다.[12] 대종교에 몸담았던 까닭에 고대 경전연구에 심취할 수 있었고 그의 역사관은 다석 유영모에게도 영향을 미쳤다. 개벽 세상에 방점을 둔 동학과 달리 대종교의 경우 고대 민족문헌 연구가 중요했다. 대종교인들이 기독교는 물론 동학이나 천도교보다도 이른 시기에 상해에서 독립투쟁을 했고 이후 임시정부 출현에 크게 기여한 점도 주목해야 할 것이다.[13] 이런 배경에서 신채호는 중국을 비롯한 여타 국가들과 차별화된 의

---

**11** 졸저 『없이 계신 하느님, 덜 없는 인간: 다석 신학의 얼과 틀 그리고 쓰임』(모시는사람들 2009)의 1부 마지막 글 「다석과 다석학파의 탈(脫)기독교적 기독교」를 보라.

**12** 신채호의 주저 『조선상고사』는 총론이 1924년에 완성되었으나 단행본은 1948년에 출판되었다.

**13** 이은선 「3·1운동 정신에서의 유교(대종교)와 기독교: 21세기 동북아 평화를 위한 서사」, 변선환 아키브 엮음 『3·1정신과 '이후(以後)' 기독교』, 모시는사람들 2019, 21~28면.

식을 언어와 문화 그리고 역사를 통해 드러낼 수 있었다. 하지만 그의 민족이해는 원초성을 강조하는 본질론과는 결이 달랐다.[14] 따라서 혹자처럼 단재의 영웅사관을 자폐적 국수주의로 폄하하는 것은 오류가 아닐 수 없다. 제국주의, 식민주의 침략성에 단호히 저항했으나 서구 문명성은 수용한 측면도 있었기 때문이다.[15] 본래 수용성과 저항성 양면을 지닌 단재의 '아(我)'는 애당초 열린 개념이었다. 단지 타자에 의해 규정되지 않은 '아', 즉 서구(유럽)중심주의 밖에서 '아'의 자성(自性)을 탐색코자 했을 뿐이다.[16] 하지만 '아'의 조선은 언제나 '비아'의 서구와 관계 속에서만 존재할 수밖에 없다. 따라서 '비아'가 변하면 '아' 역시 달라져야 했다. 이는 '아'의 실체적 선험성에 대한 부정을 적시한다. 하지만 단재는 역사 속에서 '아'가 '비아'의 자성으로 환원되는 것을 용납하지 않았다. 기독교를 수용한 함석헌과 단재 신채호 간의 차이점이 여실히 드러나는 지점이다. 단재의 경우 '아'의 조선이 결코 기독교적 사관으로 이해될 이유 자체가 없었다. 1930~40년대 상황에서 이렇듯 열려진 '아'의 자각이 저항적 민족주의 이상의 의미로 펼쳐졌어야 옳았다. 하지만 당시 다수 기독교는 내세를 가르쳤고 함석헌은 고난의 '뜻'에 주목했기에 '아'로서의 민족 주체성을 충족히 사유치 못했다. 그가 즐겨 사용했던 '고난의 능동성'이란 개념 역시 오히려 수동적으로 여겨졌다. 후술하겠으나 단재의 '아'의 개념 속에 '씨올' 민중 개념이 깃들어 있었기에 그 아쉬움이 더욱 크다. 주지하듯 단재의 '아'는 항성(恒性)과 변성(變性) 양면을 지녔다.[17] 민족의

---

**14** 앤서니 D. 스미스 『민족의 인종적 기원』, 이재석 옮김, 그린비 2018, 23~55면.
**15** 박정심 『단재 신채호: 조선의 아(我), 비아(非我)에 마주서다』, 문사철 2019, 19면.
**16** 같은 책 30면.
**17** 『단재신채호전집 상』, 「조선상고사」 70면. 앞의 책 66면 이하에서 재인용.

자성이 처한 역사 속에서 변할 수 있다고 본 것이다. 하지만 민족적 항성 자체는 역사 속에서 거듭 재생되어야 했다. 매 시대적 상황에서 정체(보편)성 유지를 부정치 않은 것이다. 이는 조선인의 선한 품성을 지리와 연관하여 그 핵심을 '차마 하지 못하는 마음'(不忍之心)이라 역설한 함석헌과도 일정부분 유사하다. 단재는 앞의 것을 '대아(大我)'라 일컫고 나중 것을 '소아(小我)'로 명명했다.[18] '아' 속에도 아와 비아가 있다는 말뜻이 담긴 것이다. '아'의 생존을 위협하는 비아, 곧 변질된 '아'의 현실을 식민적 제국주의 상황에서 통찰한 결과였다. 그 역시 신분적 불평등에 기대어 이익만을 취하는 집단을 '아'라 부를 수 없었다. 단재가 당시 조선의 유교, 불교, 기독교조차 '비아'로 여겼던 것도 이런 이유에서였다. 이 점에서 단재의 '아'는 국가주의, 곧 조선으로 환원되는 우(憂)로부터 빗겨나 있다. 특수 상황에서 자성을 재현하는 민중을 민족적 주체로 여겼던 까닭이다.[19] '민족적 민중'이란 말도 여기서 비롯했다. 망국 상황에서 민족적 자의식과 함께 계급적 부조리에 눈을 떴던 결과였다.[20] 물론 계급문제로 그의 생각이 귀결된 것이 아니었지만 말이다. 여기서 핵심은 이런 '아' 됨이 원초적 요소의 산물이 아니라 민중 스스로의 자각의 산물이란 점이다. 함석헌이 말한 '씨ᄋᆞᆯ' 민중과도 그 뜻이 중첩될 여지가 있다. 하지만 이순신, 임경업 등의 영웅들 수난을 구속사적으로 의미화한 함석헌과 '민족

---

**18** 앞의 책 104~105면.

**19** 『단재신채호전집 하』, 「조선혁명선언」 42면. 앞의 책 107~109에서 재인용.

**20** 하지만 단재의 경우 민족을 계급문제로 환원하지는 않았다. 민족국가의 틀 속에서 사유했기 때문이다. 간디의 비폭력을 추종했던 함석헌과 달리 아나키스트가 된 후기 신채호의 경우 사회운동이 종교적 비폭력에 근거하는 것에 반대했다. 제도적 종교의 기만성을 봤던 탓이다. 그렇다고 해서 단재를 폭력주의자로 규정하는 것은 단견이다. 폭력은 그에게 있어 제국주의에 대한 비타협적 실천의 양식이었을 뿐이다. 그 역시 평화와 연대를 목적 삼았다. 박정심, 앞의 책 170~71면.

적 민중의 주체적 역량에 방점을 둔 단재 간에 부정할 수 없는 차이도 있다. 주지하듯 함석헌은 이순신, 임경업 같은 이들의 수난과 죽음을 구속사적으로, 즉 민족을 위해 죽기 위해 태어난 존재로 해석했다. 하지만 역설적이게도 이것은 함석헌이 줄곧 비판했던 영웅사관의 기독교적 변형처럼 보일 수도 있다. 이로써 '민중'의 주체적 역량과 대속사상 가운데 어디에 방점을 찍을지 토론할 필요가 생겼다. 물론 함석헌의 경우 양자가 나뉠 수 있는 개념이 아니라 강변할 것이다. 다석의 '바탈'을 '뜻'의 존재로 역사화하는 과정에서 씨을 민중의 고난에 신학적 의미를 부여한 까닭이다. 이 과정에서 민중의 주체적 역량은 고난의 능동성으로 의미가 달라졌고 역사의 영광스런 목적과 공속(共屬)적 관계를 맺기에 이르렀다. 하지만 고난사상과 섭리의 결합, 곧 민족의 구속사적 이해를 '민족적 민중'으로서의 '아'의 투쟁과 견줄 필요가 있다. 말했듯이 토발적 시각에서 고난의 능동성은 민족적 민중의 주체적 역량에 반하는 개념일 수 있다. 고난이 '아'의 투쟁을 약화하여 수동적 삶을 초래할 수도 있기 때문이다. 목적도 일종의 보상의 표현인 한에서 역사 속 '아'의 투쟁을 종교화하는 것은 토발적 시각에서는 매우 낯설다. 조선 중기 『서학변(西學辯)』의 저자가 내세보상설을 갖고서 도덕적 양심을 내쳤던 마테오 리치의 천주학을 비판한 것이 타산지석이 되겠다.[21] 목적으로 치환된 섭리, 민족 고난의 구속사적 의미가 목하 현실에서 점차 퇴색중이니 더욱 그래야 할 것이다. 넷째 절에서 재론할 주제인바 서구 기독교가 초월을 미래로, 신적 타자를 목적으로 치환하며 변신을 꾀했으나 이조차 설득력을 잃어가고 있다. 여

---

**21** 조선 영조 때 유학자 신후담의 대표작으로서 1724년에 실학자 이익으로부터 천주학에 대한 강론을 들은 후 천주학 비판을 목적으로 썼던 책이다. 마테오 리치의 『천주실의』 (1603) 후반부 참조.

실히 경험하듯이 신 없이, 목적 없이 종교를 말해야 하는 현실에 이른 것이다.[22] 오히려 기후붕괴 및 코로나 바이러스 시대를 맞으며 뭇 '비아'와 마주한 '아'의 역량강화가 화급히 요청된다. 저항적 민족주의자로 알려진 단재의 '아'가 실은 보편성(세계성)을 지향하는 특수성의 개념인 것[23]을 아는 것이 그래서 중요하다. 그 역시 민족을 넘어 세계 속 민중과의 연대를 도모했던 까닭이다.


## 3. 함석헌의 국가주의 비판과 사회주의 이해의 태생적 한계

해방 이후 함석헌의 활동은 1953년 장준하가 주도했던 『사상계』를 통해 주로 펼쳐졌다. 1970년 폐간에 이르기까지 현실 기독교에 대한 비판과 박정희정권의 반공적 국가주의에 대한 저항이 이 잡지를 통해 개진된 함석헌의 핵심 주제였다. 익히 알듯 서북지역에서 공산주의를 피해 월남한 다수 지식인들이 『사상계』를 이끈 주역이었다. 김교신의 사후 무교회주의와 결별했던 함석헌 역시 이런 선상에서 활동했다. 『성서조선』을 대신한 『사상계』 그룹에 속하면서 국가주의에 맞섰고 종교는 물론 정치민주화를 위해 몸을 던졌던 것이다. 하지만 이 집단이 해방전후 공간에서

---

**22** 특별히 서구 신정통주의 신학사조와 맞선 알베르트 슈바이처 계열의 비(非)케리그마 (Entkerygmatizierung)의 신학이 이렇게 사유하는 흐름을 대변한다. 최근 역사적 예수 연구의 결과물도 목적론을 인정치 않는 추세이다. 독일 철학자 슬로터다이크는 대재난 상태의 지구가 지금 고통받는 신의 모습이 되어 인간에게 '너의 삶을 달리 만들 것'을 명령하고 있다고 말하고 있다. 섭리적 목적이 아니라 무제약적 책임이 더 요청되는 시대를 살고 있는 것이다. 피터 슬로터다이크 『너는 너의 삶을 바꿔야 한다』, 문순표 옮김, 5월의노래 2020 결론부를 보라.
**23** 박정심, 앞의 책 208~209면.

공론화되던 좌익이념을 온전히 실종시킨 것에 대해서는 논쟁할 필요가 있다. 기독교적 우익 민족주의만이 오롯한 국가설계 이념이 된 것에 대한 반성적 성찰을 하자는 것이다. 서구 식민주의에 저항하는 민족의식이 여전히 요청되는 작금의 현실이다. 이 점에서 함석헌이 거부했던 국가(민족)주의와 사회주의에 대한 논의가 새롭게 시작되어도 좋겠다.

주지하듯 함석헌은 한반도의 변방, 서북 지역에서 기독교를 접했다. 조선조 이래로 억압과 수탈의 땅인 평안도에 유입된 기독교문명은 함석헌을 비롯한 지역인들에게 광명처럼 여겨졌다. 나중 유입된 소련 공산(사회)주의 또한 낯선 경험이었으나 그것은 서방 기독교에 몰입된 이후였기에 부정적으로 소비되었다. 기독교적 시각에서 공산주의체제가 이해, 평가, 수용되었던 까닭이다. 함석헌의 경우 기독교와 공산주의 관계를 성서 속의 인물들, 장자권 획득을 위한 형 에서와 동생 야곱 간의 투쟁으로 볼 정도였다.[24] 무엇보다 신의주 학생의거(1946)가 진압되는 과정에서 사회주의 이념의 병폐와 한계를 보았던[25] 그는 이를 북을 떠나 남을 향하는(1947) 계기로 삼았다. 해방이 아니라 이념의 꼭두각시가 된 북의 현실에 절망했던 것이다. 함석헌은 조만식 등 민족지도자들을 무너뜨린 공산주의 만행을 여실히 경험했다. 일본 제국주의도 성공치 못했던 민족분열을 공산주의자들이 저지른 까닭이다.[26] 하지만 이 책임을 공산주의자들에게만 돌려야 할지는 의문이다. 민족주의와 짝한 기독교, 소위 우익 성향을 띤 기독교 민족주의 역시 이 책임에서 자유롭기 어렵다. 토지개혁에

---

**24** 함석헌저작집 16 『한국 기독교는 무엇을 하려는가』, 한길사 2009, 107면.
**25** 『함석헌과의 대화』 67면. 신의주 학생의거를 경험했던 함석헌은 남하 후 이를 공산주의와의 투쟁이라 전언했던바, 이에 대한 반론도 있다. 1946년까지 공산주의에 대한 반감이 이북에서 그리 크지 않았다는 것이 재야 사학자 김상수의 의견이다.
**26** 함석헌저작집 7 『하느님의 발길에 채여서』, 한길사 2009, 50면.

소극적이었고 친일청산에 미진했으며 북의 공산주의자들이 그랬듯이 외세의존적 경향을 지녔기 때문이다. 여하튼 이후 자신 삶을 회억할 때마다 함석헌은 당대 지성들과 달리 사회주의에 몸담지 않았던 자신에 대해 감사했다. 이렇듯 사회(공산)주의에 대한 함석헌의 부정성은 1960년대 이후 『사상계』를 통해 이승만을 거쳐 박정희정권의 국가주의 비판으로 표출되었다. 북의 공산주의처럼 그렇게 남의 자본주의 또한 국가(전체)주의의 산물로 봤기 때문이다.[27] 좌우대립, 민족분열이 남과 북 모두를 국가주의 체제로 귀결시킨 부산물이란 것이다. 그럴수록 좌우대립, 민족분열은 독립을 뜻밖의 선물(은총)로 안겨준 하늘에 범한 대죄로 여겼다. 『뜻으로 본 한국역사』에서 함석헌은 한국전쟁이 이를 자각, 회개치 못한 백성에 대한 하늘의 진노이자 형벌이라고 이해했다. 따라서 국가주의 비판, 즉 국가(전체)로부터 개인의 해방[28]은 결국 분열을 치유키 위함이었고 이를 이 땅의 교회가 감당해주기를 바랐다. 하지만 종교재벌로 변질된 교회의 실상에 함석헌은 더 크게 좌절하였다. 국가주의를 비판한 것 이상으로 『사상계』를 통해 한국 교회를 질타한 것도 이 시기였다. 그럴수록 신 신학, 새로운 기독교 출현을 기대했던바, 씨올 사상에 입각한 한신 계열의 진보신학을 염두에 둔 발상이었다. 여하튼 함석헌은 70년을 넘긴 민족분열, 남북분단선의 극복을 위해 기독교가 이 땅에 존재한다고 믿었고 국가주의 비판에 자기 역량을 집중했다. 이를 위해 '부분이 곧 전체'라는 확신하에 씨올 사상을 전개했던바, 『대학』에 나오는 '민(民)'의 우리말로서 본래 다석 유영모로부터 비롯한 개념이었다. 바로 이런 역사적 현실에서 씨올 종교(사상)라는 말이 기독교를 대신하여 불리기 시작한 것이다.

---

**27** 『한국 기독교는 무엇을 하려는가』 180면.
**28** 함석헌은 이를 우리 시대의 출애굽이라 일컬었다.

이처럼 함석헌은 철저하게 기독교 중심적으로 사유했다. 역시 후술할 주제지만 3·1혁명을 남강 이승훈이 주도했던 기독교적 사건으로 보았고 4·19혁명을 기독교가 주도하지 못한 것을 꾸짖기도 했다.[29] 이는 한국전쟁도 하느님 징벌이었고 민족분단 역시 기독교의 과제로 여겼던 앞선 생각과 동일선상에서 비롯한 발상이었다. 일리있는 기독교 역사관이겠으나 이렇듯 기독교에 편중된 함석헌은 공산주의와 적대했고 해방전후 공간에서 자생적으로 생기한 좌우합작론에 대해 논한 바 없으며 그 평가에도 대단히 인색했다. 함석헌의 머릿속에는 기독교 신앙인 이승훈만 있었을 뿐 좌우합작을 꿈꾸다 암살당한 여운형 같은 이는 존재치 않았다. 동학의 손병희조차 그의 의식에서 사라졌던 것이다. 식민공간에서 좌우 이념이 협력했던 신민회의 역사, 임정에서 이동휘 등의 사회주의자들의 활동 그리고 초기 감리교를 중심한 기독교 사회주의 흐름들에 대한 이해가 거의 없었다.[30] 여운형의 경우 비록 기독교인이었지만 조부 때부터 동학적 배경을 지녔고『천부경』주해를 쓸 만큼 고대사에 관심이 깊었다.[31] 그렇기에 그는 기독교 대 공산주의라는 대립각 대신 양자 공존 가능성에 무게를 둘 수 있었다. 그가 해방 후 최초로 두 세력과 더불어 토지개혁에 주력한 것도 이런 공존성의 한 표증이었다. 그는 기독교인이었으나 동시에 사회주의를 품은 진보적 민족주의자였던 까닭이다. 이는 단재 신채호와

**29**『한국 기독교는 무엇을 하려는가』218면.
**30** 한규무「일제강점기 '기독교 사회주의'와 손정도 목사」,『손정도 목사의 생애와 사상』, 감리교신학대출판부 2004; 유영렬「기독교 민족사회주의자 김창준에 대한 고찰: 김창준 회고록을 중심으로」,『한국 독립운동사 연구』, 한국독립기념관 독립운동연구소 2005, 177~224면; 반병률『성재 이동휘 일대기』, 범우사 1998 참조.
**31** 이규성『한국현대철학사론』, 이화여대출판부 2015, 188면; 졸고「몽양 여운형의 좌우합작론 속의 토착적 기독교성」,『3·1 정신과 '이후' 기독교』119면.

함석헌을 견줄 때 제기된 문제의식과도 상통한다. '국수'와 '실질(성)'을 구별하면서 서구적 개인이 되기를 원치 않았던 것이다. 사회주의 비판의 방식으로 국가주의를 비판한 함석헌과 달리 국가 개념 속에 '국수'와 다른 '실질'의 의미가 담겼다고 본 까닭이다.[32] 몽양은 민족독립을 위해 하늘(기독교)의 도움을 구했지만 동시에 민족의 주체성과 그에 바탕한 외교력 또한 십분 강조했다.[33] 따라서 민족의 독립은 함석헌이 말하듯이 갑작스런 하늘 선물만은 아닐 것이고 한국전쟁은 분열의 징벌로만 이해될 수는 없을 것이다.[34] 그는 3·1혁명을 고대 '홍익인간'의 정신세계 — 세계주의, 문명주의 — 와 잇대어 생각할 여지를 남겼는데 단재 신채호의 영향과 무관치 않을 듯하다. 이처럼 해방전후의 근대사 속에 기독교적 우익 민족주의만이 아니라 사회주의적 민족주의도 함께했다. 이 점에서 민족적, 기독교적 과제로서 통일을 말할 때 좌우익이 함께했던 지난 역사를 소환해야 옳았다.[35] 하지만 함석헌의 경우 기독교적으로 공산주의, 사회주의를 경험했고 그를 해석했기에 사회주의를 품지 못했다. 오롯한 국가주의 비판을 통해 남북한 체제 모두를 부정하는 입장을 취했을 뿐이다.

---

**32** 박정심, 앞의 책 212면.

**33** 김삼웅 『몽양 여운형 평전: 진보적 민족주의자』, 채륜 2016, 7면. "한국의 독립운동은 세계의 대세요, 신의 뜻이며 한 민족의 각성이다."

**34** 한국전쟁 발발 원인에 대한 졸고를 보라. 「한국전쟁 발단 논쟁에서 본 통일과 그 신학적 함의」, 현장아카데미 엮음 『한국전쟁 70년과 '이후' 교회』, 모시는사람들 2020, 648~59면. 여기서 필자는 미국의 브루스 커밍스, 일본의 와다 하루끼 그리고 한국의 정치학자 박명림의 전쟁원인 분석을 비판적으로 종합했다.

**35** 이은선은 이 점에서 도산 안창호를 소환했다. 상해 임정시부터 두 이념을 소통하고자 애썼으며 좌익 성향을 지닌 몽양 여운형을 신뢰했던 안창호, 기독교 정신과 민족 사랑을 하나로 엮어낸 안창호를 남북이 따를 수 있는 인물로 꼽은 것이다. 이은선 「한국의 영원한 참 스승, 도산 안창호」, 『씨올의 소리』 2020년 7-8월호(통권 268호), 73~84면, 특히 83~84면을 보라.

우익만으로 세워진 대한민국과 좌익체제인 북조선이라는 양국체제[36]로 굳어진다면 함석헌의 꿈도 실종될 수밖에 없다. 그럴수록 좌우 이념을 품을 수 있는 새로운 기독교, 구체적으로 동학을 체화한 토착(한국)적 기독교를 모색할 필요가 있을 것이다.

## 4. 함석헌의 '새로운 기독교' —— 동학의 시각에서 본 비판적 이해

앞선 두 절을 통해서 우리는 함석헌 사상에서 기독교가 우리 역사와 자생적 이념 그리고 종교에 행사했던 압도적 역할을 살폈다. 그에게 기독교는 세상을 이해하는 눈[觀]이자 사상적 토대였다. 성서 속 고난의 의미를 한국 역사(我)에 부여했고 평화주의 시각에서 뭇 이념을 평가했으며 서구의 과학적 사유[37]에 근거하여 동학을 비롯한 고대 종교사상을 비합리적이라 폄하했다. 이로써 함석헌은 앞서 본 대로 내재적 차원에서 토론의 여지를 남겨놓았다. 물론 함석헌의 기독교 이해는 통념적으로 인습화된 기독교와도 많이 달랐다. 최초 서북 지역에서 수용한 서구적 기독교를 거쳐 일본 유학 시절 무교회주의적 신앙을 배웠고 이후 다석 유영모의 영향사가 깃든 토착적 기독교를 지나 일체 교권, 제도에서 자유로운 퀘이커 신앙에 입문했던 까닭이다.

---

**36** 김상준 『코리아 양국체제: 촛불로 평화적 혁명을 완성하는 길』, 아카넷 2019. 참조
**37** 함석헌에게 기독교만큼 중요했던 것이 서구의 합리적인 과학적 사유였다. 과학적 사유와 서구 사상이 없었다면 자신도 보수적 기독교인이 되었을 것이라 말했다. 『함석헌과의 대화』 19면 이하 참조.

이렇듯 일생에 거쳐서 함석헌은 기독교에 뿌리둔 '새로운 종교'를 모색했고 마침내 자속과 대속을 하나로(不二) 여기는 '씨올 종교성'에 도달했다. 씨올 사상에 입각하여 기독교가 결정적으로 달리 서술된 것이다. 함석헌이 1970년 4월에 『씨올의 소리』를 창간한 것도 이런 종교를 말하기 위함이었다. 당시 이 잡지를 시작했던 함석헌의 변을 이곳저곳을 건너뛰며 약술해보겠다. "지혜는 결코 천재에게서 나오지 않습니다. 전체 씨올에서 나옵니다. (…) 악도, 선도 개인적인 것이 아닙니다. 전체의 악이 한 사람에게서 나타난 것입니다. 악을 이기려면 전체가 동원되어야 합니다. (…) 씨알 속에는 일어만 나면 못 이길 것이 없는 정신의 힘이 있습니다. (…) 하느님의 입은 씨올의 입입니다. (…) 순교자의 일을 전체의 일로 알아야 할 것입니다. (…) 그래서 유기적 공동체가 필요합니다. (…) 익어서 스스로 벌리는 밤송이를 다물게 할 놈은 세상에 없습니다."[38] 이렇듯 함석헌은 『씨올의 소리』를 통해 전체, 곧 하늘의 소리를 들었고 유기적 공동체(교회)를 통해 제 소리 내는 씨올 민중을 후견코자 했다. 고통 속에서도 역사의 부름에 응하지 않는 민중은 없다는 확신 때문이다. 당시는 베트남 전쟁파병, 한일회담에 침묵했던 비겁한 지식인들을 향한 '씨올'들 소리가 적극 필요했던 시점이었다. 그럼에도 함석헌의 말[39]과 달리 논란의 여지를 감수한 채 모두가 잡지 창간을 기뻐했던 것만은 아니었다는 사실도 밝혀둔다.[40]

**38** 함석헌저작집 2 『인간혁명』, 한길사 2009, 271~87면.

**39** 같은 책 271면.

**40** 조순명 『함석헌과 한국 지성들』 하권, 홍익재 1997, 23면 이하. 『씨올의 소리』 창간에 다석 유영모뿐 아니라 김교신의 제자인 류달영 역시 힘을 보태지 않은 것으로 알려져 있다. 누구에게나 마찬가지겠으나 이 책의 발견은 필자에게 충격이자 도전이었다. 이 책 내용에 전적으로 동의할 수 없지만 부정할 수도 없는 사실이 담겼음을 인정해야 옳다.

여하튼 함석헌이 추구한 새 시대의 종교로서 기독교는 '씨올' 이해에 근거해서 설명된다. 그에게 씨올은 제 본성, 인간성, 민족성을 간직한 맨 사람, 가슴속에 '뜻'을 지닌 존재였다.[41] 누차 서술했듯이 이때 뜻은 역사의 목적을 일컫는다. 이는 다석의 '바탈'을 역사화한 개념이었다. 기독교적 섭리사관을 하느님과 씨올의 공속관계로 재구성한 결과이기도 했다.[42] 따라서 함석헌은 성서가 말한 메시아의 탄생을 씨올 가슴속에 내포된 뜻의 펼쳐짐으로 보았다. 그에게 역사를 내면화하는 것이 종교의 본질이었던 것이다.[43] 이 점에서 씨올은 가장 내면적 종교였다. 씨올 종교로서 기독교가 없었다면 유대교 역사는 그 뜻을 잃었을 것이라고도 말했다.[44] 역사의 마지막은 오직 뜻을 지닌 씨올에게 달렸다고 본 까닭이다. 비록 「대선언」「흰손」 등의 시를 통해 인격에 '대신'은 없다며 사적 대속 신앙을 허물었지만 대속의 의미는 결코 실종되지 않았다.[45] 섭리적 대속 사관이 씨올 내면을 통해 오히려 강화되었기 때문이다. 씨올 고난은 예수 십자가의 역사적, 민족적 언표였다. 비록 '뜻'으로서의 씨올 종교가 기독교 밖의 제 종교를 내포하지만 나선적 목적사관을 지닌 탓에 여전히 기독교적이었다. '나선적'이란 말 속에 여타 종교를 포함한다는 의미가 담겼다. 함석헌이 '강한' 인간중심주의를 내세운 서구의 진화론적 철학을 수

---

**41** 함석헌저작집 5 『생각하는 백성이라야 산다』, 한길사 2009, 139, 144면.
**42** 그래서 종종 함석헌의 역사관이 정통 기독교의 섭리사상과 유사하게 이해되는 경우도 생겨났다.
**43** 『한국 기독교는 무엇을 하려는가』 176면.
**44** 같은 면.
**45** 함석헌저작집 23 『수평선 넘어』, 한길사 2009, 326, 426면. 함석헌은 개인적 차원의 중보 개념은 탈각시켰지만 자신의 역사관에서는 전체를 품은 개인인 씨올의 대속성을 강조했다.

용하여 한국 역사 속에서 변용한 것이다.[46] 이 경우 씨ᄋᆞᆯ 종교로서의 새로운 기독교, 그 핵심인 목적론은 기독교 절대성을 달리 표현한 것이라 말할 수 있겠다. 기독교만이 역사철학을 지녔다는 것이 평생 소신이었기 때문이다.

이런 확신을 갖고서 함석헌은 역사를 보는 눈을 달리했다. 언급한 대로 역사를 시종(始終)의 관점에서 종시(終始)로 바꿔 이해한 것이다.[47] 나중 올 것이 먼저 있어 역사를 이끈다는 말뜻이다. 죽지 않는 생명으로 부활했기에 십자가에 달려 죽을 수 있다고 했다. 한마디로 씨ᄋᆞᆯ 투쟁은 이미 이겨놓고 싸우는 것이라 봤던 것이다. 이것이 바로 뜻(목적)을 가슴속에 품은 씨ᄋᆞᆯ의 존재 선언이자 삶의 방식이었다. 이미 세상의 빛(소금)이기에 빛(소금)이 되라는 것이다. 역사의 섭리이자 목적에 대한 확신이 이처럼 씨ᄋᆞᆯ에게 온갖 대립(캥김)을 통전(統全)시키는 힘이 되었다. 함석헌은 이것이 민중이 하느님을 만나는 방식이라 하였다. 하지만 동시에 그는 지금껏 씨ᄋᆞᆯ의 정신성과 생명력을 옳게 인정한 종교가 없었음을 탄식했다.[48] 이것이 불교, 유교, 심지어 제도화된 기독교를 비판하는 함석헌의 논거였다. 그렇기에 의당 그는 영부(靈符)를 품고 전쟁에 임했던 동학교도를 무모하며 비합리적이라 비판했다. 하지만 자신 속에 하늘뜻이 있다고 믿은 것과 '시천주 조화정 영세불망 만사지(侍天主 造化定 永世不忘 萬

---

**46** 주지하듯 함석헌은 베르그송의 생철학(직관)과 테야르 드 샤르뎅의 오메가 포인트를 지향하는 진화(목적)론적 신학을 특별나게 좋아했다. 물론 함석헌은 인종우월성을 강조하는 사회진화론과는 전혀 다른 입장을 지녔다. 이치석 『씨ᄋᆞᆯ 함석헌 평전』, 시대의창 2005, 499~509면.
**47** 『한국 기독교는 무엇을 하려는가』 171면.
**48** 함석헌은 이를 '씨ᄋᆞᆯ의 설움'이라 불렀다. 함석헌저작집 4 『씨ᄋᆞᆯ의 설움』, 한길사 2009; 이은선, 앞의 책 229면.

事知)'의 글귀를 몸속에 지니는 것이 그가 비판하듯 다를 수 있을지 모르겠다. 하지만 앞의 것을 합리로 봤고 나중 것을 비합리로 볼 만큼 함석헌은 동학에 대해 무지했다. 3·1혁명을 민족주의를 초월한 전체의식의 승리이자 물질에 대한 정신의 승리로 높이 평가했던 그였지만 이를 오롯이 기독교만의 업적이라 여긴 것이 그 방증이다.[49] 동학과 천도교 역할에 대한 의도적 부정 내지 생략일 수도 있겠다. 여하튼 한국역사를 다루면서 고대의 『천부경』, 최치원의 풍류도 — 현묘지도, 포함삼교, 접화군생(玄妙之道, 包含三敎, 接化群生) — 로까지 소급되는 동학사상의 진가를 보지 못한 것이 매우 아쉽다.[50] 필히 목적사관, 기독교 그리고 서구 합리사상(진화론)이 새로운 종교, 씨올 사상의 골자를 이룬 탓일 것이다.

말한 대로 동학을 언급하지 않고 씨올 종교를 설한 것은 함석헌은 물론 우리에게 있어 안타까운 일이다. 사실 그것만큼 함석헌과 닮은 사상체계는 찾기 어려울 것이다. 이로써 함석헌 사상의 독창성을 말할 계기는 되었겠으나 한국적인 종교성을 일층 더 논할 기회를 놓쳐버렸다. 함석헌 연구자들이 이 점을 모르지 않았지만 지금껏 시대적 한계란 말로 쉽게 지나쳤다. 기독교와 공존하는 불교, 힌두교 등 세계 위대한 종교들을 언급했지만 정작 동학은 눈밖에 있었다. 이는 함석헌이 서구적 잣대로 우리 역사와 세상을 이해했던 까닭이다. 역사 최초로 한글을 활용하여 사유하기 시작한 동학을 그가 포착하지 못한 것이 아쉬울 뿐이다. 주지하듯 '시천

---

**49** 『생각하는 백성이라야 산다』 17, 34면. 앞서도 말했듯이 함석헌은 남강 이승훈의 역할만을 강조했다. 손병희를 비롯한 동학 천도교가 역할했던 역사적 사실조차 폄하하는 듯 보인다.

**50** 孤雲국제교류사업회 엮음 『고운 최치원의 철학, 종교사상』, 문사철 2010에 실린 마지막 논문을 참조하라. 동학사상과 고운 최치원 그리고 『천부경』에 이르는 사상적 연결고리가 잘 적시되어 있다.

주(侍天主)'의 동학은 '인내천(人乃天)'의 천도교로 달라졌다. 하지만 본질에 있어 동학 천도교는 '인간이 하늘이다'란 입장을 피력했다.[51] 수운의 '시(侍)'의 영성은 인간 속 하늘을 모시고 키워 삶으로 체화하는 전 과정이었다. 하지만 이것은 인간 바탈을 역사의 '뜻(목적)'으로 확장한 함석헌과 달랐다. 인간 밖에서 다른 하늘을 찾을 수 없다고 본 것이다. 혹자는 동학을 잉태한 한국적인 것이 천인합일을 넘는 천인무간(天人無間) 사상이라 일컫기도 했다.[52]

이렇듯 '시(侍)'의 영성—내유신령(內有神靈), 외유기화(外有氣化), 각지불이(各知不移) —은 부분/전체의 관계 이상의 의미를 갖고 있다. 인간이 하늘을 모셨고 하늘 자체이기에 애당초 양자간 구별이 없는 까닭이다. 우선 '내유신령', 내 안에 하늘이 있다는 것은 '오심즉여심(吾心卽汝心)', 내 마음이 바로 그 마음이란 말뜻을 지녔다. 자신과 하늘이 본래 나뉠 수 없는 관계란 것이다. 이때 하늘은 인간 모두이자 전 자연을 내포한 개념이다. 따라서 '오심즉여심'의 존재는 세상의 변화, 자연의 변동을 누구보다 잘 감지할 수 있다. 이는 함석헌의 씨올 사상이 간과한 부분이다. 이어지는 '외유기화'란 말이 이를 잘 적시한다. 이는 '무위이화(無爲而化)', 즉 절로 그리되는 방식으로 시운에 대처하는 자발적 능력을 일컫는 것으로 목적사관과 크게 다르다. 내유신령이 인간 존재에 대한 언급이라면 외유기

---

**51** 도올 김용옥이 동학혁명 국가기념일 3주년을 맞아 선포한 '동학 선언문' 전문을 보라 (도올TV를 통해 접할 수 있음). 본 선언서에 동학의 경우 '사람이 하늘'인 것을 천명했다. 이런 선상에서 나온 동학 천도교의 핵심 개념들을 붓글씨로 표현하여 '도올의 수운詩 展'(6월 2일~15일)을 개최했다.

**52** 성균관대에서 조선 유학사상을 가르친 이기동 교수는 중국적 '천인합일'과 변별된 '천인무간'에서 한국 사상의 본질을 본다. 그는 『천부경』을 위시한 『환단고기』 등 역사책에 담긴 사상적 의미를 높게 평가한 소수의 유교철학자 중 한 사람이다.

화는 그의 드러난 행동양식을 일컫는다. 그렇기에 '시'의 영성은 '각지불이'란 말로써 마지막 셋째 뜻을 담아냈다. 본래 인간은 누구나 하늘 뜻과 한짝(不移)인 것인데, 이런 상태로부터 자신을 일탈하지 말 것을 강조한 것이다. 이를 위해 본래 마음을 지키는 '수심정기(守心正氣)'가 인간에게 요구되었다. 물론 이 경우 '수'를 지킬 수(守)로 볼지 닦을 수(修)로 볼지에 대한 논쟁이 있다.[53] 하지만 어느 경우든 본래 하늘인 인간이 역사 변화의 주체인 것은 불변적 사실이었다. 이것이 '아'의 한국적 정체성이었으니 말이다.

이상 내용이 말하듯이 동학의 경우 씨올이란 말은 없었지만 오히려 함석헌보다 더 명확하게 그 의미를 드러냈다. 물론 함석헌의 씨올 사상이 동학의 시천주 종교성보다 진일보했다 말할 수 있겠으나 그것은 반면 서구화되었다는 말뜻일 것이다. 서구적 근대와 다른 개벽적 근대가 말해지는 현실에서 '진화' '목적' 등의 개념으로 종교와 역사를 이해하는 것만이 능사는 아닐 듯하다. 아울러 이런 동학 천도교가 좌우합작의 이념 실현을 위한 민족적, 정신적 토양으로 해방전후 공간에서 역할했음을 재차 강조하고 싶다.

---

53 도올 김용옥은 최근 출간된 『동경대전』(전2권, 통나무 2021)에서 닦을 수(修)로 풀었고 동학 천도교 학자들은 지킬 수(守)를 역설했다. 불교식으로 말하자면 이는 돈오와 점수의 관계로서 두 개념 모두가 필요하다고 생각된다. 동학 천도교 측 저서로는 윤석산 『주해 동경대전』(모시는사람들 2021)이 주목받고 있다.

## 5. 함석헌의 여성이해 ─ 동학의 여성관과 견줘보다

민중 중의 민중으로서 여성에 대한 이해는 한 사람의 생각을 가늠하고 평가하는 잣대가 될 수 있나. 여성신학자 박순경은 민족 속에 민중 있고 여성이야말로 민중 그 자체라고 선언했다.[54] 불교에서 여성 신도를 '보살'이라 부르는 것 또한 역사의 질곡을 거치면서 여성으로 살아낸 삶의 족적에 대한 존경과 감사의 표현이다. 동학 역시 몇겹의 수탈구조 하에서 가족을 지켜냈던 어머니이자 아내로서의 여성에게 종래 가부장적 체제 하에서 상상할 수 없는 의미를 부여했다. 우리는 함석헌 저서에서 어머니와 부인에 대해 잘 알려진 몇개의 이야기를 찾을 수 있다. 1960~70년대를 살아가는 이 땅의 젊은 여성들에게 고하는 함석헌의 충언도 몇편의 글속에서 발견했다. 하지만 수십권의 저작집에서 여성을 주제삼은 것은 고작 짧은 글 몇편뿐이다. 그의 생각이 여성에게 깊이 다가서지 못했기 때문일 것이다. 주지하듯 함석헌은 여성문제에 대한 자신의 안타까운 회한도 드러냈다.

이 점에서 필자는 말하기 힘든 이야기를 재소환해야 했다. 주옥같은 말씀모음집 『다석어록』 속에 제자 함석헌의 여성편력을 염려하고 걱정하는 글이 수십곳에 실렸음을 아는 까닭이다. 그렇다면 본 사안에 대한 더욱 적실한 평가가 있어야 했다. 설령 페미니즘 논쟁이 첨예화된 작금의 시각에서는 아닐지라도 말이다. 그에 대한 평가는 필자가 아닌 직계제자, 후학들의 오롯한 몫일 수밖에 없다. 단지 여기서 필자는 함석헌 자신이

---

**54** 박순경 『민족통일과 기독교』, 한길사 1986; 『통일신학의 여정』, 한울 1992 참조. 졸고 「한국전쟁 발단(원인) 논쟁에서 본 통일과 그 신학적 의미」, 『한국전쟁 70년과 '以後' 교회』 703~707면.

폄하했던 동학 창시자들의 시각에서 여성에 대한 그의 이해의 근원적 한계를 살피고자 한다. 부정할 수 없는 여성편력이 여성이해의 한계에서 비롯한 것이 아닐까 싶었기 때문이다.

함석헌의 씨ᄋᆞᆯ 사상은 민중에 대한 신뢰에 바탕한 것이었다. 누차 강조했듯이 우리 역사에서 민중 중의 민중은 여성일 수밖에 없다. 모진 역사에 더해 가부장제의 폐해까지 온몸으로 견뎠던 까닭이다. 그렇기에 그는 다석이 풀었던 '씨ᄋᆞᆯ 어뵘', 씨알을 어버이처럼 여기라는 말을 대단히 좋아했다.[55] 어느 경우든 고난의 주체인 씨ᄋᆞᆯ을 역사의 주체로서 존귀하게 여긴 것이다. 하지만 정작 부인은 이런 씨ᄋᆞᆯ로서 대접받지 못했다. 함석헌과 주변 인물들 다수가 가부장제로부터 자유롭지 못했던 탓이었다. 이들에게 여성은 희생과 헌신의 존재로서 인내하며 자식과 남편을 위하는 부차적 존재였을 뿐이다. 스스로 전체가 되지 못한 채 주어진 역할로 존재를 대신하게 된 것이다. 빨래하고 청소하는 자들을 귀인이라 했고 그곳(여성)에서 그리스도가 나온다 했으나 이들에겐 자신의 '아'가 정립될 기회조차 없었다. 여성이 씨ᄋᆞᆯ로부터 제외된 것이다. 생명의 개체(주체)화, 전체를 품은 개체(아)의 탄생을 '말씀이 육신이 되는 성육신'의 본질이라는 큰 의미를 부여했음에도 말이다.[56]

여성에 대한 이런 시각이 곳곳의 언술에서 일반화된 것이 더 큰 문제였다. "젊은 여성에게 주고 싶은 말"[57]을 비롯한 비슷한 주제의 몇몇 글에서 이 점이 드러났다. 이들 글에서 여성은 본래 아름답고 사랑스러우며 신비

---

55 박재순 「씨ᄋᆞᆯ의 생명사상」, 『씨ᄋᆞᆯ, 생명, 평화: 함석헌의 철학과 사상』, 한길사 2007, 146~47면.
56 『씨ᄋᆞᆯ에게 보낸 편지』 28~29면.
57 함석헌저작집 7 『하느님의 발길에 채여서』, 259~78면. 이하 내용은 필자가 본문을 재구성하는 방식으로 가필한 것이다.

적인 존재로 묘사되었다. 여성을 생명을 지피는 풀무이자 용광로라 본 것이다. 아이 낳음으로 역사를 잇는 존재, 그것을 여성 신비의 본질로 이해했다. 빨래와 옷 짓기 그리고 출산을 통해 새 역사, 문화를 탄생시킬 수 있는 존재, 바로 그가 여성이었다. 함석헌은 이를 꽃이 져서 열매를 맺는 일과 중첩시켰다. 자신의 신비와 아름다움을 궂은일과 바꿀 때 진짜 아름다움을 얻을 수 있다는 것이다. 그럴수록 뜻을 찾지 않고 맛을 추구하는 여성들을 못마땅하게 여겼다. 즉 출산, 빨래 등 그것 외의 자기추구는 여성을 '계집' 되게 할 뿐이라 말한 것이다. 열매 없는 여성을 거짓된 존재로 여길 정도였다. 한마디로 여성을 역할로 볼 뿐 존재로 여기지 못한 한계로 드러난다. 이런 역할, 즉 집사람의 일이 도대체 왜 여성만의 몫인지도 설명되지 않았다. 이렇듯 젊은 여성들에게 주는 교훈은 씨올 사상을 펼쳤음에도 불구하고 그와 무관한 가부장제의 산물이었다. 이런 여성 이해가 그에게 일탈과 회한을 가져다준 주요 원인 중 하나이지 않을까 싶다.

　동학의 경우도 밥 짓고 옷 만들며 자식 키우는 것을 여성의 일로 여겼다. 하지만 함석헌의 여성관과 견줄 때 포괄적, 다차원적이며 생명(자연) 친화적 양상을 지녔다. 부모께 효를 표하고 하인도 자식처럼 여기며, 육축을 아끼는 것은 물론 나무 생순을 꺾지 않으며 어린 자식을 한울처럼 대하는 이 모든 일을 여성의 역할로 이해한 것이다.[58] 심지어 설거지물 또한 땅에 함부로 버리지 말 것도 요구했다. 하지만 여성 스스로를 위하는 이야기도 적지 않다. 무거운 것을 머리에 이거나 손에 들지도 말라 했고 차갑게 된 남은 음식이 여성의 몫이 되지 않기를 권했다. 이에 앞서 「용담유사」 속 안심가(安心歌)에서 수운은 여성을 '거룩'하다 여겼고 여성 스

---

58 '내수도문'「해월 신사법설」,『경전으로 본 세계종교: 동학편』, 전통문화연구회 2001, 386~88면.

스로 자신을 달리 보는 눈을 갖도록 했다. '거룩한 동학 여성'이란 자각이 생겼고 여성의 몸으로 외세와 맞설 힘을 갖게 된 것이다.[59] 후천의 시대인식 하에서 동학은 이전 가부장제와 결별했다. 남성뿐 아니라 여성 존재를 하느님(한울)으로 규정한 것이다. 베로 옷 짜는 며느리, 그 구체적 여인을 한울이라 일컬었다. 함석헌 식으로 표현하면 동학 여성이야말로 전체를 품은 오롯한 씨올 민중이었다. 그렇기에 아기 키우고 옷 만들고 밥 짓는 일, 한마디로 살림살이는 여성에게 자기 존재를 실현하는 과정, 곧 수도(修道) 행위와 다름없었다.[60] 이를 통해서 시천주의 각성을 체화한 것이다. 동학은 바로 이런 여인들을 통해 도통이 이어진다고 믿었다. 그럴수록 부부화합은 무엇보다 중요했다. 부부가 갈등할 시 한울은 인간과 결코 감응할 수 없다고 보았다.[61] 이처럼 여성이 한울이란 자각은 동학을 동학답게 하는 결정적 요소였다. 역할보다 존재를 앞세운 개벽적 여성 이해, 그로써 동학의 여성은 일상 속에서 도를 실현하는 숭고한 삶을 살 수 있었다. 동학 천도교를 비합리적이라 폄하할 수 없는 이유가 바로 여기에 있다.

## 6. 나가는 글

이상에서 몇 가지 관점을 갖고 함석헌 사상을 비판적으로 조망했다. 말했듯이 필자는 이전 썼던 글에서 함석헌의 역사관과 기독교 이해를 경탄

---

**59** '개벽하는 사람들', 김재형의 아홉번째 동학편지, 페이스북에서 인용.
**60** '부인수도' 「해월 신사법설」, 『경전으로 본 세계종교: 동학편』 386면
**61** '부화부순' 「해월 신사법설」, 같은 책 388면.

하며 서술했다. 탈민족 시대에 이른 지금 국가주의를 비판하는 그의 민족관을 '탈민족적 민족이해'라 칭하며 나름 더 넓게 확장했던 것이다. 그의 새 종교론을 탈기독교적 기독교로 적극 수용한 적도 있었다. 일본 신학자들과 민족주의를 주제로 토론했을 때 함석헌, 그의 생각은 필자에게 '답'으로 제시되었다. 그러나 이번 경우는 평소와 다른 시각에서 함석헌의 저술을 읽고 글을 썼다. 세계철학회가 인정한 한국 기독교 대사상가 함석헌은 어느덧 비판이 불허될 만큼 소수의 사람들에게 우상과 같은 존재가 되어 있었다. '씨ㅇㄹ'을 표방하며 그를 추종하는 뭇 단체의 갈등상황도 수차례 목도했다. 더욱이 그간 소문으로 들었던 책, 존재 자체를 부정당한 불온(?) 서적도 고통 속에서 읽어야 했다.[62] 평소 시각과 달라진 이 글은 이런 배경에서 비롯한 것이다. 지금껏 보수 기독교인들이 제기한 함석헌 비판은 수없이 많았다. 함석헌 사상에 심취한 기독교인들이 교회로부터 배척을 받은 것도 사실이다. 하지만 함석헌을 추종하는 그룹 내에서 제기된 비판적 토론은 과문한 탓이겠으나 찾지 못했다. 정작 그의 스승, 다석에 대한 비판적 논의가 여러 갈래로 펼쳐지는 상황과 대조될 정도였다.

이런 연유로 필자는 그간 함석헌 저술을 읽고 글을 쓰는 과정에서 물음이 생겨도 지나치곤 했던 몇개의 시각을 정리했다. 이를 위해 자생적으로 토발된 몇몇 개벽적 시각들을 소환해야 했다. 다석 유영모에게 영향을 미쳤던 단재 신채호의 '아(我)' 사관, 식민공간에서 자라났던 (기독교)사회주의, 동학의 한울 이해(시천주)의 시각에서 함석헌을 다시 살폈던 것이다. 이로부터 그간 이론의 여지가 없었던 고난에 터한 섭리사관, 우익(서구)적 세계관, 목적론(기독교)적 신 이해, 그리고 여성관 등이 비판적으

---

**62** 이 책명은 각주 40에 언급되었다.

로 재고될 수 있었다. 이 과정에서 탈민족, 반국가주의가 서구 근대의 민족담론 —상상의 공동체 —과 다른 점을 밝혀야 했고 기본소득, 기본재산이란 개념의 탄생과 더불어 사회주의담론도 재론될 필요가 있었으며 시장만능주의 극복을 위해 국가의 순기능 또한 말하지 않을 수 없었다. 지면관계상 충분히 언급 못해 유감이다. 여하튼 논의 과정에서 함석헌에 대한 필자의 오독과 오해가 발견될 경우 언제든 정정할 생각이다. 함석헌과 그의 사상에 대한 기본적인 존경이 필자의 삶 속에 녹아 깃들어 있는 까닭이다. 그럼에도 필자의 졸고를 통해 스스로를 하느님 발길에 채였다고 고백한 함석헌의 삶과 사상을 좀더 여실하게 토론할 수 있는 계기가 되었으면 좋겠다. 그의 삶과 사상이 더욱 아름답게 이어지길 바라며 앞선 생각과 다른 마음으로 시작했던 글을 마감한다.

# 11장
# 김수영과 근대의 '이중과제'

황정아

## 1. 근대성과 '세계성'

김수영(金洙暎, 1921~68) 연구에서 근대성이라는 범주는 때로 '현대성'
이나 '모더니티' 같은 단어와 치환되면서 널리 확립된 핵심 키워드이다.
"김수영 자신이 근대성의 문제에 각별한 관심을 기울였"고 "김수영의 시
에는 근대성에 대한 그만의 독특한 시각이 각인되어 있다"[1]거나, "김수영
문학의 중심에 '현대성'과 '현실성'이 놓여 있다"[2] 같은 단언들이 반박을
불러오지 않을 만큼의 합의가 있는 것이다. 그런데 지금 와서는 이 '합의'
가 별달리 무게를 갖지 않는 듯 보이는 것도 사실이다. 여기에는 1990년
대에서 2000년대 초반까지 고조되었던 학계 전반의 근대성 논의가 한풀
꺾인 탓도 있겠으나 애초에 '근대성'이 특별히 모호한 개념이라는 이유

---

[1] 하정일 「김수영, 근대성 그리고 민족문학」, 『실천문학』 49호, 1998, 194면.
[2] 유성호 「김수영의 문학비평」, 김명인·임홍배 엮음 『살아있는 김수영』, 창비 2005, 129면.

도 작용한다. 한편으로 근대성은 역사적 기점으로서의 근대 이후에 발생한 온갖 실제적·의식적 현상을 포괄하는 거대하고도 공허한 추상어로 쓰일 수 있다. 다른 한편으로는 프레드릭 제임슨(Fredric Jameson)이 보여준바, 데카르트적 코기토에서 프랑스혁명, 계몽, 아메리카 정복, 세속화, 베버식 합리화, 미적 모더니즘, 쏘비에뜨 혁명 등에 이르는 그간의 온갖 '근대성'들이 옳고 그름으로 판별될 정의가 아니라 다만 "여러 서사적 선택지들이고 하나씩 교체되는 스토리텔링의 가능성들"이라는 점에서,[3] 근대성은 (열띤 '다시 쓰기'를 추동하는 놀라운 자기증식력을 가졌는지는 몰라도) 어쨌든 하나의 서사범주일 뿐이다. 어느 쪽이든 두 용법에서 결국 마주치게 될 것은 근대성 규정의 '근거 없음'이 될 공산이 크다.

그럼에도 김수영을 근대성이라는 각도에서 접근할 필요가 여전히 있다면, 다른 무엇보다 그의 글에 근대성에 관한 논평으로 간주할 수 있는 대목들이 숱하게 등장한다는 단순한 사실 때문이다. '모더니티' 자체는 말할 것도 없고, 그가 사용한 '현대성' '혁명' '근대화' '후진성' '전통' '반동' '미숙' 같은 단어들은 모두 근대성과 의미상 연관된 대표적인 표현들이다. 엄밀한 개념으로는 아니라도 폭넓은 의미장으로서의 근대성이 당대의 문맥에서 그만큼 피하기 어려운 '소여(所與)'였으리라 짐작되는데, 그 점을 확인한 이후에 이어져야 할 작업은 이 강렬하고도 느슨한 의미장 안에서 그가 앞의 표현들을 어떻게 의미화하고 그리하여 어떤 서사를 써나갔는지 변별하는 일이다. 이때 김수영에게 근대성이 해결을 요구하는 과제라는 형태로 지각된다는 사실이 출발점이 될 만하다. 물론 이 과제가 어떻게 정식화되는가 하는 점이 더 중요한 문제이다. 근대성과 연

---

3 프레드릭 제임슨 『단일한 근대성』, 황정아 옮김, 창비 2020, 42면.

관된 과제라고 하면, 무엇으로 정의되었든 주어진 근대성, 즉 어디선가는 이미 성취된 근대성을 수용하고 모방하여 '따라잡기'를 꾀하는 근대화가 먼저 떠오른다. 근대성 논의가 한참 관심을 끌었던 시절 문학담론 일각에서는 마샬 버먼(Marshall Berman)식 근대성 규정을 받아들여 끊임없는 파괴와 창조의 소용돌이로서의 근대성을 "철저히 겪는 것" 내지 "온몸으로 사는 것"을 과제로 제시하기도 했다.**4**

김수영에게 근대성이 촉발한 과제가 어떤 것인지 살피는 좋은 방도는 그가 자주 상정하고 참조한 '세계'라는 차원을 경유하는 것이다. '세계'에 대한 의식이 근대적 산물임은 말할 필요도 없고 특히 식민지와 전쟁을 겪은 지역에서 세계는 대개 유럽으로 대표되는 '선진' 자본주의 문명의 압도적 위력으로 표상된다는 점에서 근대의 핵심 면모가 '세계'라는 표현에 응축되어 있기 때문이다. "세계적인 시"(「저 하늘 열릴 때―김병욱 형에게」)라는 표현이야 시인으로서의 일반적인 언급으로도 보이지만, "세계의 얼굴"(「히프레스 문학론」) "세계적인 발언"(「참여시의 정리―1960년대 시인을 중심으로」) "세계성" "세계사의 전진"(「시작노트 2」) "세계문제"(「'현대성'에의 도피」) 등 김수영의 산문 도처에서 '세계'는 일종의 지배적 타자처럼 들어와 있다. '세계성'이 비추어 판단할 기준이자 도달해야 할 경지로 언급되면서 '뒤떨어지고' '후진적이고' '미숙한' 현실과 대비될 때가 많은 것도

---

**4** 각각 황종연 「모더니즘의 망령을 찾아서: 마샬 버먼, 『단단한 것은 모두 녹아 날아간다』에 대하여」; 김성기 엮음 『모더니티란 무엇인가』, 민음사 1994, 224면; 진정석 「모더니즘의 재인식」, 『창작과비평』 96호, 1997, 162면. 이런 논의들이 근대성의 '파괴성'을 비판하는 일면이 있으나 궁극적으로는 자기비판마저 포괄하는 그 창조적 가능성에 방점을 찍으며 '근대성에 대한 충실성'을 주창하는 데 그친다는 점과 그런 한에서 면면히 이어진 개화파적 근대주의 담론의 변형이라는 점에 관해서는 황정아 「근대성의 판타지아: 1990년대 한국문학의 근대성 담론」, 『개념과소통』 25호, 2020 참조.

사실이다. 하지만 이 경지에 도달하는 경로를 들여다보면 '따라잡기'나 '철저히 겪기'로서의 근대성 성취와는 상이한 기제와 만나게 된다. 바로 그 점 때문에 김수영을 근대성과 연결하여 살필 필요가 여전하며, 더 중요하게는 김수영을 참조하여 근대성을 살필 필요가 있다는 것이 이 글이 전제하고 또 해명하려는 주장이다.


## 2. '이상한 역설'로 마주하는 세계

1966년에 쓴 「벽」이라는 에세이에서 김수영은 노먼 메일러의 소설 「마지막 밤」의 번역 의뢰를 받았으나 원문 텍스트 대신 일본어 번역본만 있어서 "뜨악해서 번역을 못하고 있다"고 설명하고는 이어 이렇게 이야기한다.

일본말 번역은 좀 떳떳하지 못하다 — 이것이야말로 사대주의라면 사대주의일 것이다. 이 사대주의의 '벽'을 뚫는 의미에서도 굳이 일본말 텍스트로 「마지막 밤」을 번역해보고 싶다.
이 수필을 쓰기 전에 사실은 나의 머릿속에는 르 클레지오의 소설의 청사진이 박혀 있었다. 이 정도의 흉내는 안 낼 수도 있다. 그러니까 이 정도의 흉내는 낼 수 있을 것 같다. 구라파의 아방가르드의 새 문학에 면역이 되기까지도, 여편네에 면역을 하기만큼의 긴 세월이 필요했던 것을 생각하면 정말 감개무량하고 대견한 생각이 든다. 그래도 노먼 메일러의 소설을 읽고 나서는 약간 눈앞이 아찔했다 (…) '벽'이다 (…) 이런 초조감은 누그러지는 것이 좋지 않다. 더구나 외부로부터 누그러뜨리는 것은 좋지 않다. (1966년)[5]

"일본말 텍스트"와 "구라파의 아방가르드의 새 문학"이라는 대상은 외세에 시달린 근대 역사의 경험을 자연스럽게 떠올리게 하는데, 선망과 모방은 말할 것도 없고 선망과 모방에 대한 자의식과 경계 역시 '선진문화'를 향한 전형적인 식민지적 반응이다. 글의 흐름이 보여주다시피, 사대주의를 피하려는 것마저 사대주의의 증상임을 깨닫는 일과 흉내낼 수 있으므로 흉내낼 필요가 없어지는 현상은 언뜻 뒤집힌 꼴이지만 실제로는 같은 논리를 갖는다. 김수영이 그 '벽'을 뚫고 나왔기에 '벽'이라는 인정이 흔쾌히 나오며 그 앞에서 느끼는 초조감의 효용을 가늠할 여유가 생기는 것이다.

사실 이 대목은 한참 이후에 나온 '세계문학' 논의와 연결할 때 의미가 더 분명해진다. '세계문학공화국'이라는 표현(및 저서)으로 잘 알려진 빠스깔 까자노바(Pascale Casanova)는 세계문학을 각국의 뛰어난 문학들이 아름답게 어우러지는 공동체가 아니라 지배와 피지배의 권력관계에 따른 (문학적) 폭력과 불평등이 작동하는 구조로 파악한다. 까자노바는 세계문학과 연관된 불평등을 문학자원의 불평등한 분배로 파악하는데, 풍부한 문학적 유산과 자원 덕분에 문학외적인 제약에 구애받지 않고 최대한의 자율성을 누리는, 일반적으로 유럽에 속하는 오래된 공간과, 반대로 문학자원이 부족하며 정치적·민족적·경제적 기준이 강하게 작용하는, 그리고 세계문학의 장에 늦게 진입한 공간이라는 두 대립 축을 통해 불평등한 분배가 이루어진다고 본다.[6] 문학자원의 고유성에 대한 이해 면에서 받아들이기 어려운 부분이 많지만, 까자노바의 논의는 세계로의 진입

---

**5** 이영준 엮음 『김수영전집 2: 산문』, 민음사 1981; 2018, 182~83면.
**6** Pascale Casanova, "Literature as a World," *New Left Review* 31, 2005, 83면.

이 다른 모든 분야에서와 마찬가지로 문학에서도 세계적 규모의 위계와 불평등에 노출되는 사태임을 합당하게 일깨운다. 김수영이 감염과 저항을 함축한 '면역'이라는 표현을 쓴 것 역시 세계와의 접속이 갖는 바로 그런 측면에서 기인한다.

그렇듯 김수영은 문학적 '세계'의 불평등을 의식하고 또 그와 씨름하지만 그럼에도 세계가 가져다주는 생산적 자극이 필요하다고 느낀다. 면역이 되었더라도 여전히 '초조감'을 유지해야 한다는 판단이 거기서 비롯되는데, 세계문학에는 까자노바가 지적한 권력관계만 작동하는 것이 아니라 애초에 세계문학 이념을 제시한 맑스나 괴테가 강조한 대로 일국적 편협성의 극복과 뛰어난 문학작품들의 국적을 넘은 교류나 향유 같은 바람직한 기획도 살아 있기 때문이다. 김수영이 '세계적인 시'를 말하고 시를 통한 "나의 전진은 세계사의 전진과 보조를 같이"하는 일로서 "영광이고 희열 이상의 광희"라 말할 때 표명되는 세계에 대한 지향은 바로 그런 종류의 세계문학적 기획에 동참하려는 의사로 해석될 수 있다.[7]

그런데 다른 분야보다 문학에서 한층 분명해지는 점은 '세계'가 부과하는 위계에는 위계를 정하는 가치기준도 포함된다는 사실이다. 다시 말해 세계문학의 지배세력은 단순히 뛰어난 작품들을 많이 가지고 있는 것만이 아니라 무엇이 뛰어난 작품인가를 규정하는 가치기준도 소유한다. 그렇기 때문에 문학적 불평등의 극복은 뛰어남의 추구만이 아니라 뛰어남의 다른 기준에 대한 추구를 포함해야 하며, 같은 논리로 '세계'와의 대결에는 반드시 '세계성'이란 무엇인가를 둘러싼 대결이 함께 이루어져야 한다. 김수영이 이 두 작업을 의식적으로 진행했음은 그가 불평등한 지위

---

7 『김수영전집 2』 246면, 532~33면.

를 순순히 인정하는 데서 오히려 뚜렷이 확인된다.

시인의 스승은 현실이다. 나는 우리의 현실이 시대에 뒤떨어진 것을 부끄럽고 안타깝게 생각하지만, 그보다 더 안타깝고 부끄러운 것은 이 뒤떨어진 현실을 직시하지 못하는 시인의 태도이다. 오늘날의 우리의 현대시의 양심과 작업은 이 뒤떨어진 현실에 대한 자각이 모체가 되어야 할 것 같다. 우리의 현대시의 밀도는 이 자각의 밀도이고, 이 밀도는 우리의 비애, 우리만의 비애를 가리켜준다. 이상한 역설 같지만 오늘날의 우리의 현대적인 시인의 긍지는 '앞섰다'는 것이 아니라 '뒤떨어졌다'는 것을 의식하는 데 있다. 그가 '앞섰다'면 이 '뒤떨어졌다'는 것을 확고하고 여유있게 의식하는 점에서 '앞섰다'. 세계의 시 시장에 출품된 우리의 현대시가 뒤떨어졌다는 낙인을 받는 것을 두려워하기 전에, 우리들에게는 우선 우리들의 현실에 정직할 수 있는 과단과 결의가 필요하다. 시의 모더니티란 외부로부터 부과하는 감각이 아니라 내면에서 우러나오는 지성의 화염이며 따라서 그것은 시인이―육체로서―추구할 것이지, 시가 ― 기술면으로 ― 추구할 것이 아니다. (「모더니티의 문제」, 1964)**8**

김수영 스스로 '이상한 역설'로 표현하지만, 이 역설이 성립하려면 '뒤떨어졌다'는 것과 그것을 자각하고 의식함으로써 '앞섰다'는 것이 동일한 기준선 위에 찍힌 앞뒤의 두 지점이 아니어야 한다. 그렇다고 해서 현실은 뒤떨어졌으나 현실에서 자율적인 시에서만큼은 앞설 수 있다는 식의 안이한 구분에 기댄 논리도 아니다. 시가 어떤 다른 차원으로 상정되기는 하지만 그 다른 차원에서의 성취가 가능하기 위해서라도 현실에 육

---

**8** 같은 책 576면.

체를 둔 '시인'이 문학적 기술보다 바로 그 현실에 육박해야 한다는 주장인 것이다. 까자노바라면 현실을 공공연히 들먹이는 태도야말로 문학자원이 부족하고 문학외적 기준에 지배받는 뒤떨어진 공간의 특징을 보여주는 증거라고 할지 모른다. 하지만 불평등은 그저 불평등일 따름이고 뒤떨어짐은 어느 모로 봐도 뒤떨어짐일 뿐이라 보는 까자노바의 논의가 실상은 '세계문학공화국'의 권력관계를 완결되고 닫힌 것으로 추인하는 데 그치는 반면, 김수영의 '이상한 역설'은 도피나 정신승리를 통한 일거의 반전을 도모하지 않은 채 바로 그 뒤떨어짐에 충실함으로써 다른 종류의 가치를 만들어내려는 시도이다. 같은 맥락에서 이 대목에 등장하는 시의 '모더니티'는 근대성 일반이라는 넓은 의미장에 막연히 편승하는 태도와 거리가 멀고 그 내부에 긴장과 차이를 도입하려는 적극적 지향과 관련된다. 김수영에게서 모더니티의 번역어로 '근대성'보다 '현대성'이 채택되는 이유도 ('현대'가 근대의 가장 최근을 지시한다는) 단순한 연대기적 고려가 아니라 바로 이런 지향을 배경으로 한다.

김수영은 세계에 면역되기만도 긴 세월이 걸렸다고 하지만 거기에는 4·19라는 중대한 계기가 있었다. 김수영에게 혁명은 이상을 향한 비약이기보다 현실에 대한 '자각의 밀도'가 고조되는 사건이었는데 그 자신이 4·19 이후의 변화를 이렇게 이야기한다.

> 또 하나 '4월' 이후에는 국내 잡지를 읽게 되었다는 것이다 (…) 인제는 후진성이란 것이 너무나도 골수에 박혀서 그런지 그리 겁이 나지 않는다. 외국인들의 아무리 훌륭한 논문을 읽어도 '뭐 그저 그렇군!' 하는 정도다. (…) 좌우간 모든 것에 선망의 감이 없어진 것만은 사실이다. (「밀물」, 1961)

과학이 우주 정복을 진행하고 있다고 해도 시인은 조금도 놀라지 않는다. 그는 오히려 그의 주변의 쇄사에 만족하고 있을 수 있다. 따라서 시의 제재만 하더라도 세계적이거나 우주적인 것을 탐내지 않아도 될 듯하다. 우리나라의 국내적인 제 사건이 이미 충분히 세계성을 띠고 있기 때문이다. (…) 이런 새 현상은 4·19를 분수령으로 해서 획 달라졌고 5·16 후에 더 자심해졌다. (「시작 노트 2」, 1961)**9**

여기서 그가 4·19 이후 '후진성'이 결정적으로 해소되었다는 이야기를 하는 것이 아니라는 데 유의할 필요가 있다. "너무나도 골수에 박혀서"라고는 하지만 그렇다고 '후진성'에 무뎌진 탓에 선망도 없어졌다는 취지 역시 아닐 것이다. 이곳은 여전히 '후진'적이고 외국의 성과들은 여전히 '훌륭'하지만, 그럼에도 선망이 사라진 것은 그와는 별개의 차원, 별개의 좌표와 기준으로 운용되는 해석적 공간이 열렸음을 암시한다. 이 공간의 탄생을 김수영은 의식과 육체를 아우른다는 의미에서 하나의 정동적 사건으로 묘사한다.

사실 4·19 때에 나는 하늘과 땅 사이에서 통일을 느꼈소. 이 '느꼈다'는 것은 정말 느껴본 일이 없는 사람이면 그 위대성을 모를 것이오. 그때는 정말 '남'도 '북'도 없고 '미국'도 '소련'도 아무 두려울 것이 없습디다. 하늘과 땅 사이가 온통 '자유 독립' 그것뿐입디다. 헐벗고 굶주린 사람들이 그처럼 아름다워 보일 수가 있습디까! 나의 온몸에는 티끌만 한 허위도 없습디다. 그러니까 나의 몸은 전부가 바로 '주장'입디다. '자유'입디다 (…) '4월'의 재산은 이

**9** 같은 책 98면, 529면.

러한 것이었소. (『저 하늘 열릴 때 — 김병욱 형에게』, 1961)

그에게 4·19와 혁명은 이처럼 '미국'도 '소련'도 두렵지 않은 다른 종
류의 '세계성'을 도입하는 힘이다. 그것은 하늘과 땅이 바뀌는 '개벽적'
사건이었으나 육체로서 경험하는 초월(위대성)이기에 '하늘'로의 비약
이 아니라 '하늘과 땅 사이의 통일'로 일컬어진다. 그 때문에 여기서 비롯
한 세계성의 주된 성분은 외부를 향한 '세계화'가 아니라 지금 이곳의 현
실에 대한 밀도 있는 자각, 또는 집중된 관심이 된다. 혁명과 좌절이라는
단순하고 통상적인 서사와 달리 4·19가 계기가 된 결정적 변화를 5·16이
오히려 심화했다는 진술도 그런 맥락에서 성립될 수 있다. 세계 속에서의
'후진적' 위치를 정직하게 의식하면서도 그것을 이유로 현실을 외면하고
폄하하는 대신, 오히려 더욱 강렬하게 현실에 몰두하는 데서 어떤 코나투
스(conatus)로서의 에너지, 떳떳할 뿐 아니라 위대할 수조차 있는 자기인
정의 정동이 발생하는 것이다. 이것이 세계와의 대면이 발동한 '이상한
역설'로서의 주체화 과정이며 이 전체 과정의 열도 내지 밀도를 가리키는
표현이 김수영식의 '사랑'이다. 이후 다시 살피겠지만 그의 시에서 '사
랑'이 언제나 '변주'될 수밖에 없는 이유가 이렇듯 역설적이며 중층적인
과정이 응축되어 있기 때문이다.


## 3. 리얼리즘, 사랑, 근대성

김수영을 둘러싸고 리얼리스트인지 모더니스트인지를 따지는 논의들
이 있어왔는데, 이 사안은 그의 시가 기법상 어떤 문학사조의 특징을 더

보여주는가 하는 문제로 환원될 수 없다. 리얼리즘과 모더니즘의 차이는 그 차이에 대한 기준의 차이를 내포한다. 다시 말해 리얼리즘과 모더니즘이 어떻게 다른가 하는 규정 자체가 다르므로 양자는 대칭적인 대립관계가 아니다. 김수영이 리얼리즘과 연결되어야 한다면, 그 이유는 무엇보다 그가 현실을 향한 '사랑'을 강조하고 시적 현대성을 말할 때조차 "시인이 — 육체로서 — 추구할 것이지, 시가 — 기술면으로 — 추구할 것이 아니"라고 단언한 데 근거한다. "우리의 현대시가 서구시의 식민지 시대로부터 해방을 하려는 노력은 물론 중요하지만, 그러기 위해서 서구의 현대시의 교육을 먼저 받아야 한다. 그것도 철저한 교육을 받아야 한다. 이 교육이 모자라기 때문에 '참여시'고 '예술파'고를 막론하고 작품이 거의 전부가 위태롭게 보인다"[10]는 지적에서 알 수 있듯이 물론 그는 기술적 연마의 필요성과 잠재성을 중시한다. 다만 매체의 자율성이나 언어적 실험이나 심지어 현대성의 추구보다 더 선차적인 것이 따로 있음을 알아야 한다는 것이다. 이런 입장은 그의 글 도처에서 확인된다.

> 그것은 시가 모더니티를 추구하고 있는 데서 오는 치명적 결함이다. 장일우가 〈한양〉에서 매번 강조하고 있듯이, 우리 시단은 '현대가 제출하는 역사적 과제를 해결'하려는 열의가 희박하며, 이것이 우리 시단이 전체적으로 썩었다는 인상을 갖게 한다. (…) 이것이 한국의 현실이라고 볼 수 있는가? 어릿광대의 유희도 분수가 있다. 이러한 시대착오는 단적으로 말해서 '신라'에의 도피나 '순수'에의 도피와 유를 같이하는, 현대성에의 도피라고 볼 수밖에 없다.
>
> (「'현대성'에의 도피」, 1964)

---

**10** 김수영 「변한 것과 변하지 않은 것 — 1966년의 시」, 같은 책 459~10면.

**11장** 김수영과 근대의 '이중과제' **287**

우리의 현대시는 아직도 제대로의 발언을 못 갖고 있다. 자기의 언어를 못 갖고 있다. 피부 속까지 스며드는 뼈저린 언어를 못 갖고 있다. (…) 설명이 아닌 발언을 하기 위해서는 사상과 사상의 여과가 필요하다. 우리의 현대시가 겪어야 할 가장 큰 난관은 포즈를 버리고 사상을 취해야 할 일이다. 포즈는 시 이전이다. 사상도 시 이전이다. 그러나 포즈는 시에 신념 있는 일관성을 주지 않지만 사상은 그것을 준다. 우리의 시가 조석으로 동요하는 원인의 하나가 여기에 있다. 시의 다양성이나 시의 변화나 시의 실험을 나는 두려워하지 않는다. 오히려 그것은 어디까지나 환영해야 할 일이다. 다만 그러한 실험이 동요나 방황으로 그쳐서는 아니 되며 그렇지 않기 위해서는 지성인으로서의 시인의 기저에 신념이 살아 있어야 한다 (…) 우리 시단의 너무나도 많은 현대시의 실험이 방황에서 와서 방황에서 그치는 너무도 얄팍한 포즈 같은 인상을 주기 때문이다. (「요동하는 포즈들」, 1964)

그런데 평자가 〈사계〉 동인들의 작품에서 일률적으로 받은 인상은 '언어'의 조탁에 지나치게 '피나는 고통'을 집중하고 있는 듯하다는 것이다. (…) 그러면서도 나는 그들에게 감히 말한다. 고통이 모자란다고! '언어'에 대한 고통이 아닌 그 이전의 고통이 모자란다고. 그리고 그 고통을 위해서는 '진실의 원점' 운운의 시의 지식까지도 일단 잊어버리라고. 시만 남겨놓은 절망을 하지 말고 시까지도 내던지는 철저한 절망을 하라고. (「체취의 신뢰감」, 1966)[11]

'역사적 과제'와 '사상'과 '언어 이전의 고통', 곧 리얼리즘적 현실 탐

---

**11** 각각 같은 책 590면, 594~96면, 637면.

구와 역사의식에 관련된 것들이 모더니즘에서는 받아들이지 않는 항목이어서가 아니라, 그것들이 시를 논할 때조차 핵심적으로 들어와야 한다고 보는 점이 김수영을 모더니즘에 귀속시키기 어렵게 만든다. 다른 한편, 모더니즘이 중시하는 시적 실험과 관련해서도 김수영은 이를 옹호하느냐 아니냐 하는 차원이 아닌, 시적 실험이 이루어지는 방식을 둘러싼 차이를 보여준다. 일례로 '포멀리즘' 도입에 관해 그는 이렇게 말한다.

> '현대시는 역사적인 면에서 볼 때는 과거와의 단절의 시' 운운의 말을 하는 포멀리즘의 무수한 현대시론이 범람하고 있는 것을 알지만, 이것은 역사의식을 근절하라는 말이 아닌 것은 물론이다. 특히 우리나라와 같이 완전한 언론의 자유가 없는 데에서 파생하는 역사의식의 파행을 누구보다도 먼저 시정해야 할 것이 지성을 가진 시인의 임무인 것을 생각할 때, 젊은 시인들의 편파적인 존재시의 이행은 어찌 보면 경계해야 할 일이기까지도 하다. 우리의 현실 위에 선 절대시의 출현은, 대지의 발을 디딘 초월시의 출현은, 서구가 아닌 된장찌개를 먹는 동양의 후진국으로서의 역사의식을 체득한 지성이 가질 수 있는 포멀리즘의 출현은 아직도 시기상조인가? 아니 오히려 이런 고독감이 오늘의 포멀리즘의 출발점이 될 수 없겠는가? (「새로운 포멀리스트들」, 1967)

서구적 포멀리즘을 재연하는 대신 다른 현실에서 나온 다른 포멀리즘을 구상해야 한다는 김수영의 논지는 이른바 탈식민주의적 문제의식과도 상통한다. 브라질 비평가 호베루뚜 슈바르스(Roberto Schwarz)는 문학의 형식은 지역의 현실과 무관해서 "바로크는 어디건 상관없이 바로크이고, 신고전주의는 어디서나 신고전주의이며, 낭만주의 등등도 마찬가지"라는 식의 전제를 비판하고, 브라질처럼 식민지와 주변부의 지위를 고루 겪은 나라들에서는 "중심부 국가들의 발전을 반복하기 어렵다는 점 혹은 불가능하다는 점이 주된 사회적·경제적·문화적 경험"임을 지적한 바 있다.[12] 슈바르스가 그와 같은 반복 불가능성을 천착함으로써만 브라질 문학이 '주변성'을 돌파할 수 있다고 강조하듯이, 김수영 역시 다름 아닌 '후진국으로서의 역사의식'에 문학적 가능성이 있다고 본 것이다. 이처럼 김수영의 리얼리즘은 현실에 대한 집중과 탐구이자 자기집중과 자기탐구의 지향으로서 앞서 살핀 '세계성'과 그대로 이어지는 한편 근대성(및 현대성)에 대한 그의 태도를 재차 확인해준다.

이제 주체화의 정동 내지 리얼리즘의 정동으로서의 '사랑'을 들여다볼 차례다. 김수영의 시에서 사랑은 거의 편재한다는 인상을 받을 만큼 여기저기 등장하면서도 의미를 확정하기 어렵게 모호할 때가 많다. 이를테면 「나의 가족」 같은 시에서 "거칠기 짝이 없는 우리 집안의 한없이 순하고 아득한 바람과 물결 —— 이것이 사랑이냐 낡아도 좋은 것은 사랑뿐이냐"고 했을 때의 사랑은 가족이라는 익숙한 소재와 연결되어 있기에 비교적 쉽게 이해된다. 하지만 이 경우도 시적 화자의 태도가 단순하지 않아서 시의 맥락 속에서 사랑의 좌표를 가늠하는 일이 쉽지만은 않다. 사랑이 주요하게 등장하고 근대성이라는 주제와도 긴밀히 연관된 그의 대표작으로 「거대한 뿌리」(1964)가 있다.[13] 이 시에서 사랑은 "나는 이사벨라 버드 비숍 여사와 연애하고 있다"로 일차 등장하지만 중요한 대목은 전통과 역사를 두고 확언한 사랑이다.

---

**12** 호베르뚜 슈바르스 「주변성의 돌파: 마샤두와 19세기 브라질 문학의 성취」, 『창작과비평』 142호, 2008, 120면. 원문은 "A Brazilian Breakthrough," *New Left Review* 36 (2005).
**13** 이영준 엮음 『김수영전집 1: 시』, 민음사 1981; 2018, 298~300면.

전통은 아무리 더러운 전통이라도 좋다 나는 광화문

네거리에서 시구문의 진창을 연상하고 인환네

처갓집 옆의 지금은 매립한 개울에서 아낙네들이

양잿물 솥에 불을 지피며 빨래하던 시절을 생각하고

이 우울한 시대를 파라다이스처럼 생각한다

버드 비숍 여사를 안 뒤부터는 썩어 빠진 대한민국이

괴롭지 않다 오히려 황송하다 역사는 아무리

더러운 역사라도 좋다

진창은 아무리 더러운 진창이라도 좋다

나에게 놋주발보다도 더 쨍쨍 울리는 추억이

있는 한 인간은 영원하고 사랑도 그렇다


여기서 더러운 전통과 역사라도 좋다는 구절은 대개 강력한 긍정으로 해석되지만, '더러움'과 '우울함'과 '썩어빠짐'이 엄연히 지적되고 있는 한 그 긍정이 정확히 어떤 의미인지는 사랑만큼 모호하다.[14] 반대로 '부정'이 어떤 모습일지는 더 쉽게 추측해볼 수 있다. 그것은 '더러움'은 오로지 '더러움'일 뿐이고 '썩어빠짐'은 '썩어빠짐' 이외의 다른 것이 아니며 그로부터 아무것도 나올 수 없는 '진창'이라는 태도일 것이다. 그렇다

---

**14** 황규관은 '더러운 역사'나 '더러운 전통' 같은 표현들이 "근대가 창안한, 과거를 폄훼하는 언어들을 그대로 사용하면서 그것들을 되돌려주고 있는 방식"이고 "사실 이런 방식 자체가 하나의 유머"라고 지적한다. 황규관 『리얼리스트 김수영: 자유와 혁명과 사랑을 향한 여정』, 한티재, 2018, 255면. 하지만 '되돌려준다'면 누구에게 되돌려준다는 것인지 납득하기 어렵고, 유머라고 한다면 이런 자기비하적 유머는 '더러움' 자체의 의미 반전을 동반할 때만 효과를 거둘 수 있을 것인데 여기서 그런 반전이 일어난다고 본다면 전통을 향한 김수영의 태도가 단순화된다.

면 그 반대항으로서 '좋다'는 표현은 이중적인 움직임 또는 수행성을 갖는다. 한편으로 그것은 더럽다고 되어 있는 대상의 속성에 대한 판단이기보다 "우울한 시대를 파라다이스처럼 생각"하는, 하지만 그 파라다이스가 여전히 우울한 시대이기도 하다는 사실을 잊지 않는 '나' 쪽에 더 가까이 있고 그 주체의 활동으로서의 사랑이다. "나에게 놋주발보다도 더 쨍쨍 울리는 추억이 / 있는 한"이라는 대목이 그 점을 확인해준다. 동시에 우울과 더러움과 썩어빠짐을 향한 이 사랑의 ('토로'가 아닌) '선언'은 대상의 속성에 거슬러 작용하여 대상이 갖는 우울이 과연 우울만이며 더러움이 과연 더러움만인가 하는 의문을 던져놓는다.

다음 연에서 사랑은 더욱 과격하게 표현된다. "진보주의자와 / 사회주의자는 네에미 씹이다 통일도 중립도 개좆"인 반면, "요강, 망건, 장죽, 종묘상, 장전, 구리개 약방, 신전, / 피혁점, 곰보, 애꾸, 애 못 낳는 여자, 무식쟁이, 이 모든 무수한 반동이 좋다"고 강조한 이 대목에서 표현의 과격함은 분명 의도된 것으로, 과잉진술임을 의식하면서도 과잉이야말로 이 시점에서 정직한 표현이자 필요한 반응이라고 말하는 듯하다.[15] 이어지는 "이 땅에 발을 붙이기 위해서는"이라는 구절이 이 모든 사랑의 과잉이 어디를 향하는지 나타낸다. 지향성은 다시 ('나를 내 땅에 박는'이 아니라) "내가 내 땅에 박는 거대한 뿌리"로 표현되는데, 전통과 뿌리를 연결하는 일반적인 방식이 뿌리로서의 전통의 발견이나 확인임을 생각할 때 여기서의 사랑은 그런 '뿌리 찾기'와는 다른 유형의 한층 적극적인 주체화 과정임이 드러난다. 그런 의미에서 이 시에 나열된 전통, 즉 버드 비숍이

---

**15** 따라서 이 시에서 더러운 전통과 역사라도 좋다는 "이 단정적 선언의 돌연한 공소함이 완전히 해소되지는 못한다"는 강연호의 지적은 초점에 어긋난다. 강연호 「'위대의 소재'와 사랑의 발견」, 김명인·임홍배 엮음 『살아있는 김수영』, 창비 2005, 47면.

그려낸 풍경이 연상시킨 구체적인 '전통적' 대상들만이 아니라 전통이라는 주제 전체가 하나의 환유에 가깝다. "비숍 여사와 연애하는 동안" 일어난 '나'의 변화와 인접하고 유사한, 하지만 아마도 훨씬 증폭된 어떤 정동적 변화가 '나'가 '이 땅'과 이어지는 과정으로서도 발생하는 것이다. 그렇듯 이 시의 초점은 전통 자체에 있기보다 시적 화자가 이 땅에 뿌리내리는 과정, 다름 아닌 이 땅의 주체로 생성되는 과정에 있다.[16]

다만 거대한 뿌리가 형성된 다음의 과정은 '나'만의 소관일 수 없다. 끊을 수 없이 이어졌다는 사실만이 엄연할 뿐 그 뿌리에서 무엇이 귀결될지는 또다른 역사의 과정이기 때문이다. 마지막 연에서 뿌리는 "내가 내 땅에 박는" 것이건만 "나도 감히 상상을 못하는", "괴기영화의 맘모스를 연상시키는" 강력하고 무시무시하며 이질적인 힘으로 나타난다. 이는 뿌리라는 것이 "깊고 유구해서가 아니라 미리 규정할 수도, 상상할 수도 없기

---

[16] 따라서 김수영이 굳이 전통의 더러움을 언급하고 전통의 사례로 하필 요강, 망건, 장죽 등을 제시한 데서 의미를 읽어내는 일은 가능하고 또 필요하지만 시의 핵심은 아니다. 의미를 읽어내려는 시도가 종종 전형적인 진술로 귀결되는 것도 이와 무관하지 않다. 가령 김명인은 "그에게는 자기 당대를 지배하는 이른바 근대적이고 동시에 식민지적인 것들로부터 오염되지 않은 역사적 근거가 필요했던 것"이었고 그래서 "어떤 질서나 체제로 수렴되기 전의 원초적 생명력"을 보여주는 대상들을 언급했다고 설명한다. 김홍중은 더 나아가 "자신이 과거와 맺고 있는 깊은 관계의 물질적 담지자로서 위의 보잘것없는, 부서진 사물들을 거론하고 있다는 사실로부터 우리는 김수영의 전통에 대한 사유가 한국의 지성사에서 매우 독보적인 자리를 점하고 있음을 깨닫게 된다"고 이야기하는데, 이 점을 설득력 있게 논증하려면 시간이 흐른 뒤 이런 사물들이 실제로 '전통'의 공식적이고도 상투적인 표상이 되어버린 사태를 감안해야 할 것이다. 각각 김명인 『김수영, 근대를 향한 모험』, 소명출판 2002, 239면; 김홍중 『마음의 사회학』, 문학동네 2009, 378~79면. 다른 한편 "곰보, 애꾸, 애 못 낳는 여자, 무식쟁이"에서 이른바 '몫 없는 자들'을 읽어내는 것도 가능하지만 그럴 경우에 이 시에서 이들이 여전히 일정하게라도 대상화 또는 사물화되어 있다는 점을 해명해야 한다.

때문"[17]이기도 하겠지만, 또 그만큼 뿌리를 박는 '나'의 책임이 갖는 '규정할 수도 상상할 수도 없는' 엄중함을 반영하기 때문이기도 하다. 요컨대 '뿌리'의 거대함은 과잉을 통해 수행성을 발휘하는 '사랑'의 열도에 상응한다.

「현대식 교량」(1964)에도 사랑은 핵심어로 등장한다. 이 시가 다루는 '현대식 교량'이 '근대성'을 가리키는 표상이라는 점도 비교적 분명하다.

> 현대식 교량을 건널 때마다 나는 갑자기 회고주의자가 된다
> 이것이 얼마나 죄가 많은 다리인 줄 모르고
> 식민지의 곤충들이 24시간을
> 자기의 다리처럼 건너다닌다
> 나이 어린 사람들은 어째서 이 다리가 부자연스러운지를 모른다
> 그러니까 이 다리를 건널 때마다
> 나는 나의 심장을 기계처럼 중지시킨다
> (이런 연습을 나는 무수히 해왔다)
>
> 그러나 문제는 이러한 반항에 있지 않다
> 저 젊은이들의 나에 대한 사랑에 있다
> 아니 신용이라고 해도 된다
> 「선생님 이야기는 20년 전 이야기이지요」
> 할 때마다 나는 그들의 나이를 찬찬히
> 소급해 가면서 새로운 여유를 느낀다

---

**17** 오연경 「김수영의 사랑과 도래할 민주주의」, 『민주주의와 인권』 13권 1호, 2013, 96면.

새로운 역사라고 해도 좋다

이런 경이는 나를 늙게 하는 동시에 젊게 한다
아니 늙게 하지도 젊게 하지도 않는다
이 다리 밑에서 엇갈리는 기차처럼
늙음과 젊음의 분간이 서지 않는다
다리는 이러한 정지의 증인이다
젊음과 늙음이 엇갈리는 순간
그러한 속력과 속력의 정돈(停頓) 속에서
다리는 사랑을 배운다
정말 희한한 일이다
나는 이제 적을 형제로 만드는 실증(實證)을
똑똑하게 천천히 보았으니까!¹⁸

"이 다리는 사랑을 배"우고 거기서 "나는 이제 적을 형제로 만드는 실증"을 보았다고 마무리되는 흐름은 대개 과거와 현재(및 미래) 사이의 화해 또는 전통과 현대 사이의 소통이라는 해석을 낳고 무언가를 이어주는 다리라는 소재도 그런 해석을 뒷받침하는 듯 보인다. 하지만 매끄럽게 완성되는 '사랑'으로 읽기에 어딘지 미심쩍은 느낌이 남는다. 황현산은 이 시에서 "'적을 형제로 만드는 실증'은 다소 과장되고 갑작스러운 데다 그 내용이 확연하게 서술된 것도 아니"라는 점을 지적하면서도 "그렇다고 이 실증을 조롱이나 아이러니라고 보기에는 시에 쓰인 말들이 전체적으

18 『김수영전집 1』 309~10면.

로 진지하다"고 판단하고, 실증이 "추론되는 논리"가 아니라 "깨달음을 얻는 순간의 감동"에 있다는 설명으로 그 간극을 메운다. 그에 따르면 여기서 "화해하는 것은 역사에 대한 회고적 쓰라림과 새로 건설해야 할 역사에 대한 실천의지"이며, 깨달음이란 "다른 세대에 대한 이해나 식민지 의식의 극복 정도에서 그치는 것이 아니라, 삶과 역사에 감춰진 그 비밀스런 변전에 대한 예감을 아우른다."[19]

하지만 진지하다고 해서 아이러니가 아니라는 법은 없고 사랑의 깨달음을 말하기에는 무엇보다 사랑의 주체로 설정된 것이 시적 화자가 아니라는 사실이 걸린다. 이 시에서 사랑은 "저 젊은이들의 나에 대한 사랑"으로 처음 등장한다. 사랑의 주체인 '젊은이들'은 이 다리가 부자연스럽다는 것, 다시 말해 이 땅에 현대식 교량이 말하자면 식민지적 근대화로 이식되었다는 것을 모르고 또 그것을 아는 '나'가 어쩔 수 없이 다리를 오가면서도 20년 후인 지금까지 심장을 중지시키며 '반항'하는 것을 알지 못한다("20년 전 이야기지요"). 그들의 사랑과 '신용'은 나의 기억과 느낌을 공유하는 데 있지 않고 그것이 자신들의 현재와 무관하다고 여기는 데서 나온다. '나'로서는 이 단절의 자신감이 여유로 생각되고 "새로운 역사라고 해도 좋다"는 참신함을 느끼는데, 그런 만큼은 '나'가 그들의 역사에 동참하는 것이기는 하다. 하지만 이것이 '나'를 사랑으로 인도하지는 않는다. '새로운 여유'와 '새로운 역사'가 가져다준 '경이'는 '나'를 오히려 역사의식 자체가 무화된 듯 "늙음과 젊음의 분간이 서지 않는" '정지' 상태(이 '정지'는 1연에 나오는 심장의 '중지'를 환기한다)로 빠져들게 하는 반면, 또다시 '나'가 아니라 이번에는 다리가 '나'의 "정지의

---

19 황현산 「김수영의 현대성 또는 현재성」, 『창작과비평』 140호, 2008, 185면.

증인"으로서 사랑을 배우고, 그 사이에 '나'는 '적을 형제로 만드는 실증'을 본다.

그러니 여기서 시적 화자는 엄밀히 사랑 '바깥'에 있고, '적을 형제로 만드는 실증'은 그 자신이 참여한 사건이 아니다(즉 그가 죄 많은 다리를 사랑하게 된 것은 아니다). 이 사실만큼 중요한 것은 죄 많은 다리가 사랑을 배운 점이다. 젊은이들이 그랬듯이 이제 다리도 심장을 중지하는 대신 스스로 정지하게 된 '나'를 '신용'할 수 있고 20년 전과 단절하며 새로운 역사로 접어들 수 있다. 형제가 된 '적'은 그렇듯 사랑을 배운 다리이며, 현대식 교량의 현대성은 그렇게 갱신되고 이어지며 번성할 것이다. 그렇다면 여기서 일어나는 사건은 "역사에 대한 회고적 쓰라림과 새로 건설해야 할 역사에 대한 실천의지" 사이의 화해가 아니라, '건설되려고 하는 역사'가 어떻게 '역사에 대한 회고적 쓰라림'을 지워가는지에 대한 증언의 실천이다. 역사의 쓰라림은 어떤 차원에서는 또 어느 만큼은 지워져야 마땅하기에 '나'는 건설되고 있는 '새로운 역사'를 도외시한 채 '회고주의자'의 반항을 계속하는 것은 아니다. 하지만 스스로의 변화까지 포함한 전체 사태를 증언함으로써 그 쓰라림의 흔적을 간직한다.[20] 이 시에 리얼리즘의 정동으로서의 사랑이 있다면 그것은 시 속에서 작동하는 사랑 바깥에서 그것을 '똑똑하게 천천히' '정말 희한한 일'로서 지켜보는 데 있는 것이다.

그런 점에서 「현대식 교량」은 사랑의 다의성을 보여주면서도 그 다의

---

**20** 따라서 시적 화자가 "자신이 잊히고 부정당하는 시간을, 경이로움 속에 즐거이, 미래 세대가 자라는 사랑의 현재에 헌납한다"는 김수이의 지적은 다분히 일면적인 해석으로 보인다. 한겨레신문 연속기획 '거대한 100년 김영영' (25)사랑. https://www.hani.co.kr/arti/culture/book/1019281.html.

성 자체에 초점을 맞추지는 않는다. 여기서 사랑의 복잡한 이중주는 근대성을 대하는 시적 화자의 관점에서 비롯되며, 따라서 정서이면서 동시에 사상이고 그 둘을 포괄한다는 의미에서의 정동이라 말할 수 있다. 망각의 자부 없이 다른 역사가 가능할 것인가, 하지만 역사와 적대를 중지시키는 사랑을 순순히 받아들일 수 있는가, 이런 질문들이 뚜렷한 돌파구를 찾지 못한 채, 하지만 어떤 타협도 체결되지 않은 채 유지되는 것이 비교적 차분한 가운데 느껴지는 이 시의 시적 긴장의 원천이다.

「사랑의 변주곡」에서는 그 긴장이 한층 역동적인 에너지로 전환된다. "욕망이여 입을 열어라 그 속에서 / 사랑을 발견하겠다"라는 서두는 사랑에서 욕망의 불순함을 발견하는 상투적 노선을 뒤집을 뿐 아니라 강렬한 발화로서 자기실현적 수행성을 발동한다. 요컨대 '사랑을 발견하겠다'는 이 선언에서 사랑은 이미 발견된 것으로서 체현된다. "서울의 등불을 무시"하며 지나가는 "사랑의 기차"라든지 "벅차게" "밀려닥치는" "사랑의 숲"이라는 표현이 일러주듯 여기서 사랑은 질주하고 엄습하며 온갖 것을 '영토화'하는 힘이며, 동시에 그것의 '절도'가 '열렬'하고 그것의 '간단'이 '이어져 가는' 것을 보면 온갖 상반된 속성마저 포괄한 듯하다. 그런 점에서 "김수영이 「사랑의 변주곡」에서 말하고 싶었던 것은 무엇일까? 혹 과잉 그 자체나 도취는 아니었을까?"라는 지적은 일리 있어 보인다.[21] 하지만 과잉이 있음이 분명하더라도 그것은 어디까지나 '사랑'의 과잉이라는 점에서 (모든 과잉이 사랑이라 말하지 않을 바에야) '과잉 그 자체'라는 표현이 아주 적절한 것은 못 된다. 더욱이 사랑은 여기서 그저 육박하고 넘치는 것만이 아니다.

---

**21** 황규관, 앞의 책 294면.

물론 사랑은 '봄베이와 뉴욕과 서울' 같은 도시들을 "너는 개미이냐"고 치부할 만큼 "신념보다도 더 큰" "위대한 도시"로 존재하지만, 다른 한편 "고요함과 사랑이 이루어 놓은 폭풍의 간악한 신념"으로서 "한번은 이렇게 / 사랑에 미쳐 날뛸" "복사씨와 살구씨와 곶삼씨의 아름나운 단단함"으로도 존재한다. 그와 같은 사랑의 '변주'를 어떻게 이해해야 할 것인가? 이 변주를 변증법으로 설명한 두 해석을 참조해보자. 먼저 이 시가 "일상 대 비일상의 이분법을 벗어나 일상의 비속성과 위대성에 대한 변증법적 인식에 도달했음을 발견하게 된다. 그리고 그러한 인식 전환을 통해 일상은 단숨에 사랑이 지배하는 세계로 탈바꿈한다"[22]는 주장은 '욕망에서 사랑을 발견하겠다'는 첫 구절에 대한 추인일 뿐 사랑 자체의 변주에 대한 설명으로 보기는 어렵다. '단숨에 사랑이 지배하는 세계' 속에서 '복사씨'로서의 사랑의 단단한 응축이 왜 필요한지가 해명되지 않는 것이다. 마찬가지로 사랑이 언제나 이미 그토록 편재한다면 구태여 "사랑을 만드는 기술", 곧 프랑스혁명과 4·19를 통해 배운 기술이 따로 있어야 하는 이유도 납득하기 어렵다.

다른 한편, 이 시가 "부정적 현실에 대한 탄핵 정신과 관용적 사랑이라는 긴장된 두 극의 힘을 변증적으로 통일하고 있"[23]다는 해석 역시 여기서 두 극의 힘을 보여주는 것은 바로 사랑 자체임이 간과되어 있다. 하지만 이 해석은 두 번의 뒤집기를 통해 진실에 가까워질 기회를 제공한다. 첫째, 이 시는 '부정적 현실에 대한 탄핵'보다 오히려 '단숨에 사랑이 지배하는 세계'라는 사랑의 '영토화' 움직임이 강하다. 「거대한 뿌리」를 읽으며 살핀 대로 김수영의 시에서 부정적 현실은 집중된 탐구를 통해 그

---

**22** 하정일 「김수영, 근대성 그리고 민족문학」, 『실천문학』 49호, 1998, 209면.
**23** 유성호 「김수영의 문학비평」, 김명인·임홍배 엮음 『살아있는 김수영』 140면

현실을 사는 주체가 주체로서 생성되는 현장이라는 점에서 탄핵의 대상이 아니다. 둘째, 하지만 그 부정성 자체를 무작정 수용하는 것이 아니라는 점에서 이 시의 사랑은 또한 '관용적'이지 않다. 다시 말해 주체화의 과정은 있는 현실을 고스란히 긍정하는 것과 다르기에 언젠가 "미쳐 날뛸" 혁명을 예비해야 한다. 따라서 '눈을 감았다 뜨는' 식으로 세상을 달리 보는 문제만이 아니라, "눈을 떴다 감는 기술", 곧 '고요'하고도 '간악'하게 단단해지는 시간을 요구하는 것이다. 이렇듯 사랑의 영토화, 또는 사랑을 통한 주체화의 과정은 이중의 과제를 내포하며 그런 점에서 필연적으로 변주를 요청한다.


## 4. 이중과제와 '개벽'

지금까지 근대성이 촉발한 과제를 정의하고 감당하는 김수영의 태도를 세계, 리얼리즘, 사랑이라는 키워드로 살펴보았다. 억압과 굴욕이면서도 자극이고 도전인 '세계'는 그에게 주어진 현실의 '뒤떨어짐'을 예민하게 감각하게 만들었지만 동시에 그 뒤떨어짐을 계기로 삼아 강렬한 주체화 과정을 발동시키고 그것을 통해 또다른 세계성의 성취를 지향하게 했다. 그 출발점은 '더럽고' '썩어빠진' 듯 보이는 현실에 대한 고밀도의 자각과 탐구, 곧 그 현실에 '거대한 뿌리'를 박는 일을 중핵으로 하는 리얼리즘적 지향이며 그 정동적 표현이 '사랑'이다. 바로 이 점에 김수영의 사랑이 갖는 특이성이 있다. 서구식 구별법으로 보면 '네 이웃을 사랑하라'는 기독교적 의미의 이타적 사랑이나 희생으로서의 자기부정이 아니라 오히려 강력한 자기긍정으로서의 '힘'(power)에 가까워 보인다. 하지만 그것은 세계의 지배적 '힘'에 대한 저항으로서의 자기긍정이고 '아무리 더러운 전통과 역사'라도 부인하지 않겠다는 자발적 애착의 발로이므로 서구적 의미의 사랑의 정신과 아예 무관하지는 않다.

그와 같은 사랑이 '변주'될 수밖에 없는 이유는 앞서 본 대로 현실에 대한 집중과 주체화의 과정이 단선적 태도를 허용하지 않는 점과 연결되어 있다. 변주의 필연성은 궁극적으로 근대 자체가 적응하면서 동시에 극복해야 할 '이중과제'의 대상이라는 데서 비롯된다. "한편으로는 근대에 대한 적응 일변도로 나가려는 근대주의자와 맞서면서 다른 한편으로는 현존하는 자본주의 현실에 제대로 뿌리박은 전략이 부족한 채 포스트모더니즘이건 사회주의건 또다른 어떤 이름으로건 근대극복을 표방하는 자본주의 반대자들과도 구별되는 입장을 규정할 필요"를 압축적으로 요약한 '근대의 이중과제'라는 개념은 "우리 시대의 온갖 정치적·사회적·예술적 실천의 적절성을 가늠하는 하나의 척도"라 할 만하다.[24] 김수영이 세계와 접속하고 사랑을 발견하는 도정은 '이상한 역설'로 가득한데 그것은 김수영이 더는 '회고주의자'가 아니면서도 '현대성에의 도피', 곧 근대적응으로의 일방적 몰입에 저항하려 했기 때문이며 나아가 이 땅에 '거대한 뿌리'를 박는 방식을 통해 또다른 종류의 '현대성', 곧 근대의 극복을 도모했기 때문이다. 그의 이런 태도를 묘사하는 것으로 '근대적응과 근대극복의 이중과제'만큼 적당한 명명은 없으리라 본다. 요컨대 김수영의 작품에 오늘까지 살아 있는 적절성을 부여하는 것은 무엇보다 이 이중과제를 과제로서 받아들이는, 다시 말해 그것을 화두로 붙잡는 힘이다.

그가 이 과제를 얼마나 진전시켰는가는 또다른 문제일지 모른다. 이는

---

**24** 백낙청 『근대의 이중과제와 한반도식 나라만들기』, 창비 2021, 36면.

근대를 대하는 이 땅의 사상전통이라는 면에서 그의 작품들이 '개화'와 '척사'라는 오랜 편향을 넘어선 것은 분명해도 과연 '개벽'의 명명까지 감당할 만한가 하는 질문이기도 하다. 김수영이 자기부정을 이기고 아이러니를 넘어서려는 주체화의 열도는 무척이나 인상적이지만 그것은 분명히 규정된 사상이 아닌 하나의 '장'을 형성할 뿐인 것 같기도 하다. 하지만 혁명과 그 이후를 거치며 고양과 환멸의 전형적 경로를 걷기는커녕 오히려 현실이 요구하는 과제의 이중성을 더 의식적으로 주제화했다는 점, 당대의 예술적 '선진성'으로 비친 모더니즘적 '현대성에의 도피'를 바로 그 '현대성'에 대한 다른 해석을 통해 분명하게 넘어섰다는 점은 다름 아닌 이중과제적 지향이 거둔 성취라고 할 수 있을 것이다. 다양하게 변주되는 김수영의 '사랑'은 그 지향이 그만큼 치열하고 엄밀했음을 '실증'해주는데, '사랑'의 변주가 자아내는 낯설고도 강렬한 '장'이야말로 어떤 '개벽'의 차원을 생생히 환기해주는 게 아닐까.

# 공저자 소개

*수록순

**백영서(白永瑞)** 연세대 사학과 명예교수. 세교연구소 이사장. 저서로『동아시아
의 귀환』『사회인문학의 길』『핵심현장에서 동아시아를 다시 묻
다』『중국현대사를 만든 세가지 사건』등이 있음.

**김선희(金宣姬)** 이화여대 철학과 교수. 저서로『마테오 리치와 주희, 그리고 정
약용』『서학, 조선 유학이 만난 낯선 거울』『實, 세계를 만들
다』『숙종 시대 문명의 도전과 지식의 전환』등이 있음.

**허남진(許南珍)** 원광대 원불교사상연구원 연구교수, 종교학. 공저로『한국 종교
교단 연구 XIII: 연중 종교생활 편』『근대 한국종교, 세계와 만나
다』『지구적 전환 2021: 근대성에서 지구성으로』등이 있음.

**박소정(朴素晶)** 성균관대 한국철학과 교수, 한국철학문화연구소장 및 K학술확
산연구센터 센터장. 동학과 비교철학, 음악미학에 걸쳐서 한국
어와 영어 및 중국어로 다수의 저서와 논문이 있음.

**허수(許洙)** 서울대 국사학과 교수. 저서로『이돈화 연구』『식민지 조선, 오
래된 미래』등이 있음.

**정혜정(丁惠貞)**  동국대 갈등치유연구소 학술연구교수. 저서로『동학의 심성론과 마음공부』『'몸-마음'의 현상과 영성적 전환』『백년의 변혁: 3·1에서 촛불까지』(공저), 역서로『동학문명론의 주체적 근대성』등이 있음.

**장진영(張珍寧)**  원광대 교수, 마음인문학연구소장. 저서로『마음인문학개론』(공저)『우리시대의 인간상』(공저), 역서로『마음챙김, 미국을 깨우다』(공역) 등이 있음.

**강경석(姜敬錫)**  문학평론가. 세교연구소 기획실장. 주요 평론으로「리얼리티 재장전」「민족문학의 '정전 형성'과 미당 퍼즐」등이 있음.

**조성환(趙晟桓)**  원광대 동북아시아인문사회연구소 HK교수. 저서로『한국 근대의 탄생: 개화에서 개벽으로』『하늘을 그리는 사람들: 퇴계, 다산, 동학의 하늘철학』『개벽파 선언』(공저) 등이 있음.

**이정배(李正培)**  감신대 은퇴교수, 조직신학·종교철학 전공. 顯藏아카데미 원장. 저서로『한국적 생명신학』『생태학과 신학』『개신교 전위 토착신학 연구』『유영모의 귀일신학』등이 있음.

**황정아(黃靜雅)**  문학평론가. 한림대 한림과학원HK교수. 저서로『개념 비평의 인문학』『다시 소설이론을 읽는다』(편서), 역서로『왜 마르크스가 옳았는가』『도둑맞은 세계화』『단일한 근대성』등이 있음.